ADN FÉMININ

LOUISE
OLIGNY

ADN FÉMININ

BLACK LAB

Avertissement

Cette histoire est une fiction. Malheureusement, des femmes se reconnaîtront. Non parce que je me suis permis de m'inspirer de leurs récits, mais parce que, depuis sept ans, j'anime un atelier d'estime de soi à la Maison des femmes ; j'ai entendu, à peu de choses près, les mêmes histoires des milliers de fois. Donc, si certaines situations relatées dans ce roman vous semblent familières, sachez que vous n'êtes pas seule. Que des solutions existent. Que rien n'est plus majestueux qu'une femme qui s'envole.

Ce roman est dédié à Clémentine et à Ghada ainsi qu'à toutes celles et ceux que je vois lutter corps et âme, contre les violences faites aux humain.e.s afin que la moitié du ciel ne nous tombe pas sur la tête.

Le corps est enroulé dans un tissu rouge. Un bras blanc se découpe dans la lumière, une main, les ongles manucurés rubis, est presque posée par terre, caressant le sol au rythme du balancement. La tête est renversée, la gorge offerte, les cheveux blonds glissent et scintillent à chaque passage sous les projecteurs. Le corps immobile, Julie se berce dans cette position de danseuse chavirée, sanglée par l'étoffe carmin qui, comme un filet de sang, glisse de l'épaule à la fesse.

Gracieux, le pied lévite doucement quand, tout à coup, les reins se cambrent et le torse se relève comme une vague. La main, d'une délicate rotation du poignet, fait apparaître un foulard jaune. Un soleil explose sur scène. Justine à son tour émerge de sous les projecteurs, lançant des tissus orange, roses, verts, bleus qui virevoltent dans les airs avant que l'acrobate vienne les attraper à chacun de ses balancements. Un va-et-vient lumineux sous une pluie de soie. Un arc-en-ciel qui se reflète dans les yeux émus des spectateurs happés par la magie du cirque.

Une darbouka entame un rythme ensorcelant, rejoint par un oud qui fait frémir la peau du cœur. Dalila, Monique, Maïmouna, Sophia, les jongleuses d'imaginaire avancent sur la piste. Dans leurs mains, dans l'espace, partout autour d'elles, des anneaux multicolores tourbillonnent. L'assistance, debout, applaudit à tout rompre ses héroïnes. Sœurs, mères, filles, amies, femmes. Tous connaissent, aiment l'une de ces acrobates, qui fut un jour victime d'un homme. Abîmée, violée, battue, déchirée.

Ce soir, voltigeuses, jongleuses, elles tournoient, la tête haute, le torse bombé, les lèvres gourmandes devant leurs frères, pères, ami.e.s. Toutes ces dames, sur scène, fréquentent l'atelier de danse orientale du Château des femmes.

Jour de fierté. Jour de gloire. Sous le chapiteau du cirque Gratollini, c'est la restitution du spectacle qu'elles ont monté au nez et à la barbe de tous les oppresseurs du monde. Les ailes brisées, les os fracturés. Déplumées, elles auraient pu être des oiseaux tombés du ciel, mais les voilà qui s'envolent.

Un dernier salut sous les ovations, les spectateurs les rejoignent sur la piste pour danser avec elles, les féliciter, les embrasser. Des sourires, des pleurs, des bravos. Merveilleux.

La musique s'estompe. Il est temps de partir. Le public, à regret, prend le chemin de la sortie. Certains sont coincés dans leur voiture, il y a un match de rugby au stade de France voisin, d'autres s'entassent déjà sur le quai des RER B ou D quand un cri perçant retentit.

Sur la dernière rangée de gradins, dans un coin sombre, Sophia vient de reconnaître son ancien compagnon, Cyril. Il est allongé sur un banc. Venu sûrement, malgré une ordonnance restrictive délivrée par un juge lui interdisant de s'approcher d'elle, lui rappeler son emprise.

Le corps de l'homme, cambré, est enroulé dans l'écharpe rouge de Sophia. Un bras blanc se découpe dans la lumière, sa main rugueuse repose par terre. Sa tête est renversée, sa gorge ouverte, ses cheveux noirs glissent et scintillent à la lumière. Le corps de Cyril est dans la position d'un danseur désarticulé. Un filet de sang coule d'une plaie béante sous sa gorge. Sophia hurle jusqu'à ce qu'elle réalise qu'il ne pourra plus la prendre par le cou et serrer jusqu'à ce qu'elle étouffe. Ni ce soir, ni jamais.

DIANE

Une heure et demie pour faire Saint-Denis/Alfortville. Un parcours « normalement » direct. Tu parles. J'ai posé mon pass Navigo sur la borne à Saint-Denis, le portique s'est ouvert dès la première tentative. Un coup d'œil sur le tableau d'affichage, mon RER était à l'approche sur la voie 2. Youpi, je me suis élancée et me suis assise confortablement pour ce que je pensais être, pauvre conne naïve qui ne retient rien de ses expériences passées, mon trajet jusqu'à Alfortville. Eh bien non ! Un colis oublié à Gare du Nord. Il a fallu changer, que je prenne la ligne 4 jusqu'à Châtelet. De là, j'ai repris le RER D qui, à cause des travaux, ne s'arrête plus cette semaine à Maison-Alfort/Alfortville sur le sud de la ligne. Alors j'ai regardé défiler mon arrêt par la fenêtre. Je suis descendue à Villeneuve-Triage pour attendre vingt minutes sous une petite pluie glacée le RER D dans l'autre sens pour revenir sur mes pas et pouvoir enfin sortir à Alfortville.

Minuit. J'ai mes appareils photo dans le sac à dos. Il m'arrache les épaules. Courbaturée du cou jusqu'aux orteils. Je suis tellement tendue que je risquerais de tirer des flèches et de blesser quelqu'un si on déroulait le fil des insultes qui me brûlent la bouche pour les attacher à mon talon d'Achille. Là, bing ! je serais une arme mortelle. Mais non, je respire profondément. Je ne vais pas faire une crise de nerfs pour un petit retard sur cette putain de ligne D qui ne fonctionne qu'une fois sur deux. Respirer… respirer…

Je ne vais pas hurler au milieu de la rue parce que je suis énervée, triste et que les récits que j'ai entendus ce matin au

Château des femmes m'ont écorchée. Je ne vais pas gâcher la belle soirée que j'ai passée. J'étais tellement heureuse en sortant du chapiteau ! Le spectacle des femmes était une merveille. Je ne vais pas laisser anéantir ce beau moment par un vague à l'âme, la fatigue et un retard de train.

Non, j'ai appris de mes erreurs passées. J'accélère le pas pour rentrer chez moi et faire une séance de méditation pour me calmer avant de me mettre au lit. Il ne faut jamais dire jamais, fontaine je ne boirai pas de ton eau, ni jurer de rien. Au grand amusement de celles et de ceux qui me connaissent, je m'adonne maintenant non seulement à la méditation, mais aussi au yoga. *The new Diane Choinière*. Bon, OK, le yoga à dose homéopathique, mais quand même, je peux me vanter de faire régulièrement un petit cinq minutes de « chien tête en bas », de « vache » et de « pigeon couché » à la fin de mon jogging. Mes ami.e.s n'auraient jamais imaginé, avant mes récents déboires, que j'en arriverais un jour à chercher des moyens pour me contrôler. Eh bien oui !

Avec un peu de chance, mon compagnon Patrick ne sera pas à la maison. Il se rend à une petite soirée entre collègues policiers. Moi les flics, c'est un à la fois. On a beau vivre ensemble, nous n'avons pas les mêmes ami.e.s. Tant mieux. Qu'il s'amuse. Qu'il rentre au petit matin. Un matelas d'un mètre soixante à moi toute seule pour m'étirer va très bien me convenir ce soir. Voilà, me mettre au lit en position de l'étoile et revivre ma merveilleuse soirée. Me focaliser sur ces belles émotions que le cirque m'a apportées. Focus sur le positif. Voilà mon nouveau mantra. Voir la vie en rose.

Gros chantier, car je suis impulsive et j'aime ça. J'affectionne la passion, le débordement, la démesure, les déflagrations, les feux d'artifice. J'adore gueuler, taper du pied par terre ou du poing sur la table. Ça me plaît de dénoncer les injustices, de me prendre pour une Don Quichotte, de monter sur mes grands chevaux. L'extravagance me protège de mes émotions. Eh oui, car il ne faut pas croire, sous mes allures de va-t-en-guerre se cache une grande émotive. Pourtant, je déteste la sensiblerie, l'émouvant, le côté fleur bleue. Je préfère m'amuser de tout et partir sur les chapeaux de roues pour un rien plutôt qu'accepter mes peines et mes faiblesses. Mais bon, tout ce bel enthousiasme m'a un peu mise dans le pétrin dernièrement. D'où la méditation. Tentative pour ne pas toujours exploser et laisser à ceux qui m'aiment le travail de ramasser les morceaux aux quatre coins de ma vie.

Je monte les escaliers de chez moi le plus vite possible. C'est-à-dire à la vitesse d'un putain d'escargot qui doit tirer sur sa coquille remplie de matériel photo, marche après marche. Bang, bang, j'ai le pas aussi lourd que mon épuisement.

Quand Ginette, ma voisine insomniaque et amie de palier, entend le boucan que je fais, elle ouvre sa porte pour voir qui déménage. Tout sourire, elle me montre la bouteille de porto qu'elle a à la main. Minuit, l'heure du crime, la soirée est encore jeune. Quand elle ajuste ses lunettes et voit ma tête, elle relève les sourcils et s'empresse de la refermer sa porte. Pas d'invitation. Quand j'ai cet air de bœuf, elle préfère me laisser à mes exercices yogiques ! C'est souvent comme ça quand je reviens du Château des femmes.

Enfin devant la grotte d'Ali Baba ! Pas besoin de mot magique, j'ai ma clé pour y rentrer. Aucun trésor ne me paraît plus précieux que ces quelques heures de solitude qui m'attendent. Dieu merci, Patrick n'est pas là pour que je déverse toute ma rage sur lui. Je ne m'en suis prise à personne en chemin. Je me suis contenue. Une victoire. Une journée de plus sans agresser quelqu'un. Une petite croix sur le calendrier. Je tourne la poignée. Sésame, ouvre-toi. Qui je trouve assis sur le canapé ? Patrick. Merde ! Je me compose un sourire pour ne pas avoir l'air trop déçue de le voir. Je me lance.

— Tu es rentré tôt ! C'est dommage que tu ne sois pas venu. C'était magique. C'est incroyable la force de ces femmes. Je suis tellement fière d'elles !

Et voilà qu'il me coupe la parole ! L'homme dans toute sa splendeur. Une soirée avec ses collègues et voilà le résultat ! Je ne veux pas être de mauvaise foi, mais depuis un an que je fréquente le Château des femmes, lieu unique qui offre aux femmes victimes de violence une prise en charge médicale, juridique, psychologique, sociale et un soutien inconditionnel, j'en ai entendu de toutes les couleurs sur sa corporation de poulets. Mais bon, OK, je ne vais pas sur ce terrain-là. Je sais, il me l'a assez prouvé, Patrick ne fait pas partie de ces machos qui lèvent les yeux au ciel chaque fois qu'une femme vient « encore » se plaindre de son mari. Mais quand même ! Je suis en train de lui expliquer que des femmes battues peuvent se reconstruire et putain, il me coupe la parole !

— Tu connais Sophia Alami ?

— Oui. Je t'ai déjà parlé d'elle. C'est la jeune femme qui voulait se suicider, qui avait mis de côté des médicaments et que j'ai réussi à faire changer d'idée. Je peux me vanter de lui avoir sauvé la vie. D'ailleurs, elle dansait ce soir, elle rayonnait.

— Tu es partie juste après le spectacle ?

— Ben oui, dans les premières, j'espérais prendre le RER avant la foule du stade. Match de quelque chose ce soir. Le temps d'embrasser vite fait tout le monde. J'ai juste parlé un peu avec Sophia, deux minutes pour la féliciter. Elle avait l'air tellement heureuse. Son ex était violent, un vrai malade qui mériterait de mourir. C'était réjouissant de la voir afficher ce sourire radieux.

Putain, il m'interrompt encore. J'élève le ton.

— Mais tu vas arrêter de m'int…

Pas le temps de finir ma diatribe vindicative : il me coupe encore, un ton plus haut en plus.

— Parce qu'on a trouvé le corps de ce vrai malade dont tu parles. Égorgé dans les gradins du chapiteau.

Je me sens blêmir.

— Du chapiteau ?

— Oui, du chapiteau du cirque où tu étais ce soir.

— Oh putain de merde, ce n'est pas vrai ? C'est un cauchemar.

Il s'approche et me prend dans ses bras.

— C'est pour ça que ma soirée a fini tôt. Les collègues ont été appelés sur le lieu du meurtre. Mon amie Coralie a été désignée pour prendre l'affaire en charge. Ce serait judicieux que demain matin tu te présentes pour faire ta déposition avant d'être officiellement convoquée. Mais comment tu fais pour toujours sauter à pieds joints dans des histoires de meurtre ? C'est un don que tu dois avoir.

Je me dégage de son étreinte. Je le laisse rigoler un bon coup, si ça lui fait du bien ! Moi je vais me servir un verre de vin, car ça ne m'amuse pas du tout. À chacun son humour. J'en ai assez bavé avec mon « don » quand je me suis fait virer du journal pour lequel je travaillais depuis vingt ans. Je n'ai pas du tout envie de remettre ça. Pour faire court, j'ai eu une période où je n'allais pas très bien. Un euphémisme. Je buvais beaucoup. Beaucoup plus que maintenant, disons. Je sais qu'en matière d'alcool, nous ne sommes pas tous égaux. Disons que je me suis mise à boire plus que de raison. Je suis aussi devenue très dépendante des anxiolytiques. Le mariage des deux m'a un peu vrillé le jugement. Et une petite blague que je pensais très amusante à cette époque s'est révélée catastrophique. Une réaction en chaîne. Un attentat et plusieurs meurtres. On a voulu me faire porter le chapeau, mais grâce à mon chevalier servant, le Patrick, inspecteur de police à l'humour douteux, assis à présent dans notre salon, j'ai pu sortir de prison. J'étais un genre d'ennemie publique. Mais grâce à mon charme de vieille punk (57 ans cette année), à mon corps musclé et tatoué (cellulite et ménopause), nous sommes tombés amoureux l'un de l'autre. Je dois ma liberté à ce bel homme, qui bien qu'il soit encore en train de ricaner, a toujours cru à mon innocence.

Je regarde l'heure. J'appelle maître Nour ? C'est ma nouvelle meilleure amie, je l'appelle Nounours. Elle est avocate au Château des femmes. Elle prenait un verre avec l'équipe quand je suis partie. Elle devait être encore sur place quand le corps a été découvert. Je me mords les doigts. Elle doit être dans le jus. Tant pis, même si je la dérange, ça en vaut la peine, je veux des détails, des infos. Je tends la main vers mon téléphone quand Patrick l'attrape, la porte à sa bouche, l'embrasse et la retourne, l'ouvre et y enlève le téléphone.

— Diane. Tu l'appelleras demain, ta maître Nour. Là, à mon avis, elle est très occupée. Un meurtre à la fin d'un spectacle donné par des femmes victimes de violence, c'est énorme. Et sérieux. Elle a d'autres chats à fouetter que de tirer des plans sur la comète avec toi et d'écouter tes théories. Demain tu vas au commissariat faire ta déposition et tu ne te mêles pas de cette histoire. OK ?

OK ? Mais putain, il me prend pour une enfant. Je fais ce que je veux ! Un meurtre. L'ancien mari de Sophia. Bien sûr que je vais m'en mêler, j'accompagne cette femme depuis un an. Mais je suis trop sonnée pour commencer une dispute.

— Mais je n'allais pas l'appeler, voyons ! Pour qui me prends-tu à la fin ? Non, je prenais mon téléphone pour le recharger.

Nouveaux éclats de rire. Décidément, cet homme a un humour extrêmement douteux.

CORALIE

Les aiguilles découpent l'horloge en deux. Un présage ? Le bien d'un côté, le mal de l'autre ? Six heures du matin, Coralie regarde le jour se lever par la fenêtre du commissariat de Bobigny. Un ciel bouché. Elle a beau savoir que le soleil se lève, elle ne voit que le gris des nuages qui obstrue l'horizon. Elle porte encore la robe rouge qu'elle arborait la veille à cette fête entre collègues quand son téléphone a émis les coups de gong de sa sonnerie. Un meurtre. Sous un chapiteau. Durant un spectacle organisé par le Château des femmes. Cyril Alami, bien connu des forces de police, égorgé. Une scène de crime à sécuriser, des preuves à prélever. Des dizaines de témoins à entendre. Ils y ont passé la nuit, elle et ses collègues. Escarpins ou pas, elle a accouru. Maintenant elle est là, pieds nus, sa belle robe froissée, son dixième café en train de refroidir dans la tasse qu'elle porte machinalement à ses lèvres. Alami, juste le nom lui donne des haut-le-cœur. Son cauchemar. Sa carrière ? Modelée par cette famille. Son abandon de la brigade locale de protection des familles pour venir aux Stups ? À cause des Alami. Son plus grand échec aux Stups ? Les Alami. Et Dieu sait qu'elle a essayé de les coincer. Des rumeurs. C'est tout ce qu'elle a réussi à collecter comme preuve à leur encontre. L'omerta. On murmurait qu'ils avaient violé une jeune femme dans leur jeunesse, une tournante. On murmurait qu'ils étaient à la tête d'un trafic de drogue. On murmurait qu'ils avaient tué. On murmurait des tas de choses, mais personne pour élever la voix et témoigner. Elle a frôlé le *burn-out* à force de courir derrière des murmures et des rumeurs. Les Alami, eux, se faufilaient entre les mailles de tous les filets qu'elle pouvait leur tendre. Leurs sourires arrogants ont fini par avoir raison de son équilibre mental. Tant pis. Elle a jeté l'éponge, les a laissés à leur violence, à leur business de shit, à leur nouvelle carrière dans la restauration rapide pour rejoindre, après son *burn-out*, la brigade criminelle. Que ce monde boiteux tourne sans elle. Elle s'est résolue à cet échec. Et voilà que l'un des leurs vient se faire assassiner sur son territoire. À croire qu'il l'a fait exprès, juste pour la tourmenter.

Des commerces de kebab. *À l'ami des meilleurs kebabs.* Tu parles ! Des serpents. Vicieux et pervers. Hommes d'affaires ? Des gérants, des prête-noms, des montages financiers douteux. Les trois frères Alami arrogants au volant de leur voiture de luxe, auréolés de leur nouvelle respectabilité d'hommes d'affaires. Elle n'était pas dupe. Blanchiment d'argent, oui ! Mais jamais elle n'a réussi à convaincre aucun juge de donner son accord pour monter une opération de surveillance autour de ces fast-foods. Trop cher, pas assez de preuves. On ne monte pas un dispositif si dispendieux sur les acrimonies d'une fliquette qui veut se racheter d'une erreur de jugement passé. Coralie a eu du mal à avaler la pilule. À ce souvenir, elle sent l'amertume lui monter à la gorge.

Coralie Gignac vit d'un regret. Qui l'enserre comme une forteresse dans laquelle elle s'est enfermée. Elle ne voit plus le soleil qu'à travers les meurtrières de son château fort. Elle rêve de s'enfuir. De faire éclater sa prison, mais pour cela il faudrait enterrer, ignorer, oublier.

Coralie Gignac, la capitaine Coralie Gignac, a vu trop de malheur dans sa carrière pour avoir la naïveté de croire qu'on peut aussi facilement tourner la page du destin. Un regret, cela pourrit, cela rend l'haleine fétide, cela devient corrosif.

Un regret aussi lourd que celui de Coralie Gignac exige sa dîme. C'est une hypothèque. Il y a un prix à payer pour ne plus l'avoir accroché dans le fond de la gorge comme une glaire empoisonnée et pouvoir à nouveau chanter.

Voilà le rêve de cette capitaine : danser au son de sa propre voix. Être libre. Cesser de caler ses pas sur le rythme qu'impose son si douloureux secret.

Les poings serrés, elle observe les premières gouttes de pluie s'écraser sur la vitre devant elle. Elle y pose son front fiévreux. De petites rigoles glissent le long de la paroi. Elle aussi voudrait pouvoir pleurer sur ce mauvais tour du destin. La voilà en charge de l'enquête sur le meurtre d'un de ses pires ennemis. Dans quelques heures elle devra rencontrer la famille. Leur présenter ses condoléances. Leur promettre de tout faire ce qui est en son pouvoir pour retrouver l'assassin de leur frère, de leur fils.

Elle fixe son reflet flouté. Sa robe trop rouge pour toute cette tristesse, un coquelicot flétri. Soudain les pétales tombent un à un et se forme sur cette vitre qui pleure le visage d'une femme qu'elle n'a pas su sauver. Un fantôme venu se rappeler à son souvenir. Coralie sent un frisson dans son cou. Un souffle sur son oreille. Elle entend des paroles dans sa tête, comme si le spectre murmurait directement à son esprit : « Je suis toujours là, tu m'as trahie. J'attends mon heure. » Coralie cligne des yeux et, quand elle regarde de nouveau la vitre embuée, une autre revenante se reflète dans le gris du jour qui se lève.

Maître Nour toussote. Elle ne sait pas comment interpeller la policière. Des années de remords se dressent entre elles deux. Elle observe son dos puissant moulé dans le tissu rouge. Leurs regards se croisent dans ce navrant miroir.

Coralie frappe la vitre de son poing. Fragile, elle doute d'être capable d'affronter ce spectre qui attend qu'elle se retourne pour lui faire face. Moment suspendu.

— Hum, hum. Capitaine ?

Coralie entend son nom prononcé par son adjoint à travers une brume. Elle cligne des yeux trois fois. Elle n'a plus le choix. Une grande respiration. Elle redresse les épaules, retrouve son mètre quatre-vingt-cinq. Se passe rapidement la main sur la figure pour essuyer ses larmes et puise dans son orgueil la force de se retourner.

— Oui ?

— Nous avons fini d'auditionner les témoins, lui annonce le lieutenant Aurélien Bertrand. Et je ne sais pas si vous connaissez maître Nour ? Elle va représenter le Château des femmes et Sophia Alami, encore hospitalisée, mais qui devrait sortir demain. Elle a assisté aux dépositions et elle voulait vous saluer avant de partir.

Comme dans un cauchemar, Coralie voit maître Nour s'approcher d'elle, la main tendue, très professionnelle.

— Bonjour capitaine. Je suis l'avocate de Sophia Alami. C'est moi qui l'ai représentée pour son divorce et pour les plaintes de violences conjugales malheureusement classées sans suite. Je suis aussi l'avocate du Château des femmes. C'est à ce titre que je suis restée cette nuit.

Coralie pourrait s'effondrer et hurler, mais sa fonction lui sert d'étayage. D'une voix calme, elle joue ce jeu de dupe. Sans saisir la main tendue, elle répond en feignant l'indifférence :

— Enchantée, maître. Comme nous n'avons pu, pour l'instant, entendre Mme Alami qui, sous le choc de sa macabre découverte, a été hospitalisée, pouvez-vous l'accompagner demain, dès sa sortie de l'hôpital ?

— Je verrai dans quel état elle sera, lui répond l'avocate d'un ton sec.

— Le plus tôt sera le mieux. Je dis ça dans son intérêt.

Et voilà, déjà, la confrontation. L'épreuve de force, comme au bon vieux temps. Comme quoi, malgré ce jeu de politesse, ni l'une ni l'autre n'a rien oublié de leur passé commun.

— Vous la soupçonnez ?

— Oh, maître Nour, à ce stade de l'enquête tout le monde est soupçonné, surtout une ex-épouse. Et puisque vous représentez le Château des femmes, on m'a dit que leur photographe Diane Choinière était présente ; je souhaiterais voir toutes les photos qu'elle a prises. Demain avant 10 heures. Et dites-lui bien que c'est une demande courtoise. Que j'espère ne pas avoir à saisir le juge d'instruction pour me procurer sa carte mémoire.

— Je verrai ce que je peux faire.

Maître Nour, casque de moto sous le bras, tourne les talons et s'en va sans dire au revoir. Un à zéro pour Coralie qui se retourne vers son adjoint un peu éberlué, comme s'il n'avait pas très bien suivi le film. Mais Aurélien, efficace et discret comme d'habitude, ne pose aucune question. Il a néanmoins pris mentalement note de la tension entre les deux femmes.

Quand le martèlement des talons hauts de l'avocate s'est assez atténué pour ne plus agresser ses tympans, Coralie se penche vers lui.

— Quelque chose de nouveau ?

Aurélien lève la tête vers sa cheffe. Un hasard des nominations et des distributions de poste a voulu que Coralie Gignac, un mètre quatre-vingt-cinq, ait comme adjoint Aurélien, un mètre soixante-neuf pieds nus.

— Non, toujours la même histoire. Il faisait noir dans le chapiteau. La musique était forte. Tous avaient les yeux fixés sur la scène. Un témoin se souvient que deux personnes sont arrivées après le début du spectacle et de les avoir entendues se diriger vers le haut des gradins : c'est tout. Personne n'a rien vu ni rien entendu avant que Sophia, ex-femme de la victime, découvre le cadavre et se mette à hurler.

— Bon, rentrons et essayons de prendre une douche avant d'affronter la journée de demain. Dites aux autres que l'on fait le point à 9 h 30. Si je n'ai pas de nouvelles de maître Nour avant midi, il faudra saisir le procureur pour auditionner Sophia Alami et Diane Choinière.

— Vous savez que c'est la compagne de votre ami l'enquêteur Patrick Langevin ?

— Oui, je sais. Fermez derrière vous, s'il vous plaît.

À peine Coralie a-t-elle entendu le bruit de la porte que son sourire s'efface. De ses deux poings, elle frappe le bureau. Un coup sec. Un seul. Avant de se redresser.

Les douze coups de minuit ont bien sonné et c'est avec ses souliers à la main qu'elle va retrouver sa citrouille et ses haillons. Sans espérer de prince.

Elle serait morte. En plein vol. Un oiseau visé au cœur. Elle tournoyait, une liberté nouvelle dans ses yeux. Elle était là, au milieu de la piste. Enfin reine. Elle jonglait avec sa vie, son bonheur. Rayonnante. De nouveau, elle. Les poumons pleins d'oxygène. Fini les nuits au souffle court, recroquevillée, abîmée, sans lendemain. Effrayée, avec comme seul espoir un répit, un « pardonne-moi, mon amour », un bouquet de fleurs avant que l'orage se remette à gronder.

Il avait la mâchoire serrée. La haine dans les yeux. Sa chose s'envolait. Lui, tombait. Son pouvoir fragile avait été dérobé par cette femme. Sa beauté lui échappait. Il restait seul, les éclats de son ego éparpillé dans le vide de son âme.

J'ai deviné. Avant même de le voir sortir l'arme et le silencieux. À la braise qui brûlait dans son regard, j'ai su pourquoi il était venu. Il ne pouvait supporter qu'elle vive. Si heureuse. Un rappel douloureux de sa vacuité. Avant même qu'il relève le pistolet, je savais qu'il était impossible pour lui de voir cette chose, qu'il croyait avoir dévorée, s'élancer dans la lumière.

Alors je me suis dédoublé. Une partie de moi a quitté mon corps, a ouvert ses ailes, s'est envolée. Pour la beauté du monde. Pour rééquilibrer l'univers. Une vie misérable et nuisible pour une vie qui éclot enfin, était-ce un prix trop élevé ? Je n'aurais pu supporter que cette belle hirondelle qui annonçait mille printemps soit fauchée dans son élan. Les secondes s'égrenaient. J'étais là, planant au-dessus de la scène. C'était elle ou lui. Déjà cent fois, il l'avait tuée. À coups d'insultes, d'humiliations. Alors j'ai prononcé la peine. J'ai écarté mes serres et plongé droit sur ma proie. C'était au tour de Sophia de vivre.

DIANE

Tourne à droite, tourne à gauche, retourne sur le dos. Je me suis tortillée toute la nuit dans mon lit, avec à mes côtés mon policier bienheureux, qu'un meurtre n'empêche pas de ronfler. J'ai eu beau respirer, fixer mon attention sur l'air qui entre par le nez et descend dans mes poumons, je n'ai réussi qu'à m'angoisser encore plus. Maintenant, c'est certain, j'ai des polypes, si ce n'est une tumeur aux sinus et bonjour les cernes demain. Six heures du matin, mon téléphone s'allume. Je me lève, autant lire le message. Soyons honnêtes, si j'ai laissé mon portable sur ma table de nuit, c'est bien pour ne rater aucun SMS.

Diane, passé la nuit au commissariat, convoquée demain, apporte la carte mémoire, Nounours.

Bon, la carte mémoire maintenant. Putain, si ça se trouve, j'ai des images compromettantes. Ce n'est pas que je voudrais protéger un meurtrier, loin de là, mais quand même… je dirais que tout est une question de point de vue. Dans de nombreux États américains par exemple, mes amies médecins qui pratiquent des avortements au Château des femmes seraient de dangereuses criminelles. Alors, je ne veux pas être de mauvaise foi, mais peut-être que la mort d'un Cyril Alami, qui a tabassé Sophia pendant des années, n'est pas non plus un odieux crime gratuit commis sur une victime innocente.

6 h 30. La radio ne se mettra pas en marche avant une bonne demi-heure, ça me donne le temps de regarder les photos sur mon ordi avant d'avoir un poulet dans les pattes.

Je charge les fichiers photos : 800 ! Pourquoi en faire tant ? Vraiment, j'exagère. Mais je trouvais tout beau, je ne voulais rien rater de cette soirée de rêve. Qui aurait cru que ça finirait par un cauchemar ? Allez, petit diaporama de la soirée d'hier. Je fixe chaque image. Personne ne me paraît suspect. J'ai des photos des spectateurs debout qui applaudissent. Je ne vois pas le Cyril. En même temps, c'est un cirque, la scène est entourée de gradins, je ne peux pas photographier à 360 degrés. Et quand bien même. Les premiers rangs profitent de la lumière de la scène, mais impossible de distinguer les derniers, tout en haut du chapiteau. Il y a des photos des coulisses. Enfin, coulisses… une petite pièce où elles rient, ont l'air tellement fières. Dans quelques minutes, elles entreront dans la lumière. Ensuite j'ai une série d'images du début du spectacle. Des acrobates de papier, des funambules de dentelles, elles dansent comme des bulles de savon. Tellement fragiles et magiques à la fois. Des survivantes de toutes les violences dont peuvent être victimes des femmes parce qu'elles sont des femmes. Des survivantes, des héroïnes. Toujours vivantes, j'en ai la preuve qui défile sur mon écran.

Je suis plongée dans mes souvenirs de la beauté de cette soirée quand tout à coup une petite alerte s'allume dans mon cerveau. Arrêt sur image. Clic, clic, clic, clic, clic, je reviens en arrière. C'est bien là.

Sur une image, je vois une dame se balancer sur un trapèze avec un geste gracieux, elle attrape des tissus qu'une autre lui lance. Sur le bord de la piste, quatre femmes attendent dans la pénombre leur entrée en scène. Sur l'image suivante, maître Nour est penchée vers l'oreille de Sophia, sur celle d'après, elle lui glisse quelque chose dans la main. Sur l'image suivante, elles ne sont plus que trois, on voit Sophia s'éloigner. Et de nouveau elles sont quatre qui s'élancent, les bras vers le ciel, pour attraper des cerceaux. Mais où donc était passé Sophia ? Putain ! Peut-être a-t-elle eu une envie subite d'aller aux toilettes. Le stress… moi-même, hier, je n'ai pas arrêté de visiter les W.-C. Infection urinaire. Bon allez, on ne va pas prendre de risque. Je remets la carte dans mon appareil photo. Je fais défiler les images. Poubelle, poubelle, poubelle. Voilà, Sophia est restée sur le bord de la piste et maître Nour ne s'est pas penchée sur elle. J'entends la radio se mettre en marche. Je glisse la carte dans ma poche de robe de chambre, range vite mon appareil photo et cours me brosser les dents dans la salle de bains. Ni vu ni connu.

Me voilà par inadvertance devant le miroir. Je savais qu'il fallait que j'évite ce genre de face-à-face après une nuit blanche à me torturer les méninges en pensant à Sophia. Je passe une main dans mes cheveux. Il est temps d'aller refaire ma teinture. Putain que la repousse est grise, très grise. Grise. Inéluctablement grise. Cela dit, ça me laisse une grande liberté de couleur. Toutes les teintures prendront sur du gris, gris pâle, gris presque blanc. Si je n'avais pas les bras levés pour retenir mes cheveux en arrière, je pourrais presque me consoler à la perspective de pouvoir devenir rose si je le souhaite. Mais cette vision du gras du bras qui pendouille m'achève. Peau molle sans élasticité. Sur le dessus, mes tatouages font illusion, mais là, face à moi dans le miroir, m'apparaît la partie blanche, tendre, celle qui ne semble recouvrir aucun muscle. Je ne suis pas en train de vieillir, je me transforme en dinde déplumée à qui on a laissé quelques plumes blanches sur la tête. Je me fixe en imaginant, pour voir si ça m'irait bien, ces plumes vertes, roses ou bleues. Tant qu'à avoir perdu la partie, autant s'amuser. J'en ai les larmes aux yeux. Putain de vieille. Là-dessus, Patrick entre dans la salle de bains, remarque la larme qui me coule le long du jabot, m'enlace par-derrière, croise mon regard dans le miroir, me sourit et il me dit :

— Qu'est-ce que tu es belle !

Il m'embrasse dans le cou et va sous la douche.

Je pense soudain à ces femmes que le mari ne cesse de dénigrer. Trop vieille, trop grosse, trop maigre, trop sexy, pas assez sexy, trop ceci, pas assez cela.

J'essuie mes larmes. Patrick doit deviner mon regard sur ses fesses, car il se retourne, souriant. Je le rejoins. La dinde prend son envol, je deviens hirondelle. Je mesure la chance que j'ai. Pourtant, c'est ça la normalité. Aimer. Juste aimer.

CORALIE

Coralie s'élance vers sa meilleure amie, la machine à café.

— Capitaine, capitaine !

Elle se retourne, son adjoint est là, perché sur ses talonnettes, le sourire aux lèvres, une tasse dans une main, un thermos dans l'autre. L'odeur onctueuse du breuvage frais donne une petite pique dans ses certitudes. Ses meilleurs alliés ne sont peut-être pas des machines. Elle ressent un élan de tendresse envers ce jeune homme timide qui vient vers elle, le sourire aux lèvres, en lui tendant une tasse remplie d'un merveilleux nectar corsé de Colombie. Attention, danger. Bon, finalement, on verra plus tard pour les familiarités.

— Merci, Aurélien. Les autres sont-ils arrivés ? Pouvez-vous les convoquer dans mon bureau ?

Cinq minutes plus tard, le lieutenant et les six enquêteurs désignés pour travailler sous le commandement de Coralie s'entassent dans son bureau.

— Messieurs, rappel rapide des faits. Hier à 22 h 30 était découvert le corps de Cyril Alami. Égorgé. Selon le légiste, le meurtre venait juste de se produire. Nous n'avons pas trouvé l'arme du crime mais, toujours selon le légiste, il s'agirait d'une lame, petite et extrêmement bien aiguisée. Type rasoir coupe-chou. Un pistolet a aussi été trouvé à côté du corps, équipé d'un silencieux. On ne sait pas si la victime…

En disant ses mots, Coralie s'étouffe. Un Alami victime ! Ça lui assèche la bouche et le cœur. Elle toussote, prend une gorgée de son café. Un répit afin de cacher son émotion avant de reprendre :

— … On ne sait pas si la victime avait l'intention de s'en servir. Il est probable que Cyril Alami, que nous connaissons tous de réputation, se promenait souvent armé. Surtout ces temps-ci. J'ai parlé rapidement hier soir à l'inspecteur Patrick Langevin, mon ancien collègue des Stups : il m'a confirmé que la tension est montée d'un cran entre nos amis dealeurs de la cité des Fleurs dont sont issus les Alami et celle des Peintres. Néanmoins, il ne faut pas perdre de vue que Cyril Alami assistait à un spectacle de cirque donné par le Château des femmes où se produisait Sophia Alami, son ex-épouse, qui venait d'obtenir le divorce la semaine précédente. Nous ne pouvons écarter l'hypothèse qu'il venait pour la tuer et se venger. Hier, plusieurs témoignages ont fait état d'années de violence. Il était, semble-t-il, rongé par la jalousie. Lui interdisait de sortir, de voir ses amies ou sa famille. Elle était devenue complètement dépressive, elle a même tenté de mettre fin à ses jours, selon les auditions que nous avons menées cette nuit. Ce serait grâce au soutien qu'elle a trouvé au Château qu'elle a eu le courage de le quitter. Maintenant, elle vit dans un hôtel social. J'ai parlé à son médecin ce matin ; Sophia Alami a retrouvé son calme et serait en mesure de nous recevoir aujourd'hui pour qu'on puisse l'interroger.

— Dans le dossier de Cyril Alami, je ne vois aucune condamnation pour violence conjugale, fait remarquer Aurélien.

— En effet, reprend Coralie, Sophia Alami a déposé deux plaintes pour violence conjugale au cours des trois premières années de son mariage, qu'elle a ensuite retirées. Puis deux autres l'an dernier, classées sans suite. Il y a même eu un flagrant délit, un voisin a appelé la police, car il entendait proférer des insultes et des menaces. Quand les policiers sont arrivés, une heure plus tard, le témoin s'est excusé, il a prétendu avoir des acouphènes qui lui faisaient parfois entendre des choses. Sophia a dit aux policiers qu'elle venait de tomber sur un coin de table, merci, au revoir, tout va bien. Alami a même voulu offrir à boire aux collègues. Alors il faut garder cette hypothèse en tête.

— Mais quelle hypothèse ? Puisqu'il ne l'a pas tuée, qu'est-ce que ça change ? C'est le meurtrier de Cyril Alami que l'on cherche, fait remarquer un des inspecteurs.

— En effet, mais cela peut changer le mobile du crime. Pour l'instant, je penche pour un ennemi d'un gang rival qui le suit et profite de cette occasion en or pour l'approcher et lui régler son compte. Une histoire de drogue. Mais on peut aussi avancer l'idée que quelqu'un le voit sortir son arme, viser Sophia, et le tue pour empêcher un féminicide.

— Cela me semble peu probable, reprend Aurélien, j'imagine mal une femme se promener avec un rasoir coupe-chou sur elle. Et on sait que les femmes préméditent rarement leur crime. De toute façon, qui pouvait se douter qu'il assisterait à ce spectacle ?

— Ce pouvait aussi être un homme, avance l'un des inspecteurs. Pour égorger quelqu'un, il faut quand même avoir une certaine force physique.

— Pas selon le médecin légiste, reprend Coralie. Une main sur la bouche, une arme coupante, si on vise la jugulaire, une petite pression suffit et le tour est joué. Rapide et silencieux.

— Un témoin dit avoir vu deux personnes arriver au milieu du spectacle et se faufiler en haut des gradins. Il ne pouvait pas dire s'il s'agissait d'hommes ou de femmes, reprend l'un des enquêteurs.

— OK, hier, nous avons entendu la trentaine de personnes présentes au moment de la découverte du corps. Avez-vous pu établir la liste de ceux qui étaient partis avant ? demande Coralie.

— Plus ou moins, oui. Nous avons une vingtaine de personnes à convoquer. Tous étaient ami.e.s des participantes ou travaillent au Château des femmes.

— Bon, finissez d'auditionner tous ceux qui pourraient avoir été témoins de quelque chose. J'attends le rapport de l'autopsie et les éléments du labo. Autre chose importante : on a peut-être eu un coup de chance, une petite goutte de sang a été découverte à proximité du corps, peut-être une éclaboussure, mais si ça se trouve l'assassin s'est blessé et nous aurons son ADN.

— Il y avait aussi une photographe, fait remarquer un des inspecteurs.

— Oui je sais, le coupe Coralie. Peut-être trouverons-nous quelque chose sur ses images. J'ai demandé qu'elle passe avant 10 heures : si elle ne se présente pas, on la convoque. Après j'irai rencontrer la famille Alami. Aurélien, je vous laisse voir à quelle heure Sophia sort de l'hosto. Nous irons l'interroger à son hôtel.

Le téléphone sur le bureau se met à sonner. Coralie fait signe à son équipe que la réunion prend fin et porte le récepteur à son oreille. On lui apprend que Diane Choinière est à la réception.

— Parfait, faites-la monter.

Coralie se réjouit de rencontrer la fameuse Diane Choinière. Pour une raison étrange, à chaque fête entre collègues, chaque dîner, chaque pot de départ, la compagne de son cher ami Patrick a une excuse pour ne pas se joindre à eux. Lambert, le binôme de Patrick, deux inséparables qui ont fait leur carrière au côté l'un de l'autre, Lambert, le meilleur ami de Patrick depuis les bancs de l'université, dont l'épouse était aussi l'amie intime de l'ancienne femme de Patrick décédée d'un cancer, ne peut pas voir cette Diane en peinture. Selon lui, son ami est sous emprise. Il raconte à qui veut l'entendre qu'elle le manipule qu'elle s'est servie de lui pour se tirer d'un mauvais pas avec la justice. Une profiteuse, une intrigante, bref, il la déteste. Selon Lambert, elle est folle, une espèce de vieille punk restée figée dans ses utopies anarchistes de jeunesse. Il ne comprend pas ce que

Patrick peut lui trouver. Ça le dépasse. Secrètement, Coralie rêve de rencontrer la légende qui a séduit le beau Patrick. Après le décès de sa femme, elles ont été plusieurs à se casser les dents sur le nouveau veuf. Elle-même n'aurait pas dit non à ses beaux yeux. Elle s'est rapprochée de lui, la bonne copine, douce, toujours de bonne humeur, affable, mais le veuf n'a décrypté aucune de ses tentatives de séduction. Son chagrin l'avait rendu aveugle et sourd. Jusqu'au jour où, lors d'une enquête, il a fait la connaissance de cette femme qui au dire de Lambert n'était ni douce ni affable, ni d'humeur égale. Un coup de foudre qui a complètement aveuglé son ami. Personne ne sait si le cruel verdict de Lambert était vrai, mais tous ont vu l'inspecteur Patrick Langevin retrouver sa joie de vivre depuis qu'il fréquente Diane. Aussi Coralie est-elle impatiente de voir l'animal de près. Curieuse, elle ouvre le store de sa fenêtre qui donne sur les bureaux. Une grande femme, les cheveux roux décoiffés, un blouson de cuir et des bottes de cow-boy rouges, s'avance d'un pas énergique dans sa direction. Vite, elle referme le store. Elle ne veut pas tout de suite rallier son jugement à celui de Lambert, mais c'est vrai que cette femme a une étrange dégaine. Jamais elle n'aurait imaginé Patrick Langevin tomber amoureux de ce croisement entre Vivienne Westwood et Iggy Pop.

DIANE

« Gna gna gna… Va voir Coralie avant d'être convoquée, ce n'est pas grave si elle te demande ta carte mémoire, de toute façon dans une affaire de meurtre tu vas être obligée de la lui donner, ça peut être une pièce à conviction. Gna gna gna… tu vas voir qu'elle est super sympa, c'est une bonne copine, c'est chez elle qu'on est invité le mois prochain pour fêter ses quarante ans. Gna, gna, gna… »

Putain, rappelez-moi la date exacte pour que je me trouve quelque chose de super important à faire ce soir-là comme me jeter du haut d'un pont dans une rivière en crue. Déjà, j'avais accepté d'aller à ce BBQ (un BBQ ! Déjà, tout est dit). En traînant les pieds, entre autres pour faire taire Lambert qui m'accuse de détester les flics en bloc et de vouloir convertir Patrick au féminisme, de le couper de ses amis, de le manipuler, d'être la dépositaire presque exclusive de tous les défauts possibles et inimaginables du genre humain. Mais là, il y a des limites aux efforts que je peux consentir pour sauver ma réputation. Je n'irai certainement pas fêter l'anniversaire de cette femme. De toute façon, elle est parfaite. Je ne vois pas comment je pourrais redorer mon honorabilité à l'ombre de cette dame.

Je déteste les gens parfaits. Encore plus une inspectrice parfaite. Dents blanches, polie, aimable, sociable, lisse, les vêtements repassés, une légère odeur de parfum, propre sur elle, un tee-shirt blanc, pas gris, blanc étincelant. Je n'ai jamais osé demander aux personnes qui ont des vêtements blancs si elles les portaient juste une fois ou s'il existait un produit ménager magique dont on m'a caché l'existence.

— Bonjour, Diane, depuis le temps... ! C'est un plaisir de vous rencontrer.

Comme si elle ne remarquait pas que j'ai les ongles rongés, que ma teinture a besoin d'être refaite, que je suis tellement nerveuse que je transpire et que je pue. Forcément. Que j'ai le mot « coupable » imprimé sur le front. Putain je n'aurais jamais dû effacer ces trois photos.

— Merci pour la carte, Diane, nous allons l'envoyer à nos experts pour en extraire toutes les images. Je vous la redonnerai ensuite.

Elle m'a dit ça avec son sourire d'orthodontie. Affable. Moi je me suis sentie prise la main dans le sac. Elle m'a même fait un clin d'œil. Au mot « expert », je me suis mise à me gratter le cou, une mauvaise habitude qui me laisse des marques et qui donne l'impression que j'adore me faire faire des suçons. Par Patrick, dans ce cas précis. J'aurais dû venir avec Nounours. Maintenant, c'est juré. Meilleure copine de Patrick ou pas, je ne me présente plus jamais devant un poulet sans mon avocate. Exception faite de Patrick. Et encore, on n'est jamais assez parano.

En rentrant chez moi, je me prépare à mentir comme une arracheuse de dents. Je me plaque un sourire forcé et me prépare à un enjoué : « Qu'est-ce qu'elle est sympa ta GRANDE copine parfaite ! » Quand j'entends japper.

Au milieu de mon salon trône un Patrick très fier de lui qui tient en laisse un chien malinois avec un gros nœud coloré accroché à son collier.

— Cadeau. J'ai pensé que tu serais heureuse d'avoir un compagnon pour courir.

Mon petit scénario tombe à l'eau. Le sourire forcé que je me suis composé éclate en un vrai rire de joie. Je fais même un petit bond en tapant des mains. Je me penche pour caresser le chien. Et là, je sens mon enthousiaste faiblir.

— Super, mais il n'est pas un peu vieux ?

Je ne veux pas faire ma difficile, les chiots tout mignons des *stories* Instagram ne m'ont jamais fait rêver. Mais il y a quand même des limites. Ce chien est borgne, il lui manque carrément un œil et un bout d'oreille, il a une longue balafre qui ne semble pas tout à fait guérie sur le flanc gauche autour de laquelle ses poils ont repoussé dru, et il a perdu un bout de queue.

— Non, il n'a que cinq ans. C'est un chien de la brigade cynophile. Il a défendu son maître quand un revendeur de drogue a lancé trois Rottweilers et un pitbull sur lui. Il a été réformé à cause de cet accident et le policier auquel il était assigné ne peut pas le garder. Tu vas voir, c'est un bon chien.

Il me regarde avec son œil de chien triste et lève sa patte pour me la donner. Son bout de queue bat l'air. Un petit coup de langue sur ma main. J'ai un coup de foudre. Cet animal est mon chien. Les yeux pleins d'eau, je me relève et j'embrasse Patrick.

— Ce toutou est parfait. Merci, merci, merci.

— Et attention, regarde !

Patrick sort une plaque de sa poche. Lorsqu'il l'ouvre, je vois apparaître une décoration. Je lève un sourcil. Patrick veut me donner une médaille ?

— Il a été décoré de la médaille d'honneur de la police nationale.

Putain, je gonfle le torse. Mon chien est un héros. Attention.

Je ne vais pas abandonner Choupette, la chienne de ma vieille voisine dont je m'occupe de temps en temps, mais j'avoue que je suis heureuse d'avoir un chien qui a de la classe. OK, il est un peu de guingois, mais c'est un combattant de la lutte contre le grand banditisme.

— Il s'appelle comment ?

— Peut-être que ça ne va pas te plaire. Rintintin

— Putain, c'est une blague ?!? Tu me fais marcher ? Je me disais justement que j'aurais l'air chic avec un chien médaillé, tant pis pour mes préjugés contre les flics, et là tu m'apprends qu'il s'appelle Rintintin !

— Et il est trop vieux pour changer de nom. Sinon il est adorable.

— Tant pis, va pour Rintintin. Merci, merci, je suis trop heureuse.

— Je me suis dit que ça t'occuperait et que tu te mêlerais peut-être un peu moins de ce qui ne te regarde pas.

— Je n'ai aucune idée de ce dont tu parles. Viens, Rintintin, viens, beau chien, on va aller voir ta nouvelle amie Choupette.

— Une propension à vouloir mettre ton nez dans les affaires qui ne te regardent pas. Et de donner ton avis sur tout ?

Je me retourne, regarde à droite, regarde à gauche.

— Je ne vois pas à qui tu parles.

Je me précipite chez Ginette.

Elle n'a même pas l'air surprise de me découvrir avec un chien. Elle daigne à peine lui faire une petite caresse entre les deux oreilles. Elle est jalouse parce que mon chien est plus beau que sa chienne. Choupette, bonasse, vient lui sentir le cul. Les présentations sont faites, j'imagine.

Ma voisine me sert un porto. Ginette est fan de séries policières. Les meurtres mettent du baume sur ses vieux os. Mes aventures post-licenciement nous ont beaucoup rapprochées.

Au moment de partir, je ne vois plus Rintintin. Je le trouve en arrêt devant la commode dans la chambre de la vieille dame. Il est figé. Je me demande s'il ne vient pas de faire une attaque. Ce serait con. Je rêve d'un chien depuis des années et paf ! AVC. J'ai beau tirer sur son collier, il ne bouge pas. Je me dis que ce n'est pas grave : il ne me connaît pas encore bien, normal qu'il ne m'obéisse pas au doigt et à l'œil.

— Viens, Rintintin.

— Rintintin ?!? Et voilà ma Ginette qui s'esclaffe.

Vexée, je finis par prendre le chien dans mes bras pour retourner chez moi.

Il est lourd et encombrant. J'essaie de garder un semblant de dignité en me dirigeant vers la sortie. Ginette rit si fort en allant m'ouvrir la porte que je crains que son dentier tombe.

Comment expliquer ce moment où la cicatrice guérie s'est réouverte. La douleur quand la suture a lâché ? Une vie reconstruite sur cette couture, engloutie en un instant, avalée par l'ancienne blessure. Comment expliquer un cœur recollé qui ne tient plus ? Une vie, un corps, une âme, sauvés, réinventés. Et là, le sang qui coule de nouveau. La peau qui part en lambeaux. Une mutation. C'est de cette déchirure qu'est sorti ce phénix, cet épervier. Un oiseau majestueux.

Une mutation. Un mot galvaudé, un titre de roman de fantasy, mais aucun autre ne vient à mon esprit pétrifié. Je me déchire entre la personne que je suis devenue à force de douceur, de larmes et d'amour et cette créature qui s'empare de mon âme. Je tombe de haut. Je m'écrase dans mon passé. Une longue chute de vingt ans en arrière. Réapparaissent la peur, la peine, la brisure, la rage, la vengeance, le pus, la bile. Tout, tout ce qui avait été rénové s'érode. Reste une vieille carcasse à demi-dévorée par une haine corrosive. Un cadavre vide. Sans vie. Déambulant là où il fut tué il y a longtemps. Et voilà qu'au terme de l'agonie, cet animal sort de mon corps. Puissant, royal, éblouissant. Mon esprit devient rapace. Mon ouïe s'aiguise, ma vision s'affûte. J'agis à une vitesse étourdissante dans une demi-conscience. Je regarde mes nouvelles ailes sans savoir si ce sont celles d'un ange ou d'un démon. Je m'élève, je m'envole.

CORALIE

— On y va ? demande Aurélien qui commence à être nerveux. Il ne comprend rien au mutisme de sa cheffe d'ordinaire si prompte à se mettre au travail.

— Accorde-moi encore deux minutes, lui répond Coralie qui a besoin de mobiliser ses forces.

La voiture de Coralie Gignac et de son adjoint Aurélien Bertrand est garée à l'orée de la cité des Fleurs, devant un pavillon, à l'ombre des barres d'immeubles.

Deux jeunes avec le pantalon ras-les-fesses passent pour la deuxième fois près du véhicule pour discrètement examiner ses passagers. Des lieutenants, comme on appelle les petites frappes de seconde zone dans l'organigramme de la bande Alami. Coralie, angoissée d'avoir à sauter à pieds joints dans son passé, est agacée par ces gringalets qui roulent des mécaniques en se délectant du petit pouvoir que leur attribue leur rôle de gardes du corps de caïds de pacotille comme les Alami.

Elle doit se résoudre à faire le deuil de ses deux minutes de répit. Elle sait qu'avec cette engeance il ne faut pas montrer ses failles. C'est à qui ne courbe pas l'échine en premier. Un jeu de dupes. De pouvoir. Si elle reste plus longtemps dans cette voiture, son hésitation sera interprétée comme une faiblesse et les Alami, tels des vautours, s'abattront sur elle avec une cruauté aiguisée par leurs frustrations, leur amertume accumulée dans cette cité oubliée du 93, dite « des Fleurs ». De fait, ils n'ont pas tort. Les quartiers populaires sont à l'abandon. Les Alami ont endossé ce renoncement et en ont profité pour inventer des mondes parallèles. Des codes, des langages, des modes, des loyautés. Ils profitent des injustices pour justifier leurs méfaits et rejeter sur les autres la responsabilité de leurs actes et de leur veulerie. Ils s'allouent tous les droits pour terrifier leurs voisins et leur pourrir la vie. Ils imposent leur code de déshonneur. On est avec eux ou contre eux.

Coralie referme la porte de la 308 Peugeot d'un geste un peu trop vif, faisant sursauter son collègue qui se dépêche de sortir à son tour de l'habitacle. Il trottine pour rattraper sa cheffe qui s'élance d'un pas décidé vers le pavillon.

C'est une Coralie droite, les poumons remplis d'oxygène, les épaules bien ouvertes et le regard concentré qui appuie sur cette sonnette dont le bruit strident fera apparaître ses ennemis devant elle. La porte s'ouvre sur un homme d'une petite quarantaine d'années, le cheveu et la barbe rasés en dégradé, une chaîne en or autour du cou. Il croise ses bras gonflés à la fonte. Affiche un sourire ironique. Des yeux cruels. Il dévisage Coralie de haut en bas. Coralie ne bronche pas. Un choc de géants. Le pauvre Aurélien, du haut de son mètre soixante-dix avec semelles, est quantité négligeable. C'est néanmoins lui qui met fin à cet incompréhensible duel.

— Bonjour. Monsieur Alami, je présume ? Nous sommes de la brigade criminelle. Nous sommes chargés de l'enquête concernant le meurtre de Cyril Alami. Pouvons-nous parler ?

L'homme décroise ses bras et leur fait signe d'entrer. Il n'a pas quitté Coralie de ses yeux d'hyène. Toujours en la fixant, il recule un peu, ne dégageant pas assez d'espace pour que les deux policiers puissent se rendre au salon sans le frôler.

— On vous attendait.

Coralie et Aurélien sont debout au milieu d'un salon. Les rideaux sont tirés, des femmes chuchotent, elles sont assises par groupes de deux ou trois sur les canapés qui occupent trois côtés de la pièce. Au centre trône une table basse avec un plateau doré, gravé, sur lequel sont posées des assiettes de dattes et d'amandes. Une jeune femme coiffée d'un élégant foulard qui couvre le bleu qu'elle a à la joue entre dans la pièce avec des verres et une théière. Discrète, elle propose du thé à la menthe aux dames présentes. Toutes ont un mouchoir à la main avec lequel elles épongent leurs yeux pourtant secs. Dans la pièce voisine retentissent des voix d'hommes. Coralie croit entendre son nom suivi de « Je ne veux pas voir cette salope ». Ça y est, la confrontation qu'elle craignait tant va se produire.

Un homme entre dans la pièce. Un sosie à peu de chose près de celui qui leur a ouvert. Un peu plus de gras par-dessus les muscles gonflés aux stéroïdes. Une incisive en or, une montre Rolex au poignet, et les yeux bleus. Pour le reste, le même air arrogant, la même odeur de lotion capillaire, la même cruauté gravée dans le regard. L'homme se dirige, l'écume à la gueule, vers Coralie quand Aurélien, qui lui aussi a entendu les insultes, s'interpose.

— Bonjour, nous sommes de la police criminelle. Nous aimerions voir les proches parents de monsieur Cyril Alami.

Le géant le regarde de haut tout en mastiquant son cure-dent pour signifier son mépris. Aurélien est habitué aux intimidations. Sans se démonter, il poursuit en fixant l'odieux personnage dans le blanc des yeux :

— Êtes-vous de la famille du défunt, monsieur ?

Charles Alami est pris au dépourvu par la fermeté de ce jeune homme qui fait rempart entre lui et sa proie. Pourtant, il attendait cette visite avec impatience. Depuis qu'un policier est venu lui annoncer le meurtre de son frère et l'informer que la capitaine Coralie Gignac dirigeait l'enquête, il rumine ses doléances. Comment est-il possible que cette incompétente, une femme, en plus, ait la charge de découvrir l'assassin de son frère ? Une insulte personnelle. La preuve que la société n'en a rien à branler des petites gens comme lui. Nommer Coralie Gignac à la tête de cette enquête ! Un comble. Puis il commence à se délecter de l'ironie de la situation. Après tout, dans cette affaire, il est du côté des victimes. Il va l'accabler, la fliquette de mes deux ! Lui faire cracher toute la compassion que les forces de l'ordre doivent aux victimes. Il va la tordre pour en récolter les dernières gouttes s'il le faut. Coralie Gignac va payer pour la mort de Cyril.

— Oui, je suis son frère Charles ; c'est notre frère Marco qui vous a ouvert la porte.

Aurélien leur tend une main décontractée comme si aucune tension ne flottait dans l'air.

— Enchanté. Et voici la capitaine Coralie Gignac.

— Bonjour, c'est moi qui dirige l'enquête. Je suis venue vous présenter mes condoléances et vous faire part de la procédure.

Soudain, des cris.

Une dame d'un certain âge soutenue par la jeune femme qui servait le thé entre dans la pièce. En voyant les policiers, elle se dégage, envoyant valser contre le mur la pauvre fille qui lui tenait le bras. La rage lui donne une seconde jeunesse. Son foulard est tombé par terre. Elle hurle en arrachant par poignées ses cheveux rouges teints au henné.

— C'est votre faute, mon fils, mon fiiiiiils, ahhhh, avec vos idées vous chamboulez la tête de nos filles, et regardez le résultat. Salope, Salope ! Vous montez la tête à nos femmes. Vous avez vu le résultat. Des années que vous nous persécutez. D'abord vous accusez mon fils de violence, ensuite vous montez la tête à cette traînée de Sophia qui non seulement a divorcé, mais a tué mon fils. Attendez qu'on la retrouve, c'est en bouillie de pute que je vais vous la ramener. Mon bébé Cyril égorgé comme un cochon. Mais bien sûr, regardez qui ils ont déniché pour trouver le coupable.

Folle de rage, la mère s'approche et crache sur Coralie qui ne bronche pas.

— Une pute comme vous ! Je te jure ! Je te l'amène moi la coupable sur un plateau, pas besoin d'une incompétente comme vous, c'est Sophia qui a tué mon Cyril. Mais une belle petite oie blanche comme elle, vous allez la laisser tranquille. Vous allez sûrement inventer des choses atroces pour encore accabler ma famille.

— Madame, dit calmement Coralie, je ne vais pas tenir compte de vos propos eu égard à votre deuil, mais sachez que si ce genre de discours se réitère vous serez verbalisée pour outrage à agent.

Même les frères Alami sont assez intelligents pour comprendre que leur mère est allée trop loin. Pendant que Marco, le plus jeune, reconduit sa mère dans sa chambre, Charles raccompagne en silence les deux policiers.

Coralie prend le volant. Aurélien n'a pas le temps d'attacher sa ceinture qu'elle démarre. Elle traverse la cité des Fleurs en trombe sans respecter la limitation de vitesse. Arrivée près d'un terrain vague, la capitaine freine abruptement. Elle sort de la voiture et se met à donner des coups de pied en hurlant dans tous les détritus qui ont eu le malheur de s'échapper des poubelles – bouteilles de bière vides, emballages du MacDo –, avant de se mettre à vomir.

Aurélien reste abasourdi sur son siège passager. Il observe sa cheffe. Fin psychologue, il sait que toute tentative d'apporter son aide serait maladroite. Il ne posera aucune question, ne fera aucun commentaire. Fera comme si de rien n'était, mais en son for intérieur il se jure de découvrir quelle plaie infectée lie Coralie Gignac à la famille Alami.

DIANE

— Tu te fais belle. Tu vas au Château aujourd'hui ? me demande mon amoureux qui ne perd jamais une occasion de me faire un compliment.

Depuis que j'ai eu affaire à son amie Coralie et à son beau sourire carnassier, je me méfie de ce genre de manœuvre de séduction de la part d'un flic. Je ne suis pas certaine de savoir si c'est du lard ou du cochon. Je sais que j'ai une épée de Damoclès au-dessus de la tête. C'est évident que, lorsque l'expert analysera la carte mémoire, il va y avoir un problème. La Coralie sera trop heureuse d'aller en informer Patrick. À moins qu'il soit déjà au courant et qu'il essaie de m'amadouer pour me tirer les vers du nez.

— Non, cette semaine les ateliers et les groupes de parole ont été annulés à cause du meurtre. Le Château est resté ouvert pour les suivis avec les médecins, les psychiatres, les urgences, les interruptions de grossesse, mais les autres activités ont été suspendues pour la semaine.

— Donc tu vas passer la semaine sans voir maître Nour ? Elle va te manquer !

— Non, car je vais de ce pas la rejoindre à Paris.

— À son cabinet ? Tu veux que je te dépose ?

— Je la retrouve dans un café, aujourd'hui c'est sa journée littéraire.

Pour se changer les idées de ses dossiers juridiques, maître Nour écrit des livres de cul. Elle a fait un *burn-out* il y a quelques années. Un dossier dans lequel elle s'était trop investie. L'histoire banale d'une plainte pour violence conjugale classée sans suite. La femme a dû fuir son domicile, les mains vides. L'ex-mari a continué à exercer des menaces sur elle par le biais de leur gamin. Je ne connais pas les détails, elle n'aime pas aborder ce sujet. Je sais que la femme a fini par se suicider dans des circonstances étranges. Maître Nour a remué ciel et terre pour faire accuser le mari de féminicide, mais comme aucune des plaintes déposées contre lui n'avaient été instruites, il était blanc comme neige. Après ce drame, Nounours a cessé d'exercer quelque temps. C'est quand elle a repris sa pratique qu'elle s'est spécialisée dans la défense des femmes victimes de violence et qu'elle a commencé à intervenir auprès du Château. Et aussi, à ce qu'on m'a dit, à muscler ses méthodes. C'est à cette époque aussi qu'elle s'est lancée corps et âme dans l'écriture pornographique. Du vrai *hardcore*. Du sperme, de la vulve, de la chair, du désir, mais attention, tout en poésie. C'est pour ça qu'elle connaît les bonnes adresses de Paris, car elle écrit dans des cafés. Elle ne veut pas apporter son travail à la maison. À cause de sa progéniture. On ne dirait pas quand on voit cette femme dynamique sur sa moto et son rictus au coin des lèvres, mais Nounours a cinq enfants. Enfin, enfants ! Maintenant ils sont adultes, et ils se sont reproduits. Et même si tous ont quitté le nid, la grande maison de Vincennes aux murs roses est restée un moulin ouvert aux quatre vents où tous passent et repassent. Sa maison est toujours pleine de belles-filles, de gendres, de petits-enfants. Trop d'enfants pour écrire des livres cochons en leur présence. Combien de petits-enfants ? Elle me l'a dit un jour, c'est certain, mais j'ai oublié. Je n'aime pas spécialement les gamins, ils me mettent mal à l'aise. Ils sont mignons, mais j'ai toujours peur de les effrayer ou de dire quelque chose qui les traumatisera à vie. Leur psyché est trop fragile pour moi. Je préfère les interactions avec des gens qui peuvent se défendre. C'est pourquoi j'aime les chiens. Un chien, ça va te mordre avant que tu puisses lui tordre le cou. Alors qu'un enfant, ça peut donner la main et suivre son bourreau pour quelques bonbons. Moi, j'ai Patrick, mon commissaire de mari. En fait, il n'est pas commissaire. Mais il est dans la police et c'est lui qui m'a sorti les fesses du feu quand j'ai eu ce que je peux appeler mes déboires avec la justice. Il n'est pas non plus mon mari, mais c'est lui qui me met le feu aux fesses. En tout cas, c'est dans ses bras que je renifle quand ma peine déborde. C'est aussi parfois sur lui que je déverse ma mauvaise foi quand la méditation ne suffit pas à calmer mes nerfs.

Et j'ai Ginette, ma voisine du quatrième âge, et sa chienne Choupette. Je ne peux pas vous dire sa race. D'ailleurs ce n'est peut-être pas un chien. Quoi qu'il en soit, c'est une chose pleine de poils gris qui se dandine et qui lèche. Et maintenant j'ai aussi Rintintin. J'arrive à peine à m'occuper d'eux. Parfois même je les oublie. Choupette par exemple, c'est moi qui dois la sortir pour qu'elle fasse ses besoins, car Ginette est un peu hypocondriaque. Web-pocondriaque à mon avis. J'ai du mal à croire qu'on puisse s'inventer autant de maladies sans effectuer des recherches assidues.

Alors j'essaie le plus possible d'éviter d'aller chez maître Nour, je préfère la rejoindre dans un café, comme aujourd'hui. J'ai plus d'affinité avec la cochonne qu'avec la grand-mère.

Je la trouve attablée au fond, dos au mur, la tête penchée sur son ordinateur. Son petit sourire en coin, les joues roses. Elle-même est gênée de ce qu'elle écrit. Ça n'a pas l'air piqué des vers, vu les petits sons qu'elle fait. Des hums, des oui oui, des haaa. Je ne suis pas certaine qu'écrire dans un lieu public soit une si bonne idée, mais en effet, je vois mal ses petits-enfants regarder mémé tapoter sur son clavier à la table de la cuisine dans cet état-là. Mieux vaut qu'elle se limite aux tartes et gâteaux quand elle est chez elle.

Elle ne me voit pas arriver, probablement concentrée à chercher les mots les plus fleuris pour décrire un cunnilingus. Alors quand mon nouveau chien lui passe une langue dans le cou, elle fait un saut qui la fait tomber sa chaise. Voilà ma Nounours le cul par terre. Je voudrais bien l'aider à se relever, mais je ris tellement que je dois courir aux toilettes d'urgence. Maudite infection urinaire. Quand je reviens, elle a repris ses esprits et elle fait connaissance avec mon chien.

— Bon, tu m'avais prévenue, mais il est vraiment laid.

— Oui, mais c'est un héros. Il est médaillé.

— Depuis quand tu accordes de l'importance aux récompenses et aux honneurs de la police nationale ?

— Depuis que j'ai deux capitaines dans ma vie, madame !

— Oui... Ben moi j'applaudirai quand un flic sera médaillé juste pour avoir pris la plainte d'une jeune femme qui vient de se faire agresser sans lui glisser de sous-entendu sur sa consommation d'alcool ou sur sa façon de s'habiller.

— Je vois que tu es dans un de tes bons jours.

— En effet. Hier j'ai appris que dans une affaire de viol dont je représente la victime, des policiers sont passés prendre les prélèvements à l'hôpital et les ont oubliés dans leur coffre de voiture. Adieu les preuves. Un autre violeur en liberté. Retour à parole contre parole, autant pisser dans un violon. Alors oui, je suis un peu remontée. Et à propos de flic, tu as apporté ta carte mémoire ? Tu l'as trouvée comment, la capitaine Gignac ?

— Un déhanché du tonnerre. Grande. Belle comme le sont ces femmes qui savent imposer leur physique atypique. Elle sent bon, elle a de belles dents. Elle me déteste.

— Je vois que c'est le coup de foudre. Pourquoi tu penses qu'elle te déteste ?

— Trop souriante, trop polie. J'ai senti la besogne derrière la courtoisie. Le contrôle. J'avais l'impression qu'elle tenait son sourire jovial à bout de bras pour ne pas me sauter à la gorge. Tu aurais dû venir avec moi.

— J'étais à l'hôpital à cette heure-là, je préparais Sophia pour sa déposition.

— Comment elle va ?

— Moyen. Elle est sortie de l'hosto. Elle a des antidépresseurs en plus des opiacés pour ses douleurs chroniques.

Je ne suis pas médecin, mais je ne suis pas certaine que ce soit un bon mariage. Elle est secouée, mais ça devrait aller. Je l'ai ramenée à son hôtel pourri.

— La pauvre. Ce n'est pas de chance. Son mari assassiné une semaine après son divorce. À quelques jours près, elle héritait.

— Ne dis pas n'importe quoi. D'un, je suis convaincue qu'il était là pour la tuer. Je ne sais pas quel saint ou quel ange est descendu du ciel pour armer la main de Dieu et égorger ce porc, mais on ne m'enlèvera pas de la tête que c'était elle ou lui. Et de deux, tu sais bien que les Alami sont tous au RSA. Tous leurs commerces de kebabs de merde sont entre les mains de gérants. Tout passe en argent liquide. Pas de maison, pas de commerce, pas de voiture. La seule chose dont elle aurait hérité c'est d'une de ses dents en or. Et encore, je suis certaine que la mère aurait mis le dentier de son fils dans sa poche à la morgue pour être certaine de n'avoir à rien donner à Sophia.

Son téléphone se met à sonner. Le chien a jappé.

— Eh bien, en parlant du loup… C'est justement Sophia qui m'appelle. Allo, allo Sophia ? Qu'est-ce qui se passe ? Calme-toi.

Maître Nour, affolée, est déjà en train de se lever et de saisir son casque de moto.

— OK, ferme bien ta porte à clé, j'arrive immédiatement.

Elle raccroche.

— Marco Alami et un autre type viennent d'agresser Sophia. Heureusement les flics ont reçu un appel anonyme et sont arrivés, juste comme ils venaient de défoncer la porte. Ils se sont enfuis. Je te laisse payer les cafés.

— Ah non, je veux bien payer les consommations mais je ne te laisse pas y aller seule. Imagine qu'ils se soient cachés et qu'ils t'attaquent par-derrière.

— Non, Diane, j'y vais seule.

— Hors de question. Tu ne peux pas me laisser en dehors de ça. Sophia, je lui ai déjà sauvé la vie.

— OK c'est bon, j'ai compris. Tu es vraiment incorrigible. Mais c'est vrai que je peux avoir besoin de toi pour calmer Sophia.

Elle se penche et écrit une adresse sur la serviette de papier sous sa tasse de café.

— Tiens, voilà l'adresse, moi j'y vais à moto. Tu me rejoins en RER. Avec les embouteillages on y sera peut-être en même temps. Si tu es la première, tu ne touches à rien.

Et nous voilà, Rintintin et moi, à attendre le RER E. Signe du destin, le train est annoncé cinq minutes plus tard. Le trafic du RER me sert d'oracle. À une époque, je consultais mon horoscope du jour. Maintenant, si un RER est à l'heure, c'est un bon présage. Les astres sont alignés.

À Bondy, mon chien se fige, posté devant deux jeunes gens fort sympathiques qui viennent de monter dans la rame. Les pauvres, ils n'osent plus bouger et restent devant la porte, les mains en l'air. Malgré leur peur, ils sont polis, ne m'insultent pas, ils ne me demandent même pas d'éloigner ma bestiole. En fait, ils bougent à peine. Ils sont blancs comme des linges. Je m'excuse, essaie de tirer mon chien par le collier. Leur assure qu'il est inoffensif, qu'ils peuvent aller s'asseoir, le wagon est presque vide. Ils ne bougent pas. J'ai pitié, pour les apaiser, je leur montre sa médaille de police.

Le train s'arrête, je tire sur la laisse. Rien à faire. Je finis, devant les deux jeunes éberlués, par soulever mon chien paralysé. J'ai une touffe de poils sous le nez. J'éternue, il tombe. Je me remets en position d'haltérophile, les genoux pliés pour passer mes bras sous son ventre. Je réussi à le hisser. Titubante, aveuglée par une oreille et un moignon devant les yeux, je réussi à passer les portes, juste avant le départ du train.

Je suis inquiète. C'est la deuxième fois qu'il se fige comme ça. À mon avis, ça doit être un problème neurologique lié à son accident. Il y a des inconvénients à être une de ces grandes âmes qui se dévouent à adopter un chien impotent.

Nous arrivons à l'adresse que Nounours a notée sur la serviette.

L'hôtel est un immeuble un peu négligé, avec une enseigne où est simplement écrit HÔTEL en lettres d'or écaillées sur fond noir. Il n'y a pas de réception, seulement une porte avec « accueil » écrit dessus. Nous passons notre chemin pour monter directement au quatrième. L'escalier est sale. Des bruits d'enfants qui pleurent, de jeux télévisés, de disputes traversent les portes. Une odeur de nourriture grasse et d'humidité flotte dans l'air. Au deuxième palier, voilà mon idiot de chien qui s'immobilise devant une porte. Je suis obligée de grimper les deux autres étages avec l'animal sur les épaules. Ça commence à bien faire. Il va falloir passer au dressage intensif.

Arrivant devant la chambre de Sophia, je remarque tout de suite le trou dans le bas de sa porte. Visiblement, quelqu'un qui chausse au moins du 46 s'est acharné dessus. Plusieurs empreintes noires font une auréole autour de l'orifice.

— Sophia, c'est moi, Diane.

Un œil tuméfié apparaît dans l'entrebâillement de la porte qui se referme immédiatement. Un bruit de chaîne. Le battant s'ouvre enfin en grand. Sophia, en pleurs, se jette dans mes bras. Elle est pieds nus. Mon chien, plein de compassion, lui lèche les orteils.

— Chut, chut, calme-toi.

Je pose mon menton sur sa tête pour bien l'enlacer. Sophia est toute menue. Un petit corps qui a déjà subi tant de sévices. Une fée clochette tellement blessée. Elle a passé ces dernières années la peur au ventre. Tellement qu'elle en a gardé une fibromyalgie. Cette saloperie de maladie psychosomatique. Pire qu'un bras cassé, mais impossible à lier avec une forme de torture bien réelle. Les insultes. Les guet-apens. Le téléphone piraté. Suivie, espionnée, traquée. Je t'aime tellement mon amour que je te veux au fond de ma main pour te broyer à mon bon vouloir. Pauvre Sophia, à peine sauvée du piège et le filet se referme sur elle.

Enfin, j'entends les pas de maître Nour qui monte quatre à quatre les marches pour venir à ma rescousse.

Sophia se calme un peu. Nounours et elle s'assoient sur le lit aux draps douteux. Je n'ose pas m'asseoir sur le lino. N'importe quel cafard quelque peu rusé peut facilement s'y camoufler, un paradis pour les punaises de lit. Je finis par dénicher une chaise qui visiblement fait office de commode. Pauvre Sophia !

— Sophia, explique-nous ce qui s'est passé.

— Marco, mon ex-beau-frère, avec un autre mec que je n'avais jamais vu, a débarqué ici. Marco était comme fou. Il m'accusait d'avoir tué Cyril. Que c'était la faute de toutes ces p… Bon, je vous passe les insultes sur le Château des femmes. Ils vous détestent. Ils pensent que c'est vous qui nous mettez toutes ces idées dans la tête pour qu'on divorce. Il allait défoncer la porte, alors j'ai ouvert, et là, comme un fou, il s'est mis à renverser toutes mes affaires. Je ne sais pas ce qu'il cherchait, mais il ne trouvait pas et il s'est jeté sur moi. J'ai cru qu'il allait me tuer. Heureusement, l'autre l'a retenu. Ils sont partis quand ils ont entendu les sirènes, quelqu'un avait prévenu les flics.

— Et ? La police ne t'a pas emmenée ailleurs ? Ils devraient te protéger, s'indigne maître Nour.

— Non, ils ont pris ma déposition, c'est tout. Une femme keuf m'a conseillé de m'enfermer et de serrer les dents. De les rappeler s'ils revenaient.

J'explose :

— Et c'est tout ? Tu leur as dit que tu avais reconnu Marco ?

— Oui, mais ils m'ont répondu qu'il n'y avait pas de preuves, qu'il aurait fallu qu'ils le prennent en flagrant délit.

— Putain, mais ce n'est pas croyable !

— Diane, s'il te plaît.

Nounours a raison. Ce n'est pas le moment de jeter de l'huile sur le feu, mais c'est dingue quand même. Il est clair que cette femme est en danger. Elle a la famille Alami aux trousses.

Je regarde la pauvre Sophia essuyer les larmes qui coulent de son œil qui a tourné au mauve. On ne peut pas la laisser ici, seule, démunie. Je lui ai déjà sauvé la vie une fois, je ne peux pas l'abandonner maintenant.

— C'est bon, je vais l'emmener avec moi et la planquer à Bérulle.

Bérulle est une maison de famille que Patrick partage avec son frère. Jolie chaumière au milieu d'un village à une heure, une heure et demie de Paris. Pendant ce que je vais appeler « mon malheureux épisode avec la Chronique », je m'y étais réfugiée. En fait, Patrick m'y avait cachée, soi-disant pour mon bien. Moi je dirais séquestrée, mais bon, c'est une autre histoire.

Maître Nour me prend par la manche et m'entraîne dans le couloir.

— Diane, pense à ce que tu fais ! Patrick va être d'accord ?

— Je verrai plus tard. Il est 15 heures, si on part maintenant je peux passer chercher la voiture à Alfortville, déposer Sophia et être revenue pour 19 h 30.

— Ce qui veut dire que tu vas mentir à Patrick ?

— Pas mentir, je ne mens jamais, juste ne pas tout dire. Personne ne va à Bérulle à cette période de l'année. On avisera dans deux ou trois jours. Tu vois bien qu'on ne peut pas la laisser ici !

— Tu as raison. Mais tu ne vas pas courir jusqu'à Alfortville. Donne-moi l'adresse, j'ai un deuxième casque. Je vais l'emmener à moto. Tu ne dis rien à Patrick. Silence.

Et voilà comment maître Nour a embarqué Sophia, direction Bérulle. Je les regarde s'éloigner, mon chien tire sur sa laisse en jappant.

— C'est bon Rintintin, calme-toi. Je sais que je viens de faire une énorme bêtise. Mais franchement, je n'avais pas le choix.

Mon chien n'a pas l'air d'être de mon avis. Il tire tellement que ses deux pattes de devant battent dans le vide. Il est suspendu par son collier. J'ai presque envie de lâcher prise et de le laisser courir après la moto, qu'il essaie d'arrêter le destin, de mordre la roue en mouvement, qu'il se rende compte que souvent nous n'avons pas le choix.

— Hé oui, mon chien-chien, c'est ça être une femme dans un système patriarcal.

Rintintin se met à hurler.

— OK, si c'est comme ça !

Je lui remets sa muselière.

— Ta gueule !

Souvent, j'entendais les autres parler de leur angoisse, de leur peur, de leur amour. Ils parlaient de boules dans le ventre, de papillons dans le cœur. Je ne pouvais qu'imaginer ce qu'ils ressentaient. Rien ne bougeait dans ma cage thoracique. Pas de poissons frétillants ni d'explosion de mouches à feu. En revanche, j'avais un bouquet de ballons de baudruche accroché à mon poignet. Au bout des fils, au-dessus de ma tête, mes sentiments. Je pouvais tirer sur un fil, approcher une de ces bulles colorées de mes yeux, l'examiner, jouer avec avant d'ouvrir les mains et de la laisser reprendre sa place, à bonne distance.

Mais depuis quelque temps, les ballons éclatent. Un vacarme terrible. Je tremble, mon cœur accélère. Je perds le contrôle. Je sens des choses dans mon estomac. Je crains que ce ne soit des vers. Des parasites qui vont me ronger jusqu'à ma mort. Mais je lutte. Je rêve. Peut-être que ce que je sens ramper au fond de moi ce sont des chenilles et que bientôt naîtront des papillons. Peut-être que ces papillons seront des milliers d'oiseaux. Je suis peut-être un œuf qui se craquelle sous la pression du désir. Un désir fou de reconquérir la liberté. De ne plus plier ce monde aux volontés des pervers. Je suis exalté et apeuré par la puissance qui s'échappe de moi. Par cette créature qui se développe. Dois-je me réfugier sous ses ailes ou au contraire, fuir son ombre quand elle se déploie ?

DIANE

Mais qu'est-ce que ce vacarme ? 6 h 30 ? Mais qui a eu l'idée de régler une alarme à cette heure ? Je me tourne pour engueuler Patrick mais il s'est déjà levé en silence pour ne pas me réveiller. Alors qui est le malade responsable de cette sirène ? Je bougonne quand Rintintin saute sur le lit, sa laisse dans la gueule. Ça me revient, je dois me lever tôt pour sortir mon chien. Je vais dans la cuisine. Patrick dépose rapidement une tasse de café devant moi avant de s'éclipser dans la salle de bains. Je le laisse à ses petits préparatifs. Cet homme a besoin d'une éternité pour s'apprêter. J'ai le temps de faire mon jogging avec ma bestiole avant qu'il libère la place. Ne me demandez pas ce qui peut prendre une demi-heure dans une salle de bains, c'est un mystère pour moi. Je déteste être mouillée. Alors ma douche, montre en main, c'est trois minutes. Le brossage de dents, deux minutes et le coup de peigne dans les cheveux se compte en secondes. Ensuite, je m'enduis de crème, de rouge à lèvres. Même les grands jours où je m'étale du fond de teint et du blush, je n'occupe pas la salle de bains plus de dix minutes. Je commence à me douter qu'en fait c'est un stratagème pour m'éviter avant que je sois complètement réveillée et redevenue le boute-en-train dont la réputation me précède. Alors je le laisse dans son cabinet.

Je découvre au bout de quatre kilomètres que mon chien boite, mais il a l'air heureux et ne ralentit pas la cadence.

En rentrant, je lui sers ses croquettes et me verse un bol de céréales. Mon fidèle chien et moi mangeons presque la même chose. Je l'adore.

— Tu t'es levée de bonne heure : pas trop dur ? Me demande Patrick d'un air méfiant qui m'énerve comme si je ne pouvais pas, moi aussi, être matinale.

— Château des femmes. Non, ça va !

— Repris ?

— Oui. Groupe de parole.

— Rentre tôt ?

— Oui et toi ?

— Planque.

Maintenant, on est un vieux couple. On ne fait plus des phrases complètes quand on se parle. Même plus besoin de mot précis. Mets donc un disque de chose, si on achetait l'affaire qu'on a vue l'autre jour, on va inviter truc à dîner, place tes doigts comme ça, ça te dit ? On se comprend. Merveilleux.

— Le chien ? Tu crois qu'il peut rester seul à la maison ?

Certaines questions exigent quand même au moins un verbe.

— Aucune idée. Quand il n'était pas avec son maître, il était dans une cage. Essaie.

— OK, bye mes amours.

Petite gratouille entre les deux oreilles de mon chien, petit baiser dans le cou de Patrick et me voilà partie.

Aujourd'hui, je n'ai pas ma valise d'éclairage. Rien que mon sac à dos avec mes appareils photo, je me glisse facilement dans la foule du RER et du tramway.

Quand j'arrive au Château des femmes, un peu avant l'ouverture, il y a un petit attroupement devant. Mes collègues sont dans la rue, elles semblent admirer quelque chose sur le trottoir. Quelqu'un a tagué, à la bombe rouge : SALE PUTE.

Hélène, la secrétaire aux yeux bleus et beaux comme le jour, a son téléphone à la main, en ligne avec la maintenance. Elle raccroche et nous informe que quelqu'un va venir nettoyer vers midi. Malheureusement, ça ne sera pas la première fois, pour la plupart de ces femmes, qu'elles devront passer par-dessus une insulte.

Ce matin, j'assiste à un groupe de parole pour victimes de violences conjugales.

— Bonjour, je suis Diane. Quelques-unes d'entre vous me connaissent, car je suis responsable de l'atelier photo. Je suis ici aujourd'hui pour illustrer le site Internet du Château des femmes. Je ne montrerai pas votre visage. Est-ce que cela pose un problème à certaines ?

Une ou deux femmes lèvent la main. Je m'assois et essaie de me faire discrète.

Je ne vais pas répéter ici ce qui se dit. Il y a assez de brutalité dans le monde. On peut allumer la télévision, ouvrir les réseaux sociaux, la radio, même regarder son téléphone. La violence s'invite partout. Elle est accessible en ligne. L'horreur est à portée de clic.

Les femmes présentes sont dévastées. Elles ont en commun d'avoir dit « non » au risque de leur vie. Parfois pour se sauver elles-mêmes, souvent pour secourir leur enfant.

Une toute jeune femme attire mon attention. Un port de reine. Une longue chevelure. Se dégage d'elle une douceur incroyable. Elle ne dit rien de la séance, mais ses grands yeux noirs se remplissent souvent de larmes. Ses mains sont deux oiseaux tombés du nid. Elles ne cessent de torturer un Kleenex. À la fin de la séance, elle ramasse son manteau et son sac. Elle n'adresse la parole à personne. Quand elle passe à côté de moi, elle m'aborde avec un sourire timide.

— Je suis désolée pour les photos. Je ne vais pas quitter mon mari, je ne suis pas une femme victime de violence. Mon mari n'est pas comme les autres. Je suis ici parce que l'assistante sociale de l'hôpital m'a conseillé de venir et je ne veux pas avoir l'air de cacher quelque chose. Mais mon mari ne m'a brutalisée qu'une seule fois et il l'a regretté, il s'est excusé. C'est vrai qu'il est sanguin et jaloux, mais c'est normal non ? Quand un homme est amoureux.

Mathilde, qui est responsable de l'unité violence, vient vers nous :

— Madame Alami, je vous vois demain ?

— Oui, j'essaie de venir, je vais faire tout mon possible, mais vous savez, avec ce qui vient d'arriver, le décès de mon beau-frère, mon mari est très nerveux. C'est normal. J'essaie de ne pas le stresser. Quand il est anxieux, il veut savoir où je suis et ce que je fais. C'est normal que je ne lui rajoute pas des soucis.

Mathilde la saisit gentiment par le bras pour la raccompagner à la porte.

— Ouf, désolée. Cette femme est tellement dans le déni qu'elle peut rester des heures à se justifier.

— Putain, elle aussi, elle est mariée avec un Alami ?

— Oui, ne m'en parle pas. Élodie ! La nouvelle femme de Charles. Elle est en équilibre sur un fil. Très ambivalente. Amoureuse, sous emprise, mais en même temps pas complètement folle. Elle voit bien que tout n'est pas normal. Mais depuis qu'elle est enceinte elle n'arrête pas de défendre son mari, de dire qu'il va changer, qu'il est stressé par l'arrivée du bébé, qu'elle doit être patiente. Sa belle-mère lui jure que ç'avait été comme ça avec sa première femme, qu'après la naissance de son fils il s'était calmé. La pauvre, si elle le quitte, elle se retrouve à la rue, alors elle préfère croire que son crapaud va redevenir un prince charmant.

— Elle m'a dit qu'il ne l'avait brutalisée qu'une seule fois.

— Une seule fois où elle a dû aller à l'hôpital, et je ne te parle pas des insultes.

— Mais si elle était hospitalisée pour blessures, il aurait dû être arrêté !

— Tu parles ! Bienvenue dans la réalité du Château des femmes. Encore aurait-il fallu qu'elle porte plainte. Il s'est agenouillé devant elle, lui a juré qu'elle était la prunelle de ses yeux. Après cela, ce fut la lune de miel. Cadeaux, resto, fleurs. Depuis qu'elle est enceinte, les choses se corsent, alors elle vient ici pour expliquer qu'il est nerveux, qu'elle est maladroite, qu'elle n'est pas une bonne épouse, que tout est sa faute, que les choses vont s'arranger. En fait elle essaie de se convaincre que tout va bien, mais tant qu'elle vient ici, même si elle dit que c'est pour que son couple aille mieux, il y a de l'espoir.

Une violence ordinaire. Un assassinat par échelons. Couche après couche, ils te tuent. Ils crèvent ton amour-propre, déchirent ton sexe, étranglent ta pudeur, éventrent ton estime. Insultent ta personne, crachent sur ton identité. Décident de qui tu es, de ce que tu devrais être, t'épient, t'interdisent d'exister à ta façon, te renient, te réinventent à leur sauce nauséabonde. De toutes les manières possibles, ils t'assassinent. De toutes les façons possibles, t'interdisent d'être. Mille fois, petit à petit, ils t'égorgent, cent fois ils enfoncent le couteau dans ton esprit. Ils te découpent à leur volonté, puis soufflent sur les confettis. Ils sont ouragan. Vent glacé venu du nord des Enfers.

Et voilà ce miracle. De ce gâchis, de cette terre brûlée se lève le Phénix pour arrêter ce carnage, arracher le mal à la racine. Refaire place nette pour laisser l'amour prendre racine. Cet oiseau sorti des Enfers est béni.

CORALIE

— Bon sang !

Le poing de Coralie, accompagné de trombones et de gouttes de café, rebondit sur son bureau ; elle n'aime pas du tout ce que viennent de lui apprendre deux de ses enquêteurs. Hier, ils ont fini les auditions des derniers témoins présents sous le chapiteau, ceux qui s'étaient éclipsés avant l'arrivée de la police. Une femme jure avoir vu Sophia faire un clin d'œil à son avocate quand celle-ci lui a remis quelque chose. Plus embêtant, les résultats de l'enquête de voisinage. L'entourage du couple Sophia-Cyril Alami semble s'être donné le mot pour dire l'exact contraire des dépositions de ses amies du Château des femmes.

Selon eux, Sophia Alami était une salope qui n'a pas arrêté de tromper son mari, un jour, une fois, dix fois, on ne sait pas trop quand ni avec qui, mais je vous jure, l'ami du beau-frère en a la preuve. Oui, peut-être ont-ils entendu le pauvre homme élever la voix une fois ou deux mais c'est normal avec la femme dont il était affublé. Une ivrogne, vous savez qu'elle buvait ? Et la drogue. La pauvre ! De la drogue dure. C'est elle qui hurlait. Certains sont prêts à jurer sur la tête de leur mère avoir entendu Sophia proférer des menaces à l'encontre de son époux, un jour, une fois, dix fois, on ne sait pas trop quand, c'est flou mais je vous jure que c'est vrai.

Bien sûr, Coralie accorde peu de foi à ces témoignages qui ne font que démontrer l'influence des Alami sur les habitants du quartier. Personne ne s'est risqué à avancer que feu Cyril Alami n'était peut-être pas quelqu'un de très respectable. Mais ce qui chicote Coralie, c'est l'évocation de la drogue dure. Pourquoi dire que Sophia se droguait ? La capitaine sait d'expérience que si, dans ce genre d'enquête de voisinage, on pose des questions sur des caïds, les gens craignent les représailles. Par instinct de protection, ils ont tendance à vouloir faire paraître le suspect plus blanc que neige. Souvent ces mensonges dissimulent des bribes de vérités. Et là, quelques fausses notes chicotent l'oreille de Coralie.

— Capitaine ?

Aurélien entre dans son bureau avec, à la main, une tasse de café aux grains fraîchement moulus qu'il dépose sur son bureau. Une offrande à sa cheffe qu'il vénère un peu trop au goût de celle-ci. Mais elle ne va tout de même pas risquer une crise diplomatique en refusant un cappuccino alors qu'elle vendrait père et mère pour un peu de caféine.

— Aurélien, merci, vous êtes un ange.

Il rougit. C'est avec un grand sourire et un ton joyeux, complètement hors de propos, qu'il lui tend une chemise cartonnée.

— Voici les résultats toxicologiques de Cyril Alami que je vous ai imprimés. Il était bien chargé, l'ami. Cocaïne, amphétamines, opioïdes, il ne doit pas avoir trop senti le couteau lui ouvrir la gorge.

— Merci Aurélien.

Coralie le regarde partir d'un pas bondissant et note mentalement de ne plus jamais lui dire qu'il est un ange.

Elle est plongée dans l'étude des résultats quand le technicien qui était chargé de la carte mémoire entre dans son bureau, avec, Dieu merci, une clé USB et une pile de photos dans les mains. Elle commence à se méfier des petites attentions de ses collègues.

— Voilà, capitaine, j'ai extrait les photos de la carte mémoire que vous m'avez donnée. J'ai mis les photos sur cette clé USB. Vous pourrez les charger sur votre ordi, mais trois photos ont été effacées. Vous verrez qu'on passe de l'image 1F6A4091 à 1F6A4095. J'ai réussi à les récupérer. Ce sont ces trois tirages. J'ai pensé que ça vous intéresserait.

— Merci beaucoup, sergent. Rappelez-moi votre nom ?

— De Angelis.

Décidément !

— Merci, De Angelis. Bon travail.

Coralie prend les trois photos. Il est clair, sur ces images, que maître Nour donne quelque chose à Sophia avant que celle-ci s'éclipse. Pourquoi Diane Choinière les a-t-elle effacées ? Si ce n'est parce qu'elle ne voulait pas que la police les voie ? Qu'est-ce que Diane a voulu dissimuler ? Qui a-t-elle voulu protéger ? Ces photographies doivent révéler quelque chose d'important. Sinon pourquoi les supprimer ? Peut-être Lambert a-t-il raison : son ami a besoin d'être protégé de cette femme qui décidément a des choses à cacher. Elle compose le numéro de son ex-collègue des Stups.

— Salut, Langevin.

Coralie pense « mon ange ». Les anciennes romances ne disparaissent pas en un coup de baguette magique. Elle avait un peu mis son attirance pour le capitaine Patrick Langevin sous le tapis depuis qu'elle le savait amoureux, mais là elle sent que le pauvre homme a besoin d'être sauvé.

— Salut, Coralie, comment tu vas ?

— Très bien, tu es libre pour déjeuner ? Je pense que ce serait bien qu'on échange quelques informations.

— OK. Demain. Au central ? 13 heures ?

— Parfait.

Coralie raccroche. Satisfaite, elle prend une gorgée de son délicieux café. La mousse lui dessine un sourire sur la lèvre.

DIANE

J'ai en tête un ballon de rouge. Je le visualise. Il est là, juste devant moi, et il me fait monter les marches une à une pour l'atteindre. Ma carotte pour avancer : je suis épuisée. Mon sac pèse une tonne. Chaque image que j'ai prise aujourd'hui est de plomb. Mes épaules et mon moral ploient sous ce métal froid. Une décharge de chevrotines m'a transpercé le cœur à chaque click. Un défi. Rendre à ces femmes un peu de cette joie naïve qui les a poussées à l'amour.

Patrick n'est pas encore rentré. Tant mieux. Je sais que c'est ridicule, mais après une journée auprès de personnes battues, violées, qui n'ont reçu que de l'indifférence ou des classements sans suite en réponse à leur hurlement, je finis par me méfier de tous les hommes et comme le mien, en plus, est policier… Je sais je sais, c'est débile de penser comme ça, mais disons qu'un petit sas dans ma bulle et un petit verre de rouge avant son arrivée seront bienvenus.

Je vide mes poches sur le comptoir. J'y abandonne mes clés et mon téléphone. La paix. Je vais mettre un disque de Makaya McCraven sur la platine. La petite bouteille de rouge est là, qui me fait de l'œil. Ciel, merci, ça vaut toutes les méditations du monde. Ce soir, je suis trop épuisée pour m'adonner à la pleine conscience. Ça pourrait me tuer.

Je décide d'aller prendre une douche, m'enduire de savon, me remplir les narines d'odeurs de pivoine et d'agrume. Je commence à me déshabiller quand j'entends des bruits étranges provenant de mon lit. Mon cœur fait un bond. Je tends l'oreille. Mâchouillements, suçotements, mordillages. Je crains le pire, à moitié nue j'entre dans ma chambre et je trouve mon chien sur la couette, l'une de mes Santiags préférées, les roses, dans la gueule, toute déchiquetée. Je me laisse tomber le long du lit, en larmes. Trop, c'est trop. C'est comme ça que Patrick me trouve en rentrant. Vulnérable.

— Qu'est-ce qu'il y a, mon amour ?

J'éructe :

— Mon amour ? Ne m'appelle pas comme ça. Diane si tu veux, Choinière si tu préfères, mais tu oublies tout de suite les « mon amour ». Je refuse d'endosser cette responsabilité. Tu te débrouilles, tu vas voir un psy, tu te trouves un coach de vie. Tu peux m'aimer si tu veux, mais tu ne comptes pas sur moi pour être TON amour.

Trouve-toi d'autres jouets, d'autres activités, mais surtout tu ne me mets pas ce genre de mission sur le dos. Je refuse d'être affectée à cette fonction.

— OK, Choinière, je vais préparer à dîner.

Quand il tourne les talons, je lui lance :

— Tu peux me rejoindre dans la douche si tu veux, j'allais en prendre une.

— Oh oui, le sexe sans amour !

Bon, de l'ironie ! Peut-être ai-je été un peu trop raide.

— Arrête, tu sais ce que je veux dire. Tu le sais que je t'aime, c'est juste que je ne veux pas avoir la charge de tout ton être.

Finalement, Patrick se déshabille et accepte mon invitation. Le disque est fini, il le remplace par un album solo de Monk. Une merveille. Je me détends un peu.

Quand l'eau commence à ruisseler sur nos corps enlacés, il me murmure à l'oreille :

— Je ne te demande pas d'avoir la charge de quoi que ce soit, mais juste de parfois déposer les armes. Je sais que ce que tu vis au Château des femmes est difficile, mais il n'y a pas que de la violence tout le temps, partout.

OK, je vais déposer les armes parce que je suis vraiment excitée et que le moment est mal choisi pour me lancer dans une tirade sur la domination patriarcale et ses désastres, mais je compte bien y revenir d'ici peu.

Je reste plus longtemps que Patrick sous la douche. Quand je sors, il a changé de disque. Corey Wilkes. Plus musclé. J'adore. Juste comme je me sens plus détendue, il me demande :

— Tu as des nouvelles de Sophia ?

Putain, pourquoi il me demande ça ? Il se doute de quelque chose ? Je m'allonge sur le canapé, je prends un roman pour m'occuper, l'air innocent.

— Non, pourquoi ?

— Tu ne lui as pas donné ton numéro de téléphone en cas d'urgence ?

Je lève les yeux au ciel.

— Quelle idée. Je ne donne pas mon numéro de téléphone aux femmes que je photographie au Château, même quand je deviens aussi proche d'elles que je l'étais de Sophia.

Il me regarde d'un drôle d'air, qui me met mal à l'aise.

— Je vais sortir le chien.

Tant qu'à aller promener Rintintin, je passe prendre Choupette que j'ai un peu négligée. Pas rancunière pour deux sous, à peine ai-je fait la bise à Ginette que voilà la petite chienne qui trottine entre les pattes de Rintintin. Ginette en profite pour nous inviter pour l'apéritif.

— En revenant de la promenade, ça vous dit un petit porto à toi et à ton homme ?

— OK. Je pense que Patrick prépare un rôti de porc ; pendant l'heure de cuisson, on devrait avoir le temps.

Nous voilà donc une demi-heure plus tard, trois humains et deux chiens en train de laper du porto pour les uns, de l'eau pour les autres.

Ginette est en pleine forme. Dernièrement, elle s'est mise sur une appli de rencontre. Un genre de Meetic pour personnes âgées. Oh, elle ne veut pas trouver l'âme sœur... Le grand amour, elle l'a vécu une fois, avec son forain. Elle porte encore les cicatrices de son deuil. Pour l'instant, elle ne veut pas tomber dans l'intense. Non, ce qu'elle souhaite, c'est papillonner.

— Tu comprends, à mon âge je n'ai plus le cœur à m'engager dans une relation sérieuse ; à 95 ans, je ne cherche pas un homme pour me marier et avoir des enfants.

— Ginette, arrête ! Tu es loin d'avoir 95 ans !

— Ça, ma petite, ça dépend des matins. En tout cas, ce qui est certain est que je ne cherche plus le père de mes enfants. Je suis un pur objet sexuel. Mon corps ne sert que pour le plaisir.

Et la voilà qui me sort son téléphone portable et qui me fait défiler un tas de profils. Elle a mis des petites étoiles à certains. Je ne saisis pas tellement comment ça marche, mais il semblerait que ça doit « matcher » des deux côtés. Je remarque qu'il y a aussi des femmes dans ses profils favoris.

— Jamais trop tard pour explorer. Et puis de toute façon, à mon âge, les hommes ne bandent plus comme avant. Je ne dis pas qu'ils sont tous démunis. Certains ont beaucoup de ressource et d'imagination. Seulement je m'ouvre des horizons, ma petite. C'est fou tout ce qu'on peut faire avec des doigts et une langue.

Quand on est rentrés à la maison, Patrick a sorti le rôti du four. On ne s'est pas tout de suite mis à table. On avait très envie d'aller voir tout ce qu'on pouvait faire avec des doigts et une langue. Une minute plus tard, il avait mon consentement sur le bout de la sienne et moi, le sien entre mes lèvres.

Retour sur le lieu du crime. Je m'étais recousu l'âme. De la haute couture. Enfoui les terreurs. Mais depuis ce retour, j'ai des flashs. Des images qui me hantent. Des fragments de cauchemars qui me sautent dessus en plein jour. Une sensation poisseuse sur le corps. Je m'empoigne le ventre, surpris de ne pas voir ma main ensanglantée. Je ne sais plus ce qui est réel. J'avance, somnambule. Je transmute pour ne pas suffoquer. Je deviens un de ces fauves qui dévorent les animaux malades, les bêtes corrompues. Repue de cette force, la douleur disparaît. Je peux aimer. Le monde a enfin assez d'espace pour mon amour. Ma cage thoracique peut abriter à la fois la vengeance et la rédemption. Comme les prédateurs, je n'ai plus de morale. Je réponds à la vie. Vous n'aimez pas les serpents ? Eh bien, allez vivre dans un monde infesté de rats. À genoux vous prierez Shiva qu'il laisse son cobra ramper parmi vous et vous libérer.

DIANE

Le lendemain je me lève difficilement, courbaturée de partout. Beaucoup trop d'efforts physiques en une seule journée. La promenade était de trop. L'inconvénient d'avoir un chien.

Patrick est déjà debout, dans la salle de bains. Autant me préparer un café. Il en a pour un moment.

« Ding » Je regarde mon téléphone qui est resté sur le comptoir depuis hier.

« Ding » Je trouve qu'il est tôt pour me jeter sur mes messages et Instagram.

« Ding » Je m'approche et regarde le message presque malgré moi. Que voulez-vous, je suis de ces personnes dépendantes de leur écran.

Merde, ce n'est pas mon téléphone, mais celui de Patrick. Jamais je ne me serais permis de regarder ses messages. Un accident, mais là !

Putain de merde !

« Ding »

J'ai réservé une table mon grand. Toujours OK pour notre déj. Bises Coralie.

Oh putain, je le savais, la salo… OK, je me calme. Sororité. Je ne vais pas insulter une femme sur la base d'un message qui ne m'est pas destiné. Je ne vais pas en tirer des conclusions et faire une crise d'hystérie. Je ne suis pas une femme jalouse. Ni possessive. Ni une de ces personnes qui espionnent les messages de leur conjoint. Non, quelle horreur ! Je ne suis pas comme ça. Une telle réaction, c'est dans le rouge ou dans l'orange du violentomètre ?

Je me précipite et je fouille dans mon sac. C'est une languette de carton qui ressemble à un marque-page. Mais au lieu d'indiquer à quel chapitre nous sommes de notre lecture, il dit plutôt quel genre de roman nous vivons. Beau livre romantique ou thriller d'horreur. Les énoncés s'étalent dans une gradation de couleurs qui va du vert au rouge. Par exemple *Respecte tes décisions et tes goûts* : tout va bien, nous pouvons continuer notre lecture, nous sommes en plein bonheur. Dans l'orange, *Rabaisse tes opinions et tes projets*, ça sent le roussi et, dans le rouge, *Te traite de folle quand tu lui fais des reproches*, mieux vaut refermer le livre et le jeter à la poubelle !

Le chien me suit, alarmé par ma panique. Je glisse mon doigt sur la bandelette. Là, ça y est. Je lis : *Est jaloux*... orange ! Orange correspond à la case VIGILANCE, DIS STOP. Merde. Mon doigt glisse plus bas, ça devient rose très très foncé, mon index s'arrête sur : *Fouille tes textos, mails, applis*. Oh putain ce n'est pas loin du rouge et de la case PROTÈGE-TOI. Bon, pas de panique, c'était un accident. Je pensais que c'était mon téléphone.

« Ding »

Et puis merde ! Je me précipite pour lire le nouveau SMS avant que l'écran s'éteigne, je n'irai quand même pas jusqu'à entrer son code.

Hâte de te voir.

Vert ou orange, maintenant je m'en fous. Ce qui est certain, c'est que je vois rouge ! Il ne s'agit pas d'une mesquine histoire de jalousie. C'est d'une inspectrice de la criminelle qui me déteste et d'une affaire de meurtre dont il est question. C'est circonstancié. Je trouve justifié de lire ses messages. Je note même son numéro dans la marge de mon violentomètre.

J'entends Patrick qui sort de la douche. Je repose l'objet de malheur et je me fais un café, l'air innocent.

Je le vois prendre son téléphone et lire ses textos. Je l'observe. Il lève les yeux.

— Tout va bien ? Tu me regardes d'une drôle de façon, me dit-il.

— Pas du tout, je te regarde normalement. Tu veux un café ?

Il ne me répond pas.

— Tu veux un café ? Je répète plus fort.

— Hum, hum, qu'il me répond sans lever le nez de son téléphone.

Je ne peux pas m'empêcher de placer un commentaire acerbe.

— Allo, je suis là, tu as bien dormi, mon chéri ?

— Très bien, merci, Choinière, et toi ? me répond-il tout en scrollant.

Grosse crise de parano. Finalement je serais d'accord pour un « mon amour ». J'ai été trop bête. Il ne m'aime plus, il est trop heureux de l'invitation à déjeuner de sa Coralie. Je ne peux pas me retenir de lui demander :

— Tu es fâché ? Tu m'en veux ? Tu veux qu'on se donne des petits noms sirupeux ?

— Mais non, Diane, tout va bien.

— Putain si tout va bien, pendant que tu as ton téléphone à la main, prend un selfie, tu verras que tu as l'air bête comme tes pieds.

Outrée, j'appelle mon chien et je sors de l'appartement en claquant la porte.

Putain, je suis en pyjama. Je sonne chez Ginette et je m'effondre en larmes dans ses bras.

CORALIE

Coralie arrive en avance ; le cœur battant, elle cherche une table libre. Elle sourit quand elle en repère une, un peu à l'écart, près d'une fenêtre. Ils venaient souvent ici pour déjeuner, Patrick et elle, du temps où ils travaillaient ensemble aux Stups. Entre deux filatures, pour s'échapper du bureau. À cette époque, ils étaient proches, et même complices. Souvent il l'avait défendue devant leur supérieur quand Coralie se laissait aller à des excès de zèle. Obsédée par cette vieille histoire. De celles qui marquent au fer rouge. Elle allait trop loin dans sa quête de justice et se faisait régulièrement rappeler à l'ordre. Patrick avait été d'un grand soutien. Coralie s'était même permis quelques fantasmes à l'eau de rose, se rêvant au coin d'un feu, dans les bras du beau policier. Là s'arrêtaient ses délires romantiques. Coralie ne cherchait ni du sexe, ni de la passion, ni même de l'amour, mais du calme. Quelqu'un pour la convaincre que tout irait bien. Que le monde continuait de tourner.

Elle s'était imaginée que Patrick pouvait être ce quelqu'un. Celui qui aurait réussi à lui faire croire que tout ne s'était pas écroulé autour d'elle lorsque cette femme s'était enfoncé une seringue remplie de Xilazine, un tranquillisant pour animaux, dans les veines avant de s'enrouler une corde autour du cou. Que son manque de jugement, son entêtement à suivre les règles n'avaient pas été la cause de sa terrible fin. Quelqu'un qui l'entourerait de ses bras, qui réussirait à l'assouplir sans la briser en mille morceaux, car Coralie, après le suicide de cette femme, s'est changée en statue. Figée. Sa seule façon de lutter contre l'anxiété qui la dévore est d'avancer, sourde, incorruptible. Il lui faut prouver coûte que coûte que la justice a toujours le dernier mot. Il faut qu'elle donne raison à Platon : *Il est faux que l'injustice soit plus avantageuse que la justice.* Telle est sa mission de flic. Telle est sa vie. Une bataille de tous les instants, souvent trop lourde pour cette immense femme. Alors oui, elle s'était rêvée au creux de l'épaule de cet homme droit et calme. Depuis qu'elle avait changé de service, le lien s'était distendu. Enquêteur aux Stups, Patrick Langevin était presque toujours sur le terrain. Elle avait réservé dans ce bistrot où ils adoraient venir autrefois.

Quand Coralie voit Patrick arriver avec son éternelle veste en lin, ses jeans et sa chevelure noire bouclée, son visage s'éclaire d'un sourire radieux. Une vague d'affection la submerge.

Quand Patrick distingue Coralie au milieu des saltimbanques, son visage s'illumine aussi. Il a beaucoup d'affection pour cette grande femme qui dégage la force d'une montagne. Peut-être parce qu'il connaît aussi sa fragilité. Patrick Langevin devine les âmes, apprécie l'essence des gens. Rien à battre des réputations, des succès, des relations à entretenir. Il ne s'embarrasse pas des conventions sociales, du qu'en-dira-t-on. Quand il aime, c'est qu'il a ses raisons et c'est pour longtemps. Un homme solide sur lequel on peut compter. Il a pris un peu de distance avec Coralie non pas par désintérêt, mais parce qu'il s'est douté que leurs attentes n'étaient pas accordées. Il a cru déceler dans son empressement à le consoler de la perte de sa femme un peu plus que de la compassion.

Longtemps Patrick Langevin a pleuré sa défunte épouse. Il considérait que cette femme merveilleuse méritait un long deuil. C'était sa façon d'honorer sa mémoire. Longtemps, malgré son absence, il a écouté de la musique, l'imaginant à ses côtés. Il discutait, riait avec elle. Il lui tenait la main à la lisière du réel. Et puis, un jour, son rire a été emporté par celui de Diane Choinière, ses paroles ont été recouvertes par le babillage de cette femme bavarde, ses caresses effacées par la poigne de son corps. Diane a réussi à être assez bruyante, remuante, piquante pour éloigner Patrick Langevin de cette triste frontière des Enfers et le ramener parmi les vivants.

Coralie le regarde se faufiler entre les tables jusqu'à elle. Elle se lève. Ils s'embrassent comme deux vieux amis. Patrick, pourtant de taille moyenne et assez charpenté, a l'air tout petit dans ses bras.

Le repas se passe dans la bonne humeur des retrouvailles. Ils se donnent des nouvelles des anciens collègues. Parlent de la pluie et du beau temps. Ce n'est qu'au café que la véritable raison de ce déjeuner vient sur la table.

Coralie se lance.

— Tu sais que je dirige l'enquête sur le meurtre de Cyril Alami ; tu étais à la fête quand j'ai été appelée. J'étais d'astreinte et, contre toute attente, on m'a laissé le dossier.

— Normal, Coralie, tu as peut-être parfois un peu dépassé les bornes par ton acharnement contre eux, mais tu n'as pas commis d'erreur grave.

— On m'a tout de même collé un blâme !

— C'est de l'histoire ancienne.

Coralie plie sa serviette en deux puis en quatre.

— Bon, je ne vais pas tourner autour du pot. Ce n'est pas à toi que je vais devoir apprendre mes sentiments pour cette famille. Je dois mettre mes récriminations de côté et m'efforcer d'être la plus impartiale possible. Je me doute bien que je suis attendue au tournant avec cette affaire. Alors, dis-moi franchement, Charles Alami est-il toujours un de vos informateurs à la brigade des Stups ?

Sonné, Patrick se recule dans sa chaise. Il s'attendait à ce que Coralie sonde le terrain, mais pas de façon aussi frontale.

— Coralie, tu sais très bien que je n'ai pas le droit de te révéler nos sources. Seul le commissaire et l'équipe directement concernée ont le droit de connaître l'identité des informateurs.

— Patrick, arrête de me prendre pour une gourde. Charles Alami a toujours été sous la protection de quelqu'un qui a le bras long. Quand je me suis occupée des plaintes de son ex-femme et que j'ai voulu le mettre en garde à vue, il est toujours ressorti une heure plus tard. À chaque fois, j'ai reçu un coup de fil du procureur m'ordonnant de le laisser repartir. Peu importe les rapports que je rendais, les plaintes étaient classées sans suite.

— Coralie, tu ne vas pas encore ressasser cette histoire ? Tu as failli y laisser ta carrière et ta santé. Tu dois enquêter sur le meurtre de son frère. Ce qui s'est passé est une affaire classée. Charles Alami a été blanchi des violences à l'encontre de son ex-femme. C'est toi qui as donné un avis de classement. Toi-même qui as jugé les preuves insuffisantes. Cette femme s'est pendue et tu t'es persuadée que Charles l'avait poussée au suicide, mais l'enquête n'a rien donné. Ensuite, tu t'es persuadée qu'il dealait des drogues dures. Là aussi tu t'es cassé les dents. C'est de l'histoire ancienne.

— Cette histoire ancienne, comme tu dis, me fait encore faire des cauchemars. Là, j'ai besoin de savoir où je mets les pieds. J'ai reçu les analyses toxicologiques. Cyril Alami avait dans les veines à peu près tout ce qu'on peut trouver sur le marché. Cette histoire peut confirmer ce que j'essaie de prouver depuis des années. Les Alami sont au cœur d'un trafic qui dépasse les petites transactions de shit. Ce n'est pas pour me venger que j'ai Charles Alami dans le collimateur, mais pour rendre justice.

— Ça ne prouve rien. Seulement que son frère était toxicomane, pas que Charles trempe dans la poudre.

— Patrick, arrête. Les Alami dealent depuis toujours. Tu m'as même informée hier qu'il y avait des tensions entre les quartiers. Tu penses que les bandes rivales tueraient pour du shit ?

— Possible.

— Patrick, donne-moi quelque chose. Il faut que je sache ce qui se passe.

Elle devine qu'il ne dévoilera rien. Alors elle décide d'avancer ses pions.

— Tu vois, pour l'instant les seules suspectes que j'ai dans cette histoire sont plutôt des personnes sympathiques. Je dis bien suspectes au féminin.

Patrick lève un sourcil. Il la connaît assez pour savoir qu'elle veut lui faire passer un message.

— J'imagine que tu fais référence au Château des femmes ?

— Il faudra bien que je m'acharne si je n'ai pas d'autres pistes. Le juge ne me donnera pas d'autre choix. Je dois avoir des éléments pour étayer la thèse du règlement de comptes entre gangs sinon il faudra bien que je fasse avec ce que j'ai sous la main.

Patrick et Coralie s'observent en silence sans se quitter des yeux.

Patrick essaie de sonder son amie. Serait-elle en train de lui faire du chantage pour obtenir des informations confidentielles ? Il voit bien que Coralie est prête à se servir du meurtre de Cyril pour se remettre en chasse et solder cette histoire qui la consume. Mais elle n'a peut-être pas tort. Des rumeurs inquiétantes remontent aux oreilles des inspecteurs des Stups depuis quelques semaines.

Patrick réfléchit. Coralie est sincère, il n'en doute pas, mais il sait aussi que l'être humain est mû par des sentiments contraires et des nécessités inconscientes. Il sait Coralie hantée par la culpabilité. Par son besoin de se racheter. Qu'elle ait insisté sur le Château des femmes, sachant pertinemment que sa compagne y travaille, lui fait peur. Il sait que Coralie est prête à tout pour arriver à ses fins et que Diane est capable des pires actions déraisonnables si par malheur elle se sent prise au piège ou si elle devine que ses amies sont menacées. Il a la désagréable impression d'avoir une grenade décapsulée dans chaque main.

— Coralie, voilà ce que je te propose. Il y a en effet des signes qu'un trafic de drogue dure, type cocaïne, se développe dans le quartier des Fleurs. Il y a effectivement eu des bruits, attention je te dis bien des bruits mentionnant que des femmes seraient liées à ce trafic. Je ne suis pas non plus naïf, je sais bien que, quand il y a des conneries dans ce quartier, les Alami ne sont jamais loin. Pour l'instant il n'y a rien de concret, plutôt des rumeurs. Laisse-moi m'informer, s'il y a sujet à ouvrir une enquête, tu seras la première informée.

Coralie regarde longtemps Patrick. Elle hésite à lui parler des photos effacées. De l'objet que maître Nour a donné à Sophia avant que celle-ci s'éclipse quelques minutes avant son entrée en scène. Elle se tourne vers la fenêtre. Le ciel devient gris et quelques gouttes frappent la vitre. Elle croit y deviner une silhouette qui lui tend une main désespérée pour réclamer justice. Elle repose les yeux sur son ami qui a enfin trouvé l'amour. Qui est-elle après tout pour juger ?

— J'ai vu Diane, tu sais qu'elle fréquente maître Nour ?

Patrick se tend. Il se sait sur terrain glissant. Merde, ça y est. Nous y sommes. Déjà ! Coralie continue :

— Tu te rappelles que maître Nour aime bien consommer des substances illicites et qu'elle a des fréquentations discutables ?

Patrick éclate d'un grand rire nerveux.

— Franchement, Coralie, tu ne vas pas faire un drame pour une ou deux lignes à des fêtes. Je sais qu'il y a des tensions entre maître Nour et toi, mais ne va pas inventer des histoires délirantes. On est loin de la toxicomanie. Et si tu fais référence à son ami détective privé Sam, je te ferai remarquer qu'il a suivi un programme de désintoxication et qu'il prend de la méthadone. Quant à Diane, je l'ai à l'œil. Crois-moi.

— OK, si tu le dis. Elle m'a quand même semblé nerveuse, ta dulcinée.

Coralie pense aux photos. Ces images qui n'ont pu être effacées par personne d'autre que Diane Choinière. Mais elle va se taire. Pour l'instant, elle préfère garder certaines cartes dans sa manche. Elle a l'ennuyeux sentiment qu'en effet Patrick est amoureux. Peut-être même que Lambert, son coéquipier, a raison. Trop amoureux pour qu'elle puisse lui faire part de ses soupçons sans déclencher une réaction de rejet en bloc.

Patrick a du mal à avaler sa dernière gorgée de café. Il voit un camion arriver, tous phares allumés et prendre dangereusement de la vitesse. Coralie, Diane, maître Nour, les Alami. Méchant cocktail. Il a le très désagréable pressentiment que quelqu'un ou quelque chose va mettre le feu à la mèche. Il se jure de tout faire pour que Diane ne soit pas blessée dans la déflagration. Avant de partir, il regarde Coralie dans les yeux, sa décision est prise.

— Coralie, je vais tendre l'oreille pour toi. Si je suis au courant de quelque chose, je t'en informe. En revanche, j'attends la pareille de ta part.

— Promis Patrick, s'il y a quoi que ce soit, je te tiens au courant.

Comment autant de bonheur est-il possible alors que je croyais la fin du monde arrivée ? Peut-être que la bête est morte. Le mauvais sort levé. Qu'il y aura sept ans de bonheur, sept générations heureuses, mille ans de ciel bleu avec juste ce qu'il faut de pluie pour faire refleurir tous les printemps.

DIANE

Une langue passe sur mon visage du menton jusqu'aux yeux. Deux pattes s'enfoncent dans ma poitrine. Je n'ai pas le choix, je dois me lever si je ne veux pas être couverte de bave. Je regarde l'heure. 7 heures. L'aurore. Patrick est déjà douché, rasé. Les poulets se lèvent tôt. Moi, je m'étire. Le matin, le temps se déroule de façon mystérieuse. C'est comme s'il était 7 heures pendant une éternité et d'un coup d'un seul une heure se volatilise. 8 heures. Résultat, je consacre un long moment à boire mon café, et bang, le tocsin sonne. Prise par surprise, je dois me doucher, m'habiller, me coiffer, préparer mes appareils photo, donner à manger au chien en dix minutes. Les cheveux encore humides, je trottine en tirant ma valise d'éclairage jusqu'à la gare où je dois me glisser entre les nombreux passagers pour monter dans le RER D. Ensuite, même cirque pour le tramway. Là, il y a compétition entre ma valise, les poussettes et les cabas.

J'arrive toujours au Château des femmes vers 9 h 45. Cela me permet de discuter un peu avec l'équipe et d'installer mon studio, fixer un drap noir au mur pour le fond et préparer mes flashs avant l'apparition des premières femmes, vers 10 heures.

Aujourd'hui, Nounours sera là. Valise, sac à dos, retard du RER D. Je suis néanmoins ravie d'aller au Château des femmes. Je dois avouer que j'aime maître Nour d'amour. C'est tellement agréable de partager les choses si intenses vécues au Château. Pas besoin de s'expliquer, un regard nous suffit. C'est bateau, mais c'est vrai. Notre complicité n'esquive en rien la misère et l'injustice dont nous sommes témoins, mais nous montre un autre versant de l'être humain. Une belle inclinaison à l'amour. Et puis elle me fournit en livres de cul. Les siens sont ceux que je préfère, les plus croustillants. Enfin, croustillants... Façon de parler, car ça mouille dans sa littérature.

Ce matin, à mon arrivée, il y a déjà une dizaine de femmes dans la salle d'attente. Elles s'observent. Certaines se demandent ce qu'elles font là. Pourquoi ne sont-elles pas à leur bureau à remplir des rapports financiers, à corriger des dissertations de philosophie, à emplir des tableaux Excel, à écrire des comptes rendus, à préparer des réunions ? Elles se questionnent : où et quand les choses ont-elles dérapé ? Ce qu'elles croyaient être de l'amour s'est renversé sur elles, les salissant, et les voilà assises aux côtés de personnes qu'elles auraient pensées à des années-lumière d'elles il n'y a pas si longtemps. Différentes par la classe sociale, par l'origine, par l'éducation, par la culture. Elles se découvrent comme elles, tombées sous les coups, sous les insultes. L'ennemi était là, dans leur lit. Ces guerrières, ces survivantes, qui ont payé le prix fort de leur genre. Elles. Les voilà proches. Solidaires pour se relever.

Je viens de finir de tout installer. Je vais dans la salle de repos prendre un café avant d'attaquer. Je verse de l'eau dans un bol pour Rintintin que j'emmène maintenant avec moi le plus souvent possible depuis qu'il a dévoré mes bottes. Ce chien est devenu mon coéquipier. Maître Nour a le nez plongé dans un dossier. Je lui fais la bise, à peine si elle réagit. Quand elle lève la tête vers moi, je constate qu'elle a les yeux rouges.

— Oh, mauvaise nuit ?

— Au contraire, j'ai passé la nuit chez Sam. J'avais besoin de me détendre. Mais là j'ai deux dossiers atroces. Dis-moi, tu sais où est Sophia ? Je suis sans nouvelles d'elle depuis trois jours. D'habitude elle m'appelle tous les soirs.

— Non, aucune nouvelle. J'ai essayé de l'appeler hier, mais elle ne répondait pas.

— Tout ça commence à m'inquiéter.

— Je te laisse, j'ai une femme qui attend pour les photos et devine qui c'est ? Élodie Alami ! Allez, viens Rintintin. Allez, viens, viens le chien.

Voilà que mon idiot de chien vient encore de se figer, le nez dans le sac de Nounours, une patte relevée. J'ai beau tirer sur son collier, il refuse de bouger. Il faut vraiment que je prenne rendez-vous chez le vétérinaire. Il doit avoir un problème neurologique dû à ses exploits dans la police. Un peu humiliée, je me résous à prendre encore une fois mon chien dans mes bras pour le transporter jusqu'à la salle où j'ai installé mes éclairages. Élodie m'y attend. Je dépose mon chien par terre. Instantanément, il reprend vie. Élodie se penche pour le caresser, elle rit. Je suis frappé par sa jeunesse.

— Tu as quel âge, Élodie ?

— Vingt-quatre ans.

— Tu es toute jeune, tu fais des études, tu travailles déjà ?

Elle rit. Met sa main devant sa bouche et rougit un peu.

— Non, je suis mariée.

— Ça n'empêche pas. Tu pourrais quand même faire des études.

— J'étais en licence de lettres quand j'ai rencontré Charles, mon mari. Le coup de foudre. Il m'offrait plein de cadeaux, de beaux vêtements, de belles chaussures et il m'emmenait en voyage. Trois jours à Monaco, une semaine à Marrakech, comme ça, sans raison, juste parce que j'étais sa princesse. Alors c'était difficile d'aller en cours. Et puis on s'est marié, il préfère que je reste à la maison. Il a de l'argent, je n'ai pas besoin de travailler.

— OK. Tu veux que je te maquille pour la photo ?

— Non, je ne préfère pas. Charles n'aime pas quand je suis maquillée. On ne sait jamais, si j'ai de la poudre ou du fond de teint qui tache mes vêtements et qu'il s'en aperçoit, ça pourrait faire des histoires. Il penserait que je me suis maquillée pour un autre homme.

— Tu pourras lui dire que c'était pour la séance photo.

— En fait mon mari ne sait pas que je viens au Château. Il pense que je ne suis venue qu'une fois pour rassurer la travailleuse sociale de l'hôpital. Mais moi j'ai bien aimé parler avec Mathilde. Et puis écouter les histoires des autres filles. J'essaie de voir ce qu'elles auraient pu faire pour que ça aille mieux avec leur mari.

Que répondre à ça ?

J'essaie d'être la plus diplomate possible.

— Élodie, les femmes qui viennent ici ne sont ni coupables ni responsables de ce qui leur est arrivé. Leurs conjoints étaient violents.

Je débute la séance photo, je lui demande de sourire, mais elle garde toujours la bouche fermée. Alors, je lui demande de sauter. Histoire de la déstabiliser. Elle ouvre grand les yeux avant de s'esclaffer. À peine je saisis ce rire, ce visage lumineux qu'elle remet encore sa main devant sa bouche.

— Enlève ta main. C'est ce que je veux, ce grand sourire. Tu es tellement belle quand tu te laisses aller à rire.

— Non, je n'aime pas mon sourire. Charles me dit que j'ai l'air idiote quand je ris. Que mes dents sont jaunes et que ce n'est pas beau.

— Ben voyons !

Je respire à fond pour garder mon calme.

Elle s'approche de moi. Se penche sur mon appareil photo. Je lui fais défiler les photos.

— Oui, oui, celle-ci, oui j'aime bien celle-ci. Les photos sont belles, c'est vrai, mais moi je ne m'aime pas tellement, je n'aime pas mon sourire, Charles a raison et je n'aime pas comment je suis habillée, me dit-elle.

— Tu veux revenir un autre jour et apporter tes jolis vêtements ?

— Non, je ne les ai plus. Mon mari les a jetés. Il ne supportait plus que je m'habille comme ça.

— Mais c'est lui qui te les avait offerts.

— Je sais, mais il a dit que ça allait quand j'étais célibataire et que je sortais avec lui. Il dit qu'une épouse qui s'habillerait comme ça, elle aurait l'air d'une pute qui manque de respect à son mari.

— Il a tout jeté ?

— Non il a gardé des chaussures à talons aiguilles. Et des dessous.

Elle rougit avant d'ajouter :

— Ça l'excite. En fait, il aime que je sois sa petite pute à lui.

— Bon, regarde ton sourire sur celle-ci, dis-je pour changer de sujet.

Elle prend l'appareil dans ses mains tremblantes et s'effondre en larmes. Désemparée, je la prends dans mes bras et la berce. Une enfant qui a voulu grandir trop vite. Une enfant enceinte de quatre mois. Elle finit par se consoler. Elle se mouche. Finalement, je lui mets un peu de poudre autour du nez et on recommence la séance photo. Elle se laisse prendre au jeu. Accepte de rire. Se détend. Et voilà que j'ai devant moi une jeune femme joyeuse, intelligente, ouverte. Elle se risque à détacher un ou deux boutons de son chemisier. Rejette la tête en arrière. Elle défait ses longs cheveux qu'elle avait tressés. Elle virevolte, redevenue libre. Elle fixe l'appareil. C'est bon, c'est dans la boîte. Tous ses désirs avortés, toute sa vitalité étouffée, toute sa beauté saccagée, toute son intelligence enrayée. Tout, tout. J'ai la preuve.

Je me dirige vers la salle de repos en traînant les pieds. J'ai essayé d'appeler Sophia deux fois. Sa messagerie se met en route avant même qu'une sonnerie résonne. Étrange !

Je n'ai pas encore ouvert la porte que j'entends des rires. Quand j'entre, je trouve maître Nour dans les bras de notre psychologue Greta ! La mère Teresa tatouée des anxieux, une abbé Pierre sans robe à la rescousse des démunies, une Rosa Parks avec des piercings, une Angela Davis aux cheveux lisses, une Olympe de Gouges en Harley Davidson, le même poing levé, la même hargne. Si vous êtes sur son chemin, un conseil, laissez-la passer. Une tornade au rire puissant, aux lèvres rouges. Un ange avec une détermination de boxer, la Jack Johnson des femmes battues. À les voir enlacées, sautillant, on dirait un couple de chihuahuas sous amphétamines. Elles bondissent, elles crient, elles rient. Quand elles me voient, elles ouvrent les bras, me happent et me voilà dansant avec elle sans trop savoir pourquoi. Quand enfin elles se calment, j'interroge :

— Mais qu'est ce qui se passe ? Vous avez gagné au Loto ?

— Non ! Encore plus incroyable, me répond maître Nour. L'ex de Germaine vient d'être mis en examen et les enfants ne le verront plus jusqu'au jugement.

— Enfin un peu d'air pour cette famille, poursuit Greta. Je vais pouvoir travailler à reconstruire ces enfants. Tout n'est peut-être pas perdu malgré ces trois années de saccage.

Voilà trois ans que Germaine, une femme d'une quarantaine d'années, est obligée de présenter ses deux enfants de 6 et 8 ans à leur père. En partant, elle a même renoncé à la maison qu'elle avait payée. Épuisée, elle voulait la paix. Recommencer sa vie à zéro. Mais Monsieur ne l'entendait pas de cette oreille. Il a demandé un droit de visite. Devant le juge des affaires familiales, Germaine a tenté de faire valoir que Monsieur était violent, le magistrat a conclu qu'elle se servait de ses enfants pour régler ses comptes. Depuis, un dimanche soir sur deux, Germaine récupérait ses enfants dans des états d'énervement épouvantables. La psychologue a réussi à les faire parler. Papa les mettait sous sa robe de chambre. Papa regardait des films pornos avec eux. Papa jouait à la sucette. Germaine est allée porter plainte, cette fois. Le policier en charge de l'affaire n'a pas cru un mot de ce que racontait cette femme aigrie ; pour lui, les enfants étaient manipulés par leur mère. Il a fait fi du rapport de la psychologue. Trois ans d'acharnement pour qu'enfin un autre juge soit saisi du dossier.

Hélène, qui entre dans la salle pour prendre sa pause, rit de nous voir aussi joyeuses.

— Mais qu'est-ce qui vous arrive ?

Hélène est secrétaire au Château des femmes. C'est elle que les femmes ont au bout du fil la première fois qu'elles appellent pour un rendez-vous. Elles ont obtenu le numéro du Château des femmes par une amie, par des policiers, par leur médecin traitant, ou elles ont été orientées par les urgences des hôpitaux. Peu importe. Tremblantes, elles l'ont composé, et c'est Hélène qui leur a répondu. La première à les écouter. La première à leur parler. Hélène est une débroussailleuse. Donnez-lui un flot de paroles entrecoupé de sanglots, avec de longs silences suivis d'une logorrhée interminable, et rebelote, la même histoire confuse, sans queue ni tête. Elle vous démêle ça par ordre de priorité. Et détermine l'urgence du rendez-vous.

Ce que les femmes au téléphone ne voient pas, c'est qu'Hélène est une bombe. Cheveux noirs et yeux bleus. Mais quand je dis bleus, je ne parle pas du gris bleuté délavé d'un jour de pluie. Non. Je parle du ciel de juin en plein midi.

Un bleu qui étreint et embrase. Pourtant, elle vit seule. Son choix. La paix. Sa beauté ne lui a pas épargné la lassitude, l'habitude et, après un temps, l'indifférence de son ex-conjoint. Un matin, son compagnon partait au travail, Hélène s'était penchée pour l'embrasser, il a détourné la tête pour lui faire une bise sur la joue en saisissant son attaché-case. Ce jour-là, Hélène a pris sa décision : elle ne pouvait plus continuer à vivre dans le gris. Il lui fallait du soleil, de l'azur. Depuis, elle vit avec son fils de quinze ans qu'elle élève seule dans un quatre pièces au dixième étage d'une tour de la cité des Fleurs, voisine du Château. L'éclairage lui arrive directement du ciel.

Maître Nour lui explique la raison de notre bonne humeur.

— Putain, mais si on pouvait les buter tous ces mecs, lâche Hélène.

Nous rions. Voilà.

« Putain, mais si on pouvait les buter tous ces mecs. »

Un code d'urgence. Une conjuration, un ressort qui lâche, une soupape, la phrase fatidique que l'on prononce au Château des femmes quand les limites de l'audible, du concevable ont été franchies.

Un baroud d'honneur, murmuré, crié. Après, tout le monde peut retourner au travail. Essayer de réparer ce saccage d'humanité.

Nous nous retrouvons seules, Nounours et moi. Je passe aux sujets importants :

— J'ai remarqué ma repousse ce matin. Tu penses que je dois rester rousse ou changer de couleur ?

— Le roux te va bien.

— Oui, mais avec la repousse grise ça se voit rapidement.

— Moi, je suis dans une passe où je ne supporte plus mon gris. Pourquoi c'est pas sexy le poivre et sel chez les femmes ?

Nous avons ce genre de conversation lorsque nous tournons autour du pot, que quelque chose nous travaille sans qu'on réussisse à mettre le doigt dessus. Un genre d'introspection. Une façon d'occuper l'esprit pour laisser le subconscient travailler.

— Je n'ai pas réussi à joindre Sophia et j'ai un très mauvais pressentiment, me dit Nounours.

Enfin le chat sort du sac.

Je lui réponds :

— J'ai essayé deux fois ce matin.

— Ce n'est pas normal de ne plus avoir aucune nouvelle. Tu fais quoi maintenant ?

— Rien, j'avais un autre rendez-vous, mais la femme a annulé.

— Alors on y va ? me demande maître Nour.

Fini la conversation sur les poils.

— Aller où ? À Bérulle ? Mais je ne peux pas, j'ai Rintintin avec moi. Impossible d'embarquer sur ta moto avec lui.

— C'est bon, j'ai laissé ma moto à Sam, il en avait besoin pour une filature, j'ai sa voiture.

— OK, go !

— Les clés ?

— Cachées sous une pierre.

— Yes !

Maître Nour et moi sommes aussi un vieux couple, plus besoin de faire des phrases entières.

CORALIE

— Capitaine Gignac, j'ai les gendarmes d'Aix-en-Othe au téléphone pour vous.

— Merci, passez-les-moi.

— Bonjour, je suis le maréchal des logis Fernand Duval de la gendarmerie d'Aix-Villemaur-Pâlis. Je vous appelle car un marcheur est tombé sur un corps près du village de Bérulle. Il semble que ce cadavre soit lié à l'une de vos enquêtes.

DIANE

Rintintin refait une de ses crises de paralysie dès que j'ouvre la portière de la voiture de Sam. Je réussis de peine et de misère à l'installer sur le dos, les pattes en l'air sur la banquette arrière.

Quand on prend l'autoroute, je lance un regard inquiet à Nounours qui appuie à mon goût un peu trop sur l'accélérateur.

— Ce n'est pas un peu dangereux d'aller si vite ?

Elle rit. Un rire du tonnerre.

— Dangereux ? Comme cacher chez soi quelqu'un qui a les Alami aux trousses ?

Elle me dit ça avec un clin d'œil.

— Je te signale que c'est toi qui l'as amenée.

Maître Nour me lance un coup d'œil plein d'humour. Je ne réponds pas. Néanmoins elle lève le pied et on ne dépasse plus les 130 km/h autorisés.

— As-tu remarqué comme Hélène est de bonne humeur ces temps-ci ?

— Oui, il y a de l'amour dans l'air !

CORALIE

Sans perdre une minute, Coralie sort de son bureau en courant. Elle interpelle son adjoint, ils doivent partir sur-le-champ. Dans la voiture, sans décrocher un mot, elle programme le GPS, destination Bérulle. Aurélien a appris à ne pas poser de question quand sa cheffe est dans cet état. C'est seulement sur la A86 que Coralie parvient à articuler :

— Je viens de recevoir un appel de la gendarmerie de l'Aube.

Un lourd silence s'installe. Aurélien attend. Bien qu'il n'ait aucune idée de ce qui se passe, il voit que Coralie est bouleversée. Le grincement du va-et-vient des essuie-glaces remplit l'habitacle à chaque passage. Ils sont usés, le paysage reste embrouillé comme les yeux de sa capitaine. Le jeune policier est délicat, il se retourne et regarde les champs défiler sous les nuages noirs pour laisser un semblant d'intimité à sa capitaine. Un autre bruit vient se mêler au couinement des lames de caoutchouc, mais Aurélien n'ose pas se retourner, il jurerait que Coralie pleure. Il se concentre sur les arbres tristes et les sorties qui défilent. Il visse des écouteurs dans ses oreilles et met de la musique de Harry Styles. Non pas qu'il soit fan, mais il ne voit pas quel autre chanteur pourrait réussir à annuler le malaise qu'il ressent : un bruit agréable qui va saturer son cerveau sans l'encombrer d'une émotion trop intense.

Coralie est reconnaissante à son adjoint pour sa discrétion. Elle se sent moins embarrassée depuis qu'il dandine de la tête en chantonnant tout bas. Elle sait que rien ne lui a échappé. Elle lui sait gré de lui laisser l'espace dont elle a besoin avant de revêtir son armure. Quand ils quittent l'autoroute, elle a retrouvé son calme. Elle étire sa main pour claquer deux fois des doigts devant le visage du jeune homme. Il retire ses écouteurs, un timide sourire aux lèvres.

— Ce matin, un promeneur a découvert un corps, lui explique-t-elle enfin. Une jeune femme en tenue de jogging. Je n'en sais pas plus. Les gendarmes ont trouvé sur elle un trousseau de clé avec une adresse qui correspond, tiens-toi bien, à la maison de famille de Patrick Langevin ! Une voisine a mentionné qu'une femme qui s'est présentée sous le nom de Sophia Alami y vivait depuis quelques jours. Voilà comment ils sont remontés jusqu'à nous. Je ne veux présumer de rien, mais j'ai un très mauvais pressentiment.

— Mais qu'est-ce que Sophia Alami faisait dans la maison de Langevin ? Vous ne pensez quand même pas qu'il jouerait un rôle dans le meurtre de Cyril Alami ? Qu'il serait l'amant de Sophia ?

Coralie se met à rire. Elle embrasserait presque son adjoint pour ce moment de détente.

— Ciel, non ! On voit que tu n'as jamais travaillé avec lui. Je sais bien qu'on ne connaît jamais vraiment une personne, mais il y a quand même des choses impossibles. Non, ce qui m'embête dans cette histoire c'est plutôt le rôle que sa compagne, Diane Choinière, a pu jouer.

— La photographe ? Celle qui travaille au Château des femmes ?

— Exactement, répond Coralie.

Avant de poursuivre dans un murmure :

— L'amie de maître Nour.

Voilà qu'il s'en vante. Fier comme un paon. Je l'écoute, je hoche la tête, je ris avec lui alors que j'ai envie de lui ouvrir le ventre. De lui arracher le cœur. Il répète en boucle le bruit du crâne qui éclate en ouvrant les mains pour montrer la douleur. Il rit de la surprise de Sophia quand elle l'a aperçu entre les arbres. Quelle tête elle a fait en l'apercevant dressé au milieu du sentier. Esprit sylvestre malin, le méchant loup des contes de son enfance venu lui régler son compte. Il rit et je rêve de lui arracher son rictus avec les dents. Sophia a voulu le flouer ? Il l'attendait au tournant d'un sentier perdu dans la brume de l'aurore. Pauvre idiote. J'aurais dû lui dire qu'on n'échappe pas aux monstres ; pauvre folle, on ne disparaît pas de la vue du cyclope. Quand les démons vous tiennent, il n'y a que l'enfer comme issue. Il ne fallait pas qu'elle donne son âme, son amour au diable. Il est venu réclamer son dû. Il rit, ses acolytes l'imitent. On ne contrarie pas le Maître. Voilà le Lucifer qui règne sur ces damnés. Voilà le Royaume des ténèbres que je dois réduire en cendres pour que le Phénix envahisse le ciel et déploie son soleil. Chasser la noirceur. Mettre fin à la nuit.

CORALIE

La pluie a cessé, mais le ciel reste lourd. Un joli village niché au fond d'un vallon et bordé de forêts se dévoile. La route est fermée. Il y a une déviation. Des gendarmes redirigent les rares voitures. Coralie se présente, on les laisse passer. Un peu plus loin, on leur fait signe de stationner.

— Bonjour, c'est moi qui vous ai téléphoné. Le médecin légiste vient seulement d'arriver. Quand nous avons établi le lien possible entre le corps et Sophia Alami je vous ai appelé par courtoisie. Elle avait un porte-clés avec une adresse. Nous n'avons pas encore perquisitionné la maison, nous attendons le mandat. Nous avons aussi averti le propriétaire qui est en route.

— Il est policier. Il donnera son accord, bien que je ne pense pas qu'il soit au courant que cette femme logeait chez lui, lui répond Coralie.

— En effet, il avait l'air étonné quand je l'ai joint au téléphone.

DIANE

Une demi-heure plus tard, on fonce toujours sur l'autoroute, mais en respectant les limitations de vitesse. Rintintin reprend vie et se met tout à coup à japper et à battre de sa demi-queue. Une voiture de police, toutes sirènes hurlantes, nous dépasse. Et là, comme dans un cauchemar, on se rabat un peu sur la droite pour laisser passer la bagnole. « OH, PUTAIN ! » Lambert ! Mon ennemi juré, l'acolyte, meilleur ami et collègue de Patrick est au volant de cette voiture, avec, je vous le donne en mille, le même Patrick, mon fiancé, assis à la place du passager. Le chien continue à faire des bonds derrière, tout heureux de voir son maître à un endroit si inattendu. J'ai beau tenter de me couler le plus possible dans mon siège, l'idiot de chien attire son attention. Juste comme son auto nous dépasse, nos yeux se croisent. Je lui fais un petit signe de la main. Le regard noir qu'il me lance me convainc de ne pas répondre à mon téléphone qui se met à vibrer dans ma poche.

Je me demande bien ce qu'ils font là. Patrick et Lambert auraient-ils une liaison cachée ? Bérulle leur sert de nid d'amour ? Non, c'est impossible ! Mais depuis que j'ai lu par accident, je précise, par inadvertance, les messages qu'il a reçus de Coralie, je ne sais pas si je peux encore faire confiance à cet homme.

CORALIE

Coralie suit un sentier en pente qui monte dans la forêt. Les branches ploient, des gouttes se faufilent dans son col. Ces caresses glacées qui se perdent dans son dos lui filent la chair de poule. À cinq cents mètres, le gendarme s'arrête. Un ruban jaune. L'homme lui indique une masse, un animal blessé couché sur le ventre. Coralie met les gants, les surchaussures et la calotte que lui tend le gendarme avant d'enjamber le galon. En contrebas, une médecin est penchée sur le corps. Coralie doit ravaler sa salive. Depuis qu'elle a été appelée, il y a quelques années, pour constater la mort d'Isabelle Alami dont elle avait œuvré à classer les plaintes sans suite, elle ne peut plus approcher un cadavre sans revoir les jambes de la désespérée pendre dans le vide. Coralie ressent encore le feu de la culpabilité qui l'a brûlée en voyant la corde autour du cou gracieux, une maudite chaussure en cuir verni noir accrochée à ses orteils. Là, devant cette femme pendue dont tout le corps criait l'injustice, l'abandon, Coralie a su qu'elle avait devant elle le triste résultat de son entêtement. Elle aurait dû glisser dans le dossier les fausses captures d'écran de messages d'injures que lui tendait maître Nour en la suppliant de sauver cette femme. Mais tout allait dans le sens de l'innocence du mari. Les témoignages des voisins : cet homme était presque un saint ; de la famille : cette femme était fragile. Coralie a suivi la procédure. Toute l'horreur de la situation lui est apparue crûment dans cette chaussure. Douze centimètres de talons, le phantasme de son mari. La femme disait vrai. Il l'obligeait à porter des talons aiguilles quand il la sodomisait de force. Poupée fragile, déséquilibrée, humiliée, nue, une arme derrière la tête, perchée sur ces maudits talons quand son mari déchargeait en grognant entre ses fesses.

Replongée dans ce cauchemar, à l'orée d'une forêt, Coralie fixe une autre Mme Alami. Morte.

— Madame, vous êtes avec nous ? lui demande le gendarme qui l'accompagne.

— Oui oui, je suis désolée, il n'est jamais facile de regarder la mort en face.

La médecin repose doucement la tête de la défunte et se dirige vers le gendarme.

— Bonjour, je suis la médecin légiste.

— C'est bon, docteur, vous pouvez parler devant elle. Je vous présente la capitaine Gignac de la brigade criminelle de Paris.

— Je peux vous faire part de mes premières conclusions. Le décès date de quelques heures. Probablement entre 7 et 8 heures ce matin. Le promeneur l'a trouvée vers 10 heures. Fracas du massif facial. Vous voyez, elle est tombée sur cette pierre. Là-bas il y a des traces de chute. Peut-être s'est-elle pris les pieds dans une racine et est-elle tombée de face sur cette grosse pierre.

— Il s'agit donc d'un accident ? demande Coralie avec espoir.

— Impossible de l'affirmer. Quelqu'un peut l'avoir frappée avec une pierre et l'avoir étendue là pour faire croire à un accident. Je vais encore procéder à quelques prélèvements avant de faire enlever le corps. Nous vous tiendrons au courant des résultats.

Coralie regarde la médecin légiste rejoindre l'équipe scientifique. Sophia est couchée dans la verdure. Une tache de sang lui fait comme une couronne. On tourne autour d'elle. On mesure, on creuse, on photographie. Une déesse au milieu des elfes. Une fée sylvestre qu'on apprête pour un long voyage. Coralie sait qu'elle ne peut rien faire pour l'instant. Patrick sera là bientôt. Elle demande à Aurélien de la prévenir quand il arrivera, elle a besoin de s'éloigner un peu. Elle trouve un sentier. Soudain, des ombres se dessinent dans cette forêt brumeuse. Un fantôme du passé qui vient lui réclamer justice ? Coralie est une femme cartésienne qui s'est toujours appuyée sur des preuves, des faits. Mais depuis le soir du meurtre au chapiteau où elle a senti un souffle dans ses cheveux en arrivant sur le lieu du meurtre, où elle a vu un trapèze bouger doucement au-dessus d'elle, tout tangue. Elle aurait pu jurer y avoir vu une acrobate s'y bercer. Et puis il y avait tout ce sang autour de la victime, du même rouge que la robe qu'elle portait ce soir-là, comme un présage. Un vêtement de fête pour venir célébrer la mise à mort d'un Alami.

Il faut qu'elle retrouve ses esprits. Qu'elle redevienne la femme rationnelle qu'elle était. Qu'elle se comporte en enquêtrice. Elle doit trouver l'assassin de Cyril Alami. En professionnelle. Elle doit oublier qu'il est le frère de Charles Alami. Le beau-frère de cette femme pendue. Il lui faut dissocier ces deux histoires, attendre les résultats de l'autopsie. Mais la médecin légiste l'a dit : probablement un accident. Un fâcheux accident. Tout de même, qu'est-ce que Sophia Alami faisait dans ces bois ? Pourquoi était-elle dans cette maison de Bérulle ? Tout semble montrer que Diane Choinière l'a cachée à la campagne sans en parler à Patrick. Quel est le lien entre ces femmes ? Sans oublier que maître Nour est l'avocate de Sophia…

Un buzz dans sa poche. Coralie sort de ses pensées. Un SMS d'Aurélien, Patrick est arrivé. Elle revient vers le village. Les gendarmes sont déjà à l'intérieur de la maison. Patrick est sur le seuil, les mains dans les poches et l'air préoccupé. On a trouvé 200 grammes de cocaïne scotchés sous le lavabo de sa salle de bains.

DIANE

La rue est bloquée par un cordon jaune. Plusieurs fourgons de la gendarmerie sont garés devant la maison. Il y a aussi deux voitures de police, dont celle de Patrick. Je devine à qui est la seconde, je peux sentir son parfum d'ici. Je croise les doigts et je prie intérieurement pour que personne ne découvre que Sophia est dans notre maison. Quand je vois des gendarmes avec Patrick dans le jardin de notre jolie chaumière, je réalise que c'est un vœu pieux. Je suis dans la merde. Je me morfonds sur mon sort et sur les conséquences désagréables que j'aurai à subir si je ne trouve pas une bonne explication à la présence de Sophia à Bérulle quand maître Nour me ramène sur terre.

— Diane, il s'est passé quelque chose de grave.

— Oui tu peux le dire : Patrick va savoir que je me suis servi de sa maison de famille comme d'une planque.

— Franchement, Diane ! Tu penses vraiment que c'est de ça que je parle ? Arrête de penser à ta petite histoire d'amour et regarde autour de toi.

Vexée, je suis sur le point de lui répondre quand, en levant les yeux, je vois au loin des individus sortir de la forêt en portant une civière avec dessus un énorme sac de plastique qu'ils glissent dans un fourgon de pompes funèbres.

Les larmes me montent aux yeux. Nounours me prend la main et se met à me la broyer tellement elle serre fort. Sans la regarder, je lui dis, pauvre tentative pour faire reculer l'évidence :

— Ne sautons pas aux conclusions macabres. Ce corbillard est très loin de la maison. Ça peut être n'importe qui. Un accident de chasse, peut-être.

À ce moment-là, je vois Coralie avec ses deux mètres cinquante et sa prestance de sirène sexy sortir du bois. Elle s'avance vers la maison, notre maison, *ma* maison ! Avec sa démarche au chaloupé renversant, un gnome qui doit faire la moitié de sa taille et trottinant à ses côtés. Elle m'énerve. Je ne supporte pas de la voir franchir le portail de « chez nous ». J'ai envie de hurler. Je suis envahie par une colère bénéfique qui m'éloigne pour quelques secondes de ce maudit fourgon et de ce corps que l'on hisse à l'intérieur.

— Putain, mais elle est géante cette femme !

Maître Nour me répond d'une voix blanche.

— C'est à ça que tu penses ? Là ? Maintenant ? Si vraiment c'est ce qui te préoccupe, elle n'est pas tellement plus grande que toi. Elle mesure un mètre quatre-vingt-cinq. Une dizaine de centimètres de plus que toi.

— Oui, mais six de plus que Patrick !

Maître Nour se retourne vers moi, choquée.

— Si c'est une blague, ce n'est pas le moment ! Mais si tu es sérieuse, je vais avoir besoin de te faire un cours sur la rivalité féminine.

— Ce n'est pas du tout la question. Il y a des choses que tu ignores !

Bon, ce n'est pas le moment de m'embrouiller avec Nounours. Je sens ma colère refluer et je n'aime pas du tout le sentiment qui m'inonde à la place. J'essaie d'expliquer à un gendarme que c'est ma maison. Mon chez-moi.

— Attendez, je vais prévenir mon supérieur.

Je vois Patrick s'extraire d'un tas de vestes bleu marine. Sexy au milieu de tous ces gendarmes. C'est lui, et de loin, le plus beau. Mais pas le plus souriant. Il s'approche du ruban qui ferme la rue, se baisse pour le franchir, salue maître Nour et, sans même m'embrasser, saisit la laisse de Rintintin et me dit :

— Allez, on rentre à la maison.

Je songe à argumenter que je suis venue avec Nounours et que la moindre des politesses est de repartir avec elle quand je vois Coralie s'approcher, d'une démarche déterminée et provocante.

— Qu'est-ce que vous faites ici ?

Je suis surprise par son agressivité. Son ton autoritaire agit sur moi comme un ressort. Je bondis sur l'occasion pour repousser encore une fois ma peine devant ce que mon cœur a déjà deviné mais que mon esprit refuse, le décès de mon amie, mais Patrick resserre sa poigne sur mon épaule. C'est maître Nour qui, à ma grande surprise, sort de ses gonds.

— Qu'est-ce que je fais ici ? Je suis l'avocate de Sophia Alami et il me semble que si quelque chose lui est arrivé je devrais être au courant.

— Oh que oui, persifle Coralie, vous allez être au courant. Veuillez me suivre, maître Nour.

Et là, des flèches dans les yeux, elle se retourne vers moi.

— Et vous, Diane Choinière, je vous veux dans mon bureau demain à 11 heures.

J'ouvre la bouche pour protester. Depuis quand cette femme se permet-elle de me donner des ordres ? Mais elle ne m'écoute pas. Elle a déjà fait demi-tour et s'éloigne, suivie de maître Nour, de la même démarche sexy et déterminée. Je suis encore en train de fixer ses fesses quand Patrick me prend par le bras. Je n'oppose aucune résistance, je le suis, penaude.

Je fais le voyage de retour à l'arrière de la voiture de police. Patrick et Lambert devant. Mon chien, la tête sur mes genoux, bave sur mon jeans. Je lui gratte son moignon d'oreille d'une main, j'essuie mes larmes de l'autre.

Rien, pas un mot. Bérulle/Paris dans le plus grand silence. Enfin, sans que personne nous adresse la parole, à moi ou à Rintintin. À l'avant, en revanche, ça jacasse. Conversation de policiers, faut croire, car à aucun moment l'un des deux ne daigne se retourner pour nous demander notre opinion. Oubliés sur la banquette arrière. Enfin presque : Lambert a quand même dit bonsoir au chien quand il nous a déposés.

Ginette a ouvert sa porte quand elle nous a entendus dans l'escalier, tout sourire, sa bouteille de porto à la main. Mais quand elle a vu nos têtes, elle a relevé les sourcils et s'est empressée de la refermer. Sa porte, je veux dire. Pas d'invitation pour ce soir !

Bang. Ça, c'est la nôtre de porte qui vient de se refermer.

— Tu peux m'expliquer ce qui t'a pris ? Tu aurais pu me consulter avant d'aller cacher Sophia dans la maison de Bérulle.

— Écoute, je suis désolée, mais on a été prises au dépourvu.

— On ?

— Maître Nour et moi.

— Ah je me disais bien aussi qu'elle avait son rôle dans cette histoire.

— Arrête, l'ironie ne te va pas, mon amour.

— Mon amour…

Il lève les yeux au ciel. Il voit clair dans mon manège.

— Je sais maintenant que c'était idiot. Mais elle nous a appelées au secours. Un Alami et un autre type venaient de l'agresser. La police n'a rien fait et elle était terrifiée.

— Et il ne t'est pas venu à l'idée de me prévenir. Ou d'avertir la capitaine Gignac qui a la charge de cette affaire ?

J'explose :

— Oh putain, tu l'appelles capitaine Gignac maintenant, ta Coralie ?

— Ma Coralie ? Mais de quoi tu parles ?

— Figure-toi que je sais que tu as déjeuné avec elle. Vous vous voyez souvent tous les deux en dehors du commissariat ? Ta chère amie et toi ?

— Tu as fouillé dans ma messagerie ?

J'aurais mieux fait de fermer ma grande gueule. Me voilà coincée. J'ai beau chercher une excuse, un mensonge, une belle histoire ficelée avec un beau ruban, rien ne vient. Je sèche.

— Diane, je suis inspecteur de police. Mes déjeuners professionnels ne te regardent pas. Mes déjeuners en général ne te regardent pas. Imagine qu'une femme du Château te raconte que son mari fouille dans ses messages ?

— Je n'ai pas « fouillé » comme tu dis. Ton téléphone était sur le comptoir à côté du mien et j'ai cru que je recevais un SMS.

— Diane ! Ton téléphone est rose et le mien est blanc !

— Mais ça ne se voit pas quand l'écran est sur le dessus.

Parfois je me déteste et ça me fait vraiment mal. Je ne veux pas être une jalouse qui surveille son conjoint. Je ne sais pas ce qui m'a pris. Je pense à Sophia qui est probablement couchée à la morgue. À la suspicion de son ex-mari, le Cyril. À tout ce gâchis, cette destruction, cette violence. Je m'en veux terriblement. Patrick devine mon désarroi. Il me sourit.

— Si ça peut te rassurer, je déjeunais avec Coralie pour le boulot. Et tu ferais mieux d'arrêter avec ta ridicule jalousie, car nous allons beaucoup nous voir pour cette affaire.

— Pour cette affaire ? Mais tu travailles aux Stups. Qu'est-ce que la drogue vient faire dans cette histoire ?

— Eh bien, peut-être que cette histoire de meurtre est liée à une histoire de règlement de comptes autour de la drogue. Il n'est pas non plus exclu que Sophia soit complètement étrangère à la mort de son ex.

— Arrête, tu vois bien que ce sont des conneries. Sophia était une victime de violence. Elle a été battue par son mari pendant des années. Elle aurait pu l'empoisonner quand elle lui cuisinait ses petits plats qu'il lui recrachait au visage – trop salé, pas assez salé, gnagnagna – si elle avait eu assez de cran pour le tuer. Une histoire de drogue… Mais tu es vraiment un policier, en fait. Tu réfléchis en flic. Un mort et c'est sûrement sa femme qui est coupable. N'importe quoi ! En plus, elle était sur la piste du cirque, le soir du meurtre.

— Non, mais tu t'entends ? Vraiment Diane, si cette histoire d'atelier au Château des femmes te pèse trop…

— Ah parce que je deviens dérangeante. Mes propos heurtent monsieur le policier ! Tu préférerais que j'arrête. Que je jette l'éponge. Bien sûr ! Moi j'ai la chance d'être avec quelqu'un comme monsieur, tellement parfait qu'il se permet de juger de ce que de devrais faire ou non.

— Non, Diane. J'allais juste te conseiller, avant que tu ne montes sur tes grands chevaux, que si ça te pèse trop, ça peut-être une bonne idée d'aller voir quelqu'un pour évacuer. Avoir du soutien. Tu t'es entendue, à l'instant ? Tu m'accuses pour un dossier dont tu ne connais que la pointe de l'iceberg ! C'est peut-être trop à gérer toute seule, ce que tu vis au Château des femmes. Trop d'injustice, trop de tristesse, trop d'inconcevable. Là, regarde-toi, tu es complètement à cran.

— Ah, je m'implique trop ? C'est ça ? Je suis trop fatiguée, pauvre petite chose. Je dis n'importe quoi ? Je devrais aller voir un psy ? Sophia n'est coupable de rien, putain ! Elle est morte. Je suis certaine que c'est ce débile de Charles Alami qui l'a fait tuer pour se venger. Voilà comment ils traitent les femmes dans cette famille. Tout est toujours la faute des femmes et il faut les punir. Et vous les flics, vous êtes pareils. Il faut être idiot pour penser le contraire. Et ça n'a rien à voir avec le fait que je peux être à cran ou non. Merde ! Elle est morte.

Je fonds en larmes.

— Diane, calme-toi. C'est une enquête de police, et j'en ai déjà trop dit. Cyril Alami est une victime de meurtre. Il y a une enquête. C'est normal de chercher dans plusieurs directions.

— Victime ? De quelle victime tu parles, là ?

— Diane, quand on est couché sur un banc, la gorge ouverte, même si on a été le pire des salauds de son vivant, on a le droit d'être appelé victime. Et pour en revenir à ta copine Sophia, en visionnant les bandes vidéo du spectacle, il y a des moments où on ne la voit plus. Peut-être que le caméraman ne l'a pas cadrée, peut-être qu'elle était dans les coulisses. Toujours est-il qu'il n'est pas impossible qu'elle ait repéré son ex-mari et qu'elle se soit éclipsée quelques minutes pour le tuer.

— Mais c'est n'importe quoi ! Ce mec la terrifiait. Elle a été sous son emprise pendant des années. Si elle l'avait repéré, elle se serait figée ou se serait mise à crier. Pourquoi elle aurait été le tuer ? Et avec quel couteau ? En plus, lui était armé. On voit que tu ne la connaissais pas.

— OK, mais toi qui tu la connais si bien, sa grande amie qui la recueille dans sa maison de campagne, tu peux m'expliquer ce que 200 grammes de…

— De quoi ? Hein ? De quoi ?

— Laisse tomber. Je te dis seulement de faire attention à toi et de ne pas t'embarquer dans des histoires dont tu ne comprends pas tous les enjeux.

— Ah c'est vrai, je suis bête. J'avais oublié.

Je décide de rétropédaler avant que cette dispute aille trop loin. Mais je tiens quand même à ajouter. :

— Si je l'ai emmenée à Bérulle, c'est que les Alami ont essayé de l'agresser et que la police n'a rien fait.

— Ce qui fait que tu as aidé un potentiel meurtrier, que tu es intervenue dans une enquête de police, as soustrait un témoin. Bonne chance demain avec Coralie Gignac. Une femme très sympathique au demeurant. Et, ma douce chérie, mon petit cœur en sucre, essaie de ne pas t'emporter avec elle. Tu n'es pas bête, mais parfois tu t'emballes trop.

— Va chier !

Ça y est. Le barrage s'effondre, les écluses débordent. Je hurle, me gratte le cou. Patrick a raison. J'ai peut-être participé à la mise à mort de Sophia en la cachant à Bérulle.

Trop loin. Voilà, nous sommes chacun dans notre vaisseau spatial en route vers de lointaines galaxies. Pendant que je m'enfonce dans un désespoir sans issue, Patrick va mettre un disque de Chet Baker. Il s'approche de moi et me prend dans ses bras. Nous dansons doucement. D'étoile en étoile, je regagne doucement mon corps. La douleur s'atténue. Je me remets à respirer. L'oxygène irrigue mon cerveau de nouveau. Patrick me berce au rythme de la trompette. Je me sens assez en sécurité pour arrêter de lutter. Une vague de tristesse m'envahit. Je sens ma rage refluer. Je pleure Sophia.

J'entends les autres rire, fêter leur victoire. Tout en moi s'effondre. J'ai fait le tour de la terre pour arriver au même point. Un carnage. Certaines personnes sont des freins. Il faut choisir. Faire le tri. Leur existence même empêche la course du soleil. Ces hommes tuent les astres avant qu'ils puissent refléter leur lumière. Les éliminer, c'est laisser le soleil réchauffer la terre, laisser pousser les fleurs, mûrir les fruits. Les assassiner, c'est laisser une chance à la vie. Je laisse le bel aigle faire son travail. Je plane avec lui, je choisis la vie, la liberté.

DIANE

Le lendemain, je me pointe au commissariat avec Rintintin. Le policier, à l'accueil, m'informe que les animaux sont interdits. Fière, je lui glisse sous le nez la médaille d'honneur de mon chien en lui faisant remarquer que Rintintin est plus gradé que lui. Le pauvre agent n'a visiblement pas le courage de se lancer dans une longue discussion, il me demande de m'asseoir dans la salle d'attente. J'essaie encore une fois de téléphoner à Nounours : toujours pas de réponse. Je suis assise là depuis une heure au moins quand tout à coup je la vois apparaître devant moi. Les mêmes vêtements qu'hier, les cheveux en bataille. Déjà la nuit d'avant-hier qu'elle a passée avec son ami Sam l'avait un peu défraîchie… Là, pour la première fois, je trouve que Nounours fait son âge. Elle s'effondre sur le siège inconfortable à côté de moi. Je la regarde et lui passe une main que j'espère réconfortante sur le visage. Elle me fait un petit sourire et pose sa tête sur mon épaule. Je ne peux m'empêcher de la questionner.

— Tu es venue pour m'assister ? Mais comment tu as su ? Pourquoi n'as-tu pas répondu à mes appels ? Tu étais où ?

Elle me répond d'une voix faible :

— Chut, Diane, je sors d'un interrogatoire avec l'adjoint de Coralie. Cette salope m'a collé une garde à vue. Même pas assez courageuse pour mener l'entretien elle-même.

— Quoi ? Mais qu'est-ce qui se passe ?

— Disons qu'hier le ton est monté. Coralie m'a embarquée pour outrage. Je suis crevée. Mon taxi m'attend. Je vais dormir. Heureusement que ma voiture a été perquisitionnée, je n'ai pas à la récupérer à Bérulle.

— Mais je lui dis quoi, moi, à la cheftaine géante ?

— Diane ! Reste digne. Cheftaine d'accord, géante c'est NON. Ne te mets pas, toi aussi, à porter des jugements sur le corps de nos sœurs !

— Mais Nounours, tu peux un peu laisser tomber tes principes ? Putain, ce n'est pas ma sœur. Et je te ferai remarquer que tu viens de la traiter de salope. Un point de moins pour toi aussi. Je lui dis quoi à la capitaine Coralie Gignac ?

— La vérité ! Enfin, ce que tu sais.

— Quoi ?

Elle se penche sur moi, me fait la bise et elle s'éloigne d'un pas incertain. J'ai déjà vu maître Nour tanguer moins avec plus d'un demi-litre de whisky dans le sang.

Un policier m'appelle. Je m'avance vers lui, suivie de mon chien, lui présente mes poignets.

— Allez-y. Menottez-moi, puisque vous n'avez que ça à faire dans la police, accabler d'honnêtes citoyennes.

Le policier me regarde d'un drôle d'air.

— En fait je venais vous dire que la capitaine Coralie Gignac a été retenue, elle vous présente ses excuses et vous demande s'il vous est possible de revenir demain.

Digne, je fais demi-tour. Puisque je n'ai plus rien à faire, je décide de téléphoner à Patrick pour savoir s'il est libre pour déjeuner. Répondeur. Je rappelle. Il ne répond pas. Étrange : j'ai souvenir qu'il m'a dit de l'appeler quand j'aurais fini. Chose rare et peu coutumière, une pointe d'angoisse me pique les neurones. Je décide d'appeler Lambert.

— Bonjour Lambert, c'est Diane, la compag…

— Je sais qui vous êtes. C'est pourquoi ?

— J'essaie de joindre Patrick et il ne répond pas.

— C'est qu'il est occupé. Bonne journée.

Bang, il m'a raccroché au nez sans même me demander s'il y avait une urgence. Aucun respect. Et après, on me reproche de ne pas faire d'effort avec les flics. J'ai presque envie d'aller aux urgences, de m'inventer un fulgurant mal de ventre, genre péritonite ou infarctus. Il ferait moins le malin le Lambert s'il apprenait que j'avais téléphoné à Patrick pour lui faire mes adieux avant de partir pour la salle d'opération.

Une idée commence à germer dans mon esprit. Une très horripilante idée. Laide et minable en plus. Mais que voulez-vous, ce genre d'idée est tenace comme le tube pop acidulé de l'été 2002 qui vous revient en tête comme ça, sans raison, et qui ne vous lâche plus de la journée. Une idée qui ne me ressemble pas. Moi, femme indépendante. Et si, putain de merde, Patrick était avec Coralie ! Elle a usé de son autorité pour m'éloigner. Elle savait qu'elle pourrait avoir les coudées franches pendant que je serais coincée dans la salle d'attente.

Je respire un grand coup. Même moi, je me rends compte que je suis parano et que cela n'a aucun sens. Mais tout de même ! Pourquoi Patrick ne me rappelle pas ?

CORALIE

Coralie n'avait pas la force, après cette horrible journée, de faire face à maître Nour. Elle avait eu sa dose de revenants. Alors, même si ce n'était que partie remise car on ne pouvait pas éternellement fuir son destin, elle avait confié l'avocate aux bons soins de son adjoint Aurélien. Ces cadavres la ramenaient là où elle avait baissé les bras. Elle aurait préféré mettre Charles Alami en garde à vue. Mais c'est maître Nour qui était présente à Bérulle moins d'une heure après la découverte du corps. C'est maître Nour qui s'était mise à crier en la traitant d'assassin. La violence de sa réaction avait surpris Coralie. Chose rare, l'avocate avait perdu les pédales. Une affaire personnelle ? Quel lien avait-elle avec Sophia pour se mettre ainsi dans tous ses états ? Même après la découverte d'Isabelle Alami, pendue, une seringue dans le bras, maître Nour s'était murée dans une colère froide, mais ne l'avait pas injuriée. Pour la capitaine, les paroles acerbes de l'avocate avaient été la goutte de trop. Elle avait répondu à son coup de sang en la mettant en garde à vue. Elle avait même fait perquisitionner sa voiture, ce qui avait conduit à la découverte d'un sachet de cocaïne dans la boîte à gants.

Soupçonner son ancienne amie arrache le cœur de Coralie. Mais les faits sont têtus : les images effacées où elle donne quelque chose à Sophia avant que celle-ci s'éclipse, son témoignage pour se justifier d'avoir caché Sophia à Bérulle ne reposent que sur la parole de la défunte. Si cette histoire d'agression et de menace de la part des Alami est vraie, c'est que les policiers qui sont intervenus ont oublié de faire un rapport. Du soir de cette supposée agression subsiste la trace d'un appel anonyme passé au commissariat, qui signalait des troubles à l'hôtel, mais cela ne prouve rien. La plupart des personnes interrogées par l'équipe de Coralie ce matin ne logeaient pas là au moment des faits, ou alors se sont plaintes que les bagarres sont monnaie courante et qu'il leur est impossible de se remémorer un soir en particulier. Pour ce qui est du téléphone de Sophia, retrouvé sous elle, il recelait effectivement un mouchard. Mais rien n'atteste qu'il ait été piraté par Charles Alami. En revanche, plusieurs appels ont été échangés avec maître Nour. Pour l'instant, elle ne signalera pas tous ces faits au juge. Elle sait très bien que la garde à vue de maître Nour et la perquisition de sa voiture étaient abusives. Elle a perdu son sang-froid : mieux vaut ne pas l'ébruiter si elle ne veut pas recevoir un blâme. Maître Nour sur sa liste de suspects ? Il doit y avoir une explication. Et l'explication pour l'entêtée Coralie ne peut être que Charles Alami. *Doit* être Charles Alami. Voilà pourquoi elle est en route vers chez lui, sans mandat.

Pour cette visite « de courtoisie », elle s'est fait accompagner par un policier qu'elle connaît peu. Elle regrette amèrement son discret Aurélien. Le jeune homme est sympathique, mais extrêmement bavard. Un bleu qui débarque tout juste en Seine-Saint-Denis. Depuis qu'ils ont quitté le parking, il n'arrête pas de blablater sur l'état des immeubles, sur les détritus qui jonchent les rues, les poubelles qui débordent, les femmes voilées, les vendeurs de cigarettes, etc. Coralie n'en peut plus. Elle a besoin de réfléchir et ce babillage ne l'aide pas à se concentrer.

Certes, à choisir, elle aurait préféré convoquer Charles à la brigade pour un interrogatoire, mais pour le moment, il est le frère d'une victime. Une convocation aurait été perçue par ses supérieurs comme un abus. La preuve qu'elle se laissait encore aveugler par son obsession. La vérité est qu'elle ne dispose d'aucun élément contre Charles Alami, excepté une vieille rancœur – et un pressentiment. La vérité est que plusieurs signaux clignotent en direction de maître

Nour et, pour être honnête, le rôle de son acolyte Diane Choinière n'est pas clair non plus.

Coralie sait d'expérience que maître Nour est une femme prête à tout pour défendre ses clientes. Maître Nour a sa propre définition de la justice. Mais irait-elle jusqu'à tuer ? Est-ce que l'histoire d'Isabelle Alami l'aurait fait vriller au point qu'elle fasse justice elle-même ? Aurait-elle franchi une limite ? La fin justifie-t-elle les moyens ? Quel sens donner à la justice si tout le monde peut jouer selon ses propres règles et sa morale personnelle ?

Mais qu'est-ce que cette brique de cocaïne faisait dans la maison de Bérulle ? Voilà le fil qu'elle doit suivre. Elle a toujours soupçonné les frères Alami de tremper dans le trafic. Pour l'instant, elle choisit d'accorder du crédit à maître Nour et de croire que Marco Alami est venu menacer Sophia à son hôtel. Mais quelle en était la raison réelle ? Selon elle, les frères Alami servaient d'informateurs. Des appâts pour que la police attrape de plus gros poissons. Cela expliquerait la disparition du rapport pour l'intervention des flics à l'hôtel. Pour coincer les Alami, il faut que Patrick lui fasse passer des informations confidentielles C'est le chat qui se mord la queue. Sans preuve, impossible de faire tomber leur protection, et tant qu'ils sont protégés, elle ne peut pas leur mettre trop de pression.

« Vous êtes arrivé à destination. »

La voix nasillarde du GPS sort Coralie de sa transe. Le jeune policier continue son discours. D'un ton sec, la capitaine met fin à sa logorrhée.

— Maintenant, silence ! Tu ne dis pas un mot. Tu observes.

— Oui, capitaine.

Coralie n'a pas encore sonné que la porte s'ouvre sur un Charles Alami parfumé à l'eau de Cologne.

— Tiens donc, qu'est-ce qui nous vaut la visite des forces de l'ordre ? Vous auriez avancé sur le meurtre de mon frère ? Vous avez enfin trouvé des preuves qu'il a été égorgé par une féministe du Château des femmes ?

C'est physique, Coralie sent les poils se dresser sur ses bras. Elle aimerait tellement mettre son poing dans ce sourire en coin. Elle ressent tout à coup une grande nostalgie pour les films anciens et les bottins téléphoniques.

— Bonjour, monsieur Alami. J'ai malheureusement une triste nouvelle à vous annoncer. Nous avons trouvé le corps de votre ex-belle-sœur dans une forêt près de Bérulle. Veuillez accepter mes condoléances.

Charles Alami se met à rire.

— Mais je n'en ai rien à foutre de cette salope ! Vous n'avez qu'à la mettre dans une boîte et l'enterrer dans le carré des indigents. Nous l'avons accueillie, lui avons donné une famille, un nom ! Elle a voulu divorcer, mon frère n'était pas assez bien pour elle... La fosse commune, elle l'a bien méritée.

Charles Alami ferme la porte, mais Coralie a le temps de la retenir.

— Excusez-moi, mais où étiez-vous hier entre 6 heures et 10 heures du matin ?

Charles Alami devient tout rouge. Une veine se dessine dans son cou musclé, les tendons de ses bras se contractent. Il lui crache à la figure :

— Qu'est-ce que vous insinuez ? Coralie Gignac, écoutez-moi bien : depuis le décès de ma première épouse, vous m'avez dans le collimateur. Vous avez passé votre temps à la brigade des Stups à me chercher des poux. Je crois me souvenir que vous étiez tellement obsédée par ma personne que vous avez écopé d'un blâme. Alors oubliez-moi. Vous n'êtes pas mon style, je n'aime pas les femmes à la carrure de camionneur. Si vous cherchez un travail de videur ou de garde du corps, faites-moi signe, sinon fichez-moi la paix. Je vous sors par les trous de nez parce que vous n'avez pas réussi à me mettre la mort de mon ex sur le dos. Vous n'aviez qu'à faire votre travail à l'époque. C'est bien vous qui enquêtiez pour ses plaintes débiles de viol conjugal, comme si baiser sa femme ça pouvait être un viol, mais putain c'est vous qui avez fait un classement sans suite ! Alors, lâchez-moi ou je porte plainte. Je connais mes droits. Vous n'avez aucun pouvoir sur la juridiction de l'Aube et, à ce que je sache, aucun gendarme ne m'a rien demandé.

Coralie ravale sa salive et compte jusqu'à vingt pour ne pas lui sauter à la gorge quand une gracile silhouette se faufile au côté de Charles Alami. Élodie, le sourire modeste, la main droite posée sur son ventre, passe son bras gauche sous celui de son mari.

— Madame, excusez-le. Il est très sensible concernant son ancienne épouse. Il n'a pas tout à fait fini son deuil. Pour ce qui est d'hier matin, je peux vous jurer que mon mari était avec moi. Nous avons fait la grasse matinée jusqu'à 9 heures.

Charles se penche pour poser un baiser sur la tête de son épouse. Puis il adresse à Coralie un sourire à glacer le sang. Sans la quitter de ses yeux cruels où brillent la victoire et l'ironie, il referme la porte.

Ils n'ont pas encore rejoint la voiture que Coralie croit entendre des cris.

— Putain, mais qui t'a donné la permission de te mêler de mes affaires ? Mais qu'est-ce que tu peux être idiote !

Elle pourrait intervenir. Dispute familiale. Flagrant délit, mais elle sait bien que la jeune femme nierait. Coralie décide de s'accorder un répit et de se boucher les oreilles.

DIANE

8 h 30, je sors enfin du tram. Compliqué de traîner mes éclairages, mon sac photo et un chien débile. DÉBILE. Putain, il s'est encore figé. Il a fallu que je le mette en équilibre sur ma valise pour réussir à le sortir hors de la rame. Personne pour me secourir. Les gens ont préféré aider les dames avec leur poussette plutôt qu'une folle avec un monstre. Je vous jure, quand il se tétanise comme ça, on dirait une variété de chimère empaillée. Déjà, en temps normal, il n'est pas très beau, mais quand il se gèle ainsi, il fait peur. On se demande si c'est une nouvelle espèce d'animal ou un gros rat en train de se transformer en loup-garou. Le Hulk des canidés. Heureusement que Sandrine, une jeune interne qui a passé six mois au Château des femmes, était dans le même tram. Elle m'a vue et a attrapé le chien avant qu'il tombe de la valise. On l'a remis dessus. Imaginez la scène. Un chien, les quatre pattes raides, couché sur une valise à roulettes traînée par deux filles qui rient tellement qu'elles marchent courbées. Une entrée remarquée en ce jeudi matin. Bien sûr, ça a fait glousser tout le monde. Il ne faut pas croire que le Château des femmes soit un endroit sinistre. Évidemment, on y pleure beaucoup. Les histoires qu'on y raconte sont tristes à mourir. D'ailleurs, certaines en périssent. Mais c'est aussi un lieu où de nouvelles vies commencent. Un site de réparation. De respiration. Intense.

— Tu viens à ma fête demain soir ? me demande Sandrine.

— Ciel, tu as déjà fini ton stage d'internat ?

— Oui, c'est passé vite, en tout cas j'ai adoré.

— C'est à quelle heure cette fête ?

— Demain soir vers 19 heures.

— J'y serai.

J'entre dans ma salle. Je déballe mes éclairages. J'entends un petit grattement à la porte. C'est la timide Élodie.

— Bonjour, je ne vous dérange pas ?

— Pas du tout, entre, comment tu vas ?

— Ça va. Je peux voir les photos ?

Je lui sors ses tirages, quatre images que j'ai sélectionnées. Quatre images d'une jeune femme qui rit à gorge déployée. Une jeune femme joyeuse, libre. J'ai fait exprès de choisir celles où on voit ses dents, ou on voit ce sourire qui attrape le monde. Ces yeux malicieux, tellement vivants.

Elle reste là, sidérée. Elle fixe les images. Elle tire une chaise et étale, silencieuse, les clichés devant elle. Je sens qu'à l'intérieur d'elle des sentiments s'entrechoquent. Un désir. Un désir qui lui attrape le cœur. Une envie de bonheur. Je vois dans ses yeux qu'un nuage se lève. Elle entraperçoit une autre vie, un autre possible. Un avenir qui a du sens. Cette jeune femme devant elle, sur les images, pourrait boire la vie, embrasser son destin. Une larme tombe sur une des photos. De son pouce, elle l'essuie.

Je lui tends un Kleenex sans rien dire. Elle murmure :

— Mon mari est très nerveux ces temps-ci. Il n'arrête pas de crier. Il passe ses soirées à boire et à parier en ligne. Il rapporte aussi beaucoup d'argent dans des sacs de papier. Il se méfie de tout. Même de moi. Il y a quelques jours, il est parti à 5 heures du matin sans me dire où il allait, il est revenu vers 10 heures. Il avait fermé la porte à clé. Je n'ai pas pu sortir de chez moi pour aller chercher du pain. Quand il est revenu, j'ai voulu lui dire que ce n'était pas possible, qu'il ne pouvait pas m'enfermer. Il m'a saisie à la gorge et m'a crié que ce n'était pas le moment de le faire chier. Je ne pourrais pas vivre sans lui. Mon enfant a besoin d'un père. Il a un fils de quatre ans, vous savez ? C'est surtout ma belle-mère qui le garde, mais quand il vient à la maison, je vois bien que Charles pourrait être un bon père.

Un enfant doit avoir un père, c'est important. Je ne peux pas être égoïste. Il faut que je sois plus patiente.

— Élodie, s'il se comporte mal avec vous, je ne vois pas pourquoi il serait différent avec votre enfant.

Merde, j'aurais mieux fait de la boucler. Je la vois se refermer. La flamme dans ses yeux s'éteint. Elle se retourne vers moi. Une autre femme. Froide. Elle se lève, met son mouchoir à la poubelle. Elle me regarde comme si elle ne venait pas de verser des larmes amères.

— Merci, Diane, les photos sont très belles, mais je trouve que ça ne me ressemble pas. On dirait une ancienne moi adolescente, une gamine. Maintenant je suis une femme et je vais avoir un bébé. Je vous remercie, mais je vais les laisser ici.

Merde, merde, et triple merde !

Rintintin et moi la regardons partir à regret. Elle s'éloigne dans le couloir, droite, une main sur son ventre. Dix minutes plus tard, alors que je finis d'installer mes éclairages, Mathilde entre dans ma salle pour me demander si j'ai vu Élodie. Elle a rendez-vous avec elle et la jeune femme n'est nulle part.

— Je pense que j'ai été maladroite. Je suis désolée.

— Tu sais Diane, c'est leur vie. On ne peut pas faire les choix à leur place.

Quelques minutes plus tard, une autre jeune femme arrive. Sans se présenter, sans dire bonjour, elle attaque.

— Les photos que vous prenez, vous ne les montrerez à personne ?

Bonjour l'agressivité ! Je réussis finalement à l'amadouer. Elle me raconte une histoire terrible. Son petit ami croyait qu'elle avait dragué un autre mec. Jaloux, il a diffusé sur les réseaux sociaux une photo qu'elle lui avait envoyée un soir. Maintenant, elle se cisaille la peau pour ne plus ressentir la douleur de l'offense. Elle se débat contre elle-même et le monde entier. Sa vie est tout égratignée.

— Mais vous avez porté plainte ? Il y avait des preuves, ces images…

— Mais vous rigolez ? Porter plainte. Le mec qui m'a fait ça travaille pour la famille Alami. Si je porte plainte, il faut que je quitte le quartier. Et même si je disparais, il y a ma famille, ma petite sœur. Même si ce salaud va en prison, il y aura toute la bande Alami pour exercer ses représailles.

— Mais ta famille sera protégée si tu parles. S'il vous arrive quelque chose, les Alami seront les premiers soupçonnés.

— Mais ce n'est pas comme ça que ça se passe. Il n'y aura pas de « crime », dit-elle en esquissant des guillemets avec ses doigts et en levant les yeux au ciel. Ils vont pisser sur notre porte. Chier sur le paillasson. Payer des enfants pour harceler ma petite sœur. Bloquer l'ascenseur quand ma mère va revenir chargée des courses. Une accumulation de détails qui rend fou. Voilà la méthode. Ils sont puissants. Ils sont partout, contrôlent tout. Regardez Sophia. Ils ont décidé de se venger d'elle. Et bang.

Oh putain, je ravale ma salive et lui fais un joli sourire forcé. Je ne veux pas qu'elle devine ma panique. Dieu merci, il est midi. Je suis à la limite de l'hyperventilation.

Dès qu'elle est sortie de la salle, je saute sur mon téléphone pour appeler maître Nour. Putain je tombe sur sa messagerie. Je ne lui laisse pas de message, je veux entendre sa réaction quand je lui dirai que c'est Charles Alami qui a tué Sophia. Que tout le quartier le sait. Et qu'Élodie vient de me dire qu'il était parti à cinq heures un matin en début de semaine.

Voilà, je suis assez fière de moi. J'ai résolu un crime. Alors Patrick ? Qui est la plus forte ? Moi ou cette Coralie ? J'ai vraiment hâte de voir sa tête.

CORALIE

Aurélien observe sa cheffe depuis au moins quinze minutes. Il est inquiet. Elle a ouvert son ordinateur, consulté sa boîte mail… et elle ne bouge plus. Immobile, les deux coudes posés sur son bureau. La tête entre les mains. Pétrifiée. Un fond de café s'est renversé, formant une petite mare brune sur le coin du meuble. Des gouttes de la précieuse caféine tombent une à une sur la moquette. Elle ne remarque même pas la catastrophe. Devant elle, sur son écran, des résultats. Des résultats qui puent. Des résultats qui vont l'entraîner dans le labyrinthe de sa conscience. Elle a l'impression qu'elle vient de découvrir qu'elle a échoué à ses examens et qu'elle devra passer tout l'été à réviser au lieu de partir en vacances. Pire, qu'elle n'aura plus jamais de vacances de sa vie. Elle se sent lasse. Maudits résultats ! Plus jamais elle ne verra le soleil, la plage, l'océan. Son futur n'est que ciel gris, nuages et pluie.

Aurélien, d'un naturel discret, voudrait bien la laisser reprendre ses esprits, mais il n'en peut plus d'observer la tache de café s'agrandir. Alors tant pis, il s'élance et va éponger les dégâts avec des mouchoirs en papier, remettant la tasse droite au passage. Il a néanmoins frappé de ses doigts repliés l'encadrement de la porte avant de se précipiter sur la flaque.

— Désolé, capitaine, mais vous avez renversé votre café.

Coralie lève la tête.

— Merci Aurélien.

Elle saisit sa corbeille et la lui tend.

— Mettez les mouchoirs là-dedans, fermez la porte s'il vous plaît et asseyez-vous. Nous avons du pain sur la planche.

Aurélien, inquiet, s'assoit bien droit sur le siège face au bureau. Les mains jointes entre ses genoux serrés, il s'attend au pire.

— Je viens de recevoir le résultat d'ADN de la goutte de sang trouvé près du cadavre de Cyril Alami. L'analyse confirme que ce n'était pas son sang.

Aurélien retire ses mains d'entre ses jambes pour applaudir.

— Mais c'est une bonne nouvelle ! On a peut-être l'ADN du tueur.

— De la tueuse.

— Pardon ?

— De la tueuse. L'ADN n'est pas répertorié dans nos fichiers, mais les analyses démontrent que ce sang est celui d'une femme.

— Ha ! Peut-être une spectatrice qui s'est blessée ?

— Plus vraisemblablement, la meurtrière s'est coupée avec la lame, comme nous l'avions supposé. Ensuite, j'ai reçu les résultats finaux de l'autopsie de Sophia. Les gendarmes de l'Aube ont eu l'amabilité de me l'envoyer. Impossible d'affirmer qu'il s'agit d'un meurtre. Mais Sophia était bien chargée : oxycodone, tramadol, lamaline et rivotril. Je doute fort qu'elle ait obtenu des ordonnances pour un tel cocktail qui, en plus, ressemble beaucoup à celui dont son ex était friand. Donc pour résumer… Un : la meurtrière de Cyril est une femme. Deux : Cyril et Sophia avaient de la drogue dans le sang. Trois : on ne peut pas exclure que la mort de Sophia ne soit pas accidentelle. Quatre : Sophia, aidée de maître Nour, a quitté Paris sans en avertir nos services. Cinq : une quantité importante de cocaïne était cachée dans la maison de Bérulle. Six : Sophia était en relation avec maître Nour. Sept : de la drogue a été trouvée dans le véhicule que maître Nour conduisait, mais il ne s'agissait que d'une très petite quantité et la voiture lui avait été prêtée. Mais tout de même. Huit : maître Nour prétend qu'un des frères Alami serait venu menacer Sophia à l'hôtel, mais aucune preuve ne vient corroborer son témoignage. Neuf : Charles Alami a un alibi pour le matin de la mort de Sophia.

Elle se tait, regarde Aurélien qui reprend la parole.

— En résumé, maître Nour revient souvent dans l'histoire. Et il y a beaucoup de drogue.

— Bon résumé. Je soupçonne les Alami d'être des informateurs de la police et d'avoir joué de leur protection pour développer un trafic beaucoup plus important ; le meurtre de Cyril Alami est probablement lié à la drogue. Tous les indices que nous avons convergent vers maître Nour. Il faut découvrir pourquoi elle apparaît si souvent. Creuser pour découvrir son lien avec Charles Alami. Quel est le rapport de maître Nour avec la drogue ?

— Et le meurtre de Sophia ?

— C'est possible que ce soit un accident, qu'elle soit tombée. Elle ne devait pas être solide sur ses pattes avec ce qu'elle avait dans le sang. Mais ce n'est pas notre enquête. En revanche, d'où venait la cocaïne cachée dans la maison de Bérulle qui appartient à notre collègue et à sa charmante dulcinée Diane laquelle travaille au Château des femmes et est de surcroît intime avec maître Nour, ça, ça nous regarde.

— Alors qu'est-ce qu'on fait ? demande Aurélien.

— Je vais rencontrer le juge d'instruction. Je dois lui faire part de certains éléments. J'en garderai d'autres le temps d'y voir plus clair. Mais je ne peux pas faire de rétention sur les rapports d'analyse.

DIANE

Je rentre chez moi gonflée à bloc, marchant d'un pas dynamique de la gare à mon appartement. Ma valise fait un boucan terrible sur le bitume défoncé. Mon chien boite derrière moi. Les gens se retournent sur mon passage. Surtout ceux que je bouscule. Mais que voulez-vous ? Avec toutes les voitures qui stationnent à moitié sur les trottoirs, les crottes de chien à éviter, il ne reste pas beaucoup de place pour les piétons. Ma valise est lourde et difficile à manier, alors il est inévitable que, pressée comme je le suis, je bouscule des personnes sur mon passage. Je suis tellement de bonne humeur d'avoir résolu une affaire de meurtre que j'en oublie de hurler après ceux qui ne s'excusent pas.

Quand j'arrive devant chez moi, les lumières sont allumées. Patrick est donc rentré. Excitée comme une puce, je rêve de lui déballer mes brillantes théories. Grâce à moi, demain il pourra aller arrêter un assassin. Il sera ébloui par ma perspicacité. *Exit* Coralie. La profileuse de talent, c'est moi ! Je m'élance dans l'escalier pour monter quatre à quatre, mais dans mon enthousiasme j'ai oublié la valise de plusieurs kilos que je traîne au bout du bras. Stoppée net dans mon élan, je m'étale sur les marches. Mon chien, compatissant, vient me lécher le visage. C'est dans cette position que Ginette me trouve. Chose extraordinaire, Ginette est sortie faire des courses. Elle m'enjambe de ses pieds chaussés de talon aiguille et, sans même faire mine de m'aider à me relever, elle me lance :

— Bonsoir Diane. Patrick t'a dit ? Je vous attends à la maison pour dîner dans cinq minutes.

Allongée de tout mon long sur le ventre, je lève les yeux pour voir ses mollets galbés de soie monter l'escalier. Choupette daigne me faire une petite lichette sur le nez en passant. Mais comment cette femme fait-elle pour avoir des jambes aussi belles avec au moins huit ou neuf décennies dans les veines ?

Je me relève. Je crie.

— C'est bon Ginette, je n'ai rien de cassé. Tout va bien !

J'entends sa voix résonner, deux paliers au-dessus.

— Tant mieux.

Et le bruit de sa clé dans sa serrure et la porte qui se referme.

Bon, j'ai quand même un peu mal. Je pense que je vais avoir des bleus sur les tibias. Quand j'ouvre ma porte, je suis décoiffée par le son de trompette de Roy Hargrove. Patrick écoute un album du RH Factor à fond. Quand il m'aperçoit, il vient me prendre par les mains et m'entraîne pour danser. J'essaie de lui parler, mais je dois hurler ; finalement, je me laisse porter et j'oublie les meurtres et les cadavres. Je lui parlerai demain. Je décide de me changer pour aller chez Ginette.

Quand je sors de la chambre, Patrick s'exclame :

— Oh, tu es très belle. C'est joli, les bottes dorées avec cette jupe écossaise et ce haut fleuri.

— Tu trouves ? Ce n'est pas trop bigarré ?

— Je ne sais pas comment tu fais. En théorie, je ne pense pas que ce serait recommandé par les magazines de mode, mais à toi ça te va très bien.

Il en fait trop. Sa réaction est exagérée. Ça se voit qu'il veut me faire plaisir. Je me mets à rire. Ma blague a fonctionné. Je me trouve souvent très drôle. Je l'embrasse. Il m'embrasse.

— Mais non, je vais me changer ! Jamais de la vie je ne mettrais du fleuri avec des carreaux.

Je ressors, toujours riant, avec un chemisier jaune moutarde. Patrick me regarde d'un drôle d'air. Je devine qu'il pense que je me suis encore déguisée. Mon homme a des goûts plus classiques que les miens. Je ris de plus belle.

— Toi aussi, tu es beau avec ton jean noir et ta chemise de lin bleue.

Patrick me donne le bras, on se dandine sur le bruit d'une musique imaginaire que nous entendons tous les deux. Main dans la main, chaloupant, suivis de Rintintin, nous allons frapper à la porte de Ginette.

Ginette vient nous ouvrir, un petit joint à la bouche et son éternel verre de porto à la main.

Mon chien se fige : je le saisis par le collier et le traîne à l'intérieur. Dès qu'il voit Choupette, il s'agite. Guéri par la magie de cette petite chienne qui vient lui sentir le derrière.

Je ne peux me retenir de regarder Ginette avec les yeux écartés.

— Ginette, tu te drogues ?

— Ben quoi ? C'est pour mes douleurs. Attendez d'avoir mon âge, vous verrez ce que c'est que l'arthrite.

Après le repas, Patrick nous met un disque de Sons of Kemet. Nous nous levons pour danser. C'est reparti. Ginette doit ressentir une petite douleur quelque part car elle allume un autre joint. Elle virevolte sur ses escarpins à talons hauts. Un mystère. Cette femme passe son temps à se plaindre de ses souffrances et je dois m'occuper de son chien et passer à la pharmacie pour elle pendant qu'elle fume des bédos. Mais dès que l'occasion se présente, c'est-à-dire chaque fois qu'elle voit quelqu'un, même moi en milieu de journée, elle est apprêtée, coiffée, habillée chic et toujours prête à danser. Et à baiser aussi, je pense, depuis quelque temps.

— Ce n'est pas parce qu'on est grabataire qu'on doit se laisser aller !

— Ça, pour être mal en point, ma Ginette, je n'en doute pas, vu les gémissements et les cris qu'on entend la nuit depuis que tu vas sur ton appli de rencontre.

Ginette rougit. Jamais je n'aurais cru voir ça de ma vie. Cette femme a un tel aplomb, une telle mauvaise foi, que jamais je ne l'ai vue manifester la moindre gêne.

— Ginette tu rougis, mais, mais... serais-tu amoureuse ?

— Ouiiiiii.

Elle fait de petits bonds sur place en tapant des mains. Ginette adolescente. Heureuse. Le petit pétard a l'air de lui réussir.

— Je t'ai parlé de lui l'autre soir. Celui qui est habile de la langue et des doigts.

— Oh, mais il me tarde de le rencontrer ton beau Roméo. En tout cas il a une superbe voix si on en juge par les cris qu'on entend à travers les cloisons.

Et Patrick d'ajouter

— Et du coffre.

Autre fou rire général.

Quand on rentre à la maison, je suis trop joyeuse pour penser à la pauvre Sophia. À vrai dire, beaucoup de choses me sont sorties de la tête. Je ne suis que corps et désir. C'est tout étourdie et heureuse que je dors comme une bûche cette nuit-là.

Je me réveille avec le soleil dans les yeux, Patrick est déjà parti au travail. Il a ouvert les volets, il sait à quel point j'aime que la lumière me ramène au jour. Je m'étire, je suis joyeusement courbaturée et ce ne sont pas mes ecchymoses qui m'élancent le plus. Je me suis bien fait chauffer les muscles des cuisses avec toutes ces danses. Et, ô joie, je vais probablement remettre ça ce soir avec le pot de départ de Sandrine. Je peux traîner au lit. J'ai rendez-vous avec une dame pour lui remettre ses photos à 17 heures. Je vais enchaîner avec la fête. J'ai le temps de me faire belle. Deux jours de suite à m'habiller chic. Une aubaine.

Je passe des heures à me préparer. J'envoie des photos de quelques tenues à maître Nour. Pour elle, nous avons conclu que sa veste verte à paillettes serait parfaite. Ce qui, de fait, élimine ma jupe à sequins vert bouteille. Pour les occasions importantes, nous nous consultons car nous avons une étrange tendance à nous accorder, question habillement. Elle version élégante, moi version destroy, mais nous sommes souvent vêtues soit de la même couleur, soit dans le même style. C'est assez drôle, mais pour ce soir, je ne sais pas pourquoi, j'éprouve le besoin d'être belle et unique. Une armure. Les derniers jours ont été tristes et éprouvants pour l'équipe du Château. Quelques coupes de crémant vont nous faire du bien.

CORALIE

Ça y est. La guerre est déclarée. Le juge d'instruction ordonne à Coralie de concentrer ses investigations sur le Château des femmes. Pour lui, l'histoire est simple : un spectacle organisé par l'association, un ex-mari violent comme victime, et l'ADN du meurtrier est féminin. Il n'y a pas à chercher midi à 14 heures. Il faut creuser du côté du Château. Une évidence. Il ne croit pas à cette piste de drogue. Trop tirée par les cheveux. De plus, la drogue était à Bérulle : c'est le problème des gendarmes et du procureur de l'Aube. Non, il ne lui permet pas de mettre Charles Alami en garde à vue, ni de le convoquer. C'est bon, il connaît son contentieux avec cette famille. Je vous en prie, capitaine Gignac, il faut raison garder. Les Alami sont la famille de la victime. Gardez ça en tête. L'affaire Sophia Alami est classée. Il s'agit d'un bête accident. Vos amies du Château des femmes ont trop chargé son ordonnance. Elle est allée courir juste après avoir ingéré sa dose de Rivotril et de Tramadol, un malaise, elle est tombée et elle s'est fracassée la figure et le crâne. Fin de l'histoire. Je devrais vous sanctionner pour avoir omis de prélever l'ADN de toutes les personnes présentes ce soir-là sous ce chapiteau ! Oui je comprends vos arguments, avoir demandé un test ADN à toutes les femmes du Château aurait alerté la presse et déclenché un scandale. Mais, bon sang, Gignac ! Il n'est pas trop tard pour agir. Maintenant que l'affaire a refroidi, demandez un test ADN de toutes les intervenantes de ce château et aussi celui des femmes qui participaient à ce cirque, sur une base volontaire. Les innocents collaborent toujours. Et puis pendant que vous y êtes, profitez-en pour mettre le nez dans le dossier médical de cette Sophia et de quelques autres femmes au hasard. Puisque vous êtes obsédée par les drogues, nous verrons bien s'il est courant de prescrire autant de médicaments pour des femmes ne souffrant que de quelques contusions !

Lasse, elle demande à Aurélien de s'occuper de cette commission rogatoire et de contacter maître Nour, responsable juridique du Château, et le conseil de l'ordre en vue de la saisie des dossiers médicaux. En chemin elle s'achète un pot de crème glacée. Le cliché de la fille déprimée en pyjama sur son canapé, à se repasser ses séries préférées en s'empiffrant… mais Coralie n'a rien trouvé de mieux pour s'éteindre quelques heures.

DIANE

J'arrive au Château des femmes avec Rintintin. Je me sens toute légère avec ma jupe rose et mes chaussures à talons. Pour une fois que je n'ai pas à traîner un studio photo replié dans ma valise !

Sylvie, avec qui j'ai rendez-vous, m'attend. Je la sens très anxieuse. Ça arrive parfois quand j'ai des photos à donner. Déjà, la séance a été difficile. Rigide, toutes armes dehors, elle voulait tout contrôler. Le maquillage, la lumière, la pose. Sa robe ne lui seyait pas du tout. Trop serrée à la taille, trop large à la poitrine. Sans parler de la couleur et du motif. Il faut le dire, le jaune poussin ne convient pas à toutes les carnations de peau. L'imprimé Laura Ingalls style « petite maison dans la prairie » n'est pas non plus à conseiller à tous. tes. Je reconnais que je suis assez mal placée pour juger la façon dont les autres s'habillent. Moi-même, je ne recule que très rarement devant l'excentricité, mais dans le cas de cette femme, il est clair qu'inconsciemment elle a tout mis en œuvre pour saboter son image.

Je trouve que je ne me suis pas trop mal débrouillée malgré tout. J'ai dirigé mes éclairages pour qu'on ne voie pas sa robe, pour que ses cheveux se dissipent avec le fond. Elle est belle. Je lui donne les photos, très fière de mon travail. Elle les regarde, se décompose. Elle saisit son sac, en sort un stylo et elle se met à barbouiller ses portraits.

Elle crie. Elle écrase sa mine sur le tirage. Encore et encore. Elle assassine. Elle poignarde. Encore et encore avant de hurler encore et encore. Elle se lève, déroutée, tourne sur elle-même, les mains dans les cheveux. Impossible de se voir belle quand on voudrait porter en étendard les stigmates de l'injustice subie. Que le monde voie le mal qu'on nous a fait !

Je me dirige vers elle et la prends dans mes bras, j'essaie de la tenir, de ne pas la perdre, mais je n'y arrive pas. Elle est comme du sable, elle se défait entre mes mains, coule entre mes doigts. Elle se recroqueville sur le plancher. Les bras devant les yeux, la tête entre les jambes, les genoux remontés. Une boule de membres entremêlés qui gémissent. Plus rien d'humain. Une pelote de douleur. Une seule phrase intelligible au milieu des braillements : « Je ne peux plus continuer. » Elle est aspirée en arrière, dans le gouffre au fond de son âme qui la tient prisonnière. Un spectre, un être à qui elle faisait confiance avant la terreur, a mis les doigts de force dans son corps, a forcé sa bouche à avaler sa semence de purin. Un monstre sorti de sous son lit y est monté pour la déchirer.

Une créature nauséabonde. J'ai fui l'odeur de putréfaction. Mais l'homoncule s'agrippait à mes pieds et me tirait dans les ténèbres. J'étais revenu par amour, le cœur en paix. Et le voilà qui m'entraînait en enfer. Je croyais l'avoir anéanti. Mais ce démon était caché dans les replis de ma vie, de mes désirs, de mes douleurs, attendant son heure. Tout était entaché. J'étais le fœtus crevé caché au fond de son cœur vide. Enfin ce grand oiseau est apparu pour lui arracher ce muscle à coups de bec et me rendre la vie.

DIANE

Enfin, Sandrine, l'interne, arrive avec un calmant, elle la prend en charge. Je me relève. J'ai perdu un combat de boxe contre un passé féroce et cruel que rien n'a racheté, que rien n'a pu consoler. Une injustice. Un crime impuni. Un prédateur en liberté.

Sonnée, je rejoins la salle de repos. Greta se fait un café. Je lui raconte en deux mots que Sylvie vient de décompenser.

— C'est triste de constater le prix que ces femmes paient pour l'inconduite de certains hommes.

— Moi ça me ferait du bien d'en buter un, répond Greta. Un bien salaud, bien dégueulasse. Même pas besoin de le torturer, de lui lancer de l'acide au visage, de le violer ou de lui casser la mâchoire. Une mort rapide me contenterait, un coup de couteau, une balle en plein dans son cœur sec ou dans sa cervelle vide. Bang ! Au suivant.

Je la regarde les yeux ronds.

— Eh bien dis donc ! C'est un peu radical.

— Ne t'en fais pas, répond Greta. Ce ne sont pas les femmes qui tuent les hommes. Regarde le nombre de féminicides : les mecs, ils peuvent dormir tranquilles.

— Bon, ce n'est pas tout ça, il faut préparer la salle pour le pot de Sandrine. Une fête nous fera à tous le plus grand bien.

Le corps est ainsi fait que, face à un danger extrême, le cerveau recourt à deux mécanismes d'urgence : la dissociation et la sidération. Une petite amygdale nichée dans notre cerveau déclenche un court-circuit quand les niveaux d'alerte sont trop intenses. Voilà le choix que fait le corps quand on attente à son intégrité. La crise cardiaque ou se couper de ses émotions.

Mais l'information du traumatisme reste piégée dans l'hippocampe. À vie. La leçon est apprise. Dans l'urgence, quand il y a danger, il faut disjoncter, se dissocier. Comme ce fut facile d'ouvrir la gorge de ce monstre. Je me regardais faire d'en haut. Je survolais la scène. Oiseau spectateur. Comme mon cerveau l'avait appris quand, extérieur à mon corps, je les avais regardés, lui et ses frères, me saccager. Maintenant je regarde cette créature ailée rendre justice et je me demande de quelle part de moi elle s'est créée.

DIANE

Nous voilà toutes rassemblés autour de Sandrine. Elle rayonne. Elle nous présente sa mère, Mme Gennoun. Forte femme à la personnalité extravertie. Elle est tellement fière de sa fille.

— Une médecin dans la famille, vous imaginez !

Je m'approche de Sandrine pour trinquer à son succès. La fête bat son plein. Nounours arrive un peu tard, l'air préoccupé. Je n'y fais pas trop attention sur le moment. Plus tard, je remarque qu'elle y va un peu fort sur le crémant et qu'un pli se dessine entre ses deux yeux. Je l'entraîne sur la piste de danse. Elle se lève difficilement, me suit d'un pas bancal, mais rapidement elle se met à se déhancher sur la musique. Son sourire revient. Hélène nous rejoint, ses beaux yeux bleus pétillent. Un feu d'artifice. Toujours un sourire béat aux lèvres.

— Hélène, tu m'as l'air amoureuse, je me trompe ?

Un peu pompette, elle m'attire à l'écart

— Diane, tu as visé juste. Alex. Il est adorable. Je m'étais pourtant promis de rester indifférente et de ne pas prêter attention aux choses louches dans mon nouveau quartier. Mais il y a quelques semaines, j'ai jeté un œil curieux à une camionnette autour de laquelle s'agglutinaient des gamins. J'avais reconnu le petit crocodile de la marque fétiche de mon fils sur les godasses alignées sur le hayon. Une aubaine. J'ai décidé de faire une entorse à mes résolutions. Et là, un homme, petite quarantaine, ma foi, assez bien de sa personne, de beaux yeux verts, était là, lui aussi à reluquer cette dernière paire de 40. S'en est suivie une petite négociation, sourires, œillades. Je me suis surprise à flirter. Une gamine. Ma foi, lui aussi me draguait. Ce n'était pas désagréable. Il savait y faire. Charmeur sans être lourd. Élégant, courtois, respectueux. Je suis repartie avec les godasses tombées du camion, c'est le cas de le dire, et le sourire aux lèvres.

Il m'est sorti de la tête jusqu'à ce que je le croise un matin en faisant mon jogging. Il m'a invitée à prendre un thé à la boulangerie. On s'est donné rendez-vous le lendemain pour un petit entraînement. Je te laisse deviner la suite. De kilomètre en kilomètre, à petites foulées, on a appris à se connaître. C'est un homme charmant en visite dans le quartier pour une histoire de famille. Il habite Montréal. Jamais mon cœur n'a battu aussi fort.

Un tube retentit dans les haut-parleurs. *Forever my Baby*. Amour éternel. Elle m'entraîne sur la piste de danse, avec son beau sourire tout neuf.

Du coin de l'œil, je repère maître Nour qui se sert un énième verre. Son regard s'est à nouveau assombri. Elle lève sa coupe et dit d'une voix pâteuse :

— Je lève mon verre à la capitaine Coralie Gignac qui, au lieu d'enquêter sur les vrais crimes, a décidé de mettre le Château des femmes dans sa ligne de mire. Je propose un toast à nous, les criminelles.

Un silence se fait. Toutes regardent, interloquées, l'avocate.

— Il paraît que les flics ont trouvé de l'ADN du tueur et que cet ADN est du type féminin. Alors aujourd'hui j'ai été informée que les juges vont mettre le nez dans nos dossiers médicaux ! Un médecin de la cour pourra donner son opinion sur les traitements qu'on prescrit aux femmes !

Une clameur de protestation s'élève.

— Mais comment un médecin qui n'est pas formé aux violences pourra juger de notre travail ? Les douleurs chroniques, l'endométriose, les relents traumatiques…

Maître Nour lève la main pour mettre fin au brouhaha.

— Et ce n'est pas tout, mesdames, il nous sera demandé, sur une base volontaire, de donner notre ADN. Nous sommes suspectes !

— Non. Mais c'est n'importe quoi !

Je sens la colère monter en moi et chez mes consœurs. Elle est complètement débile, cette Coralie ! Putain, nous voilà dessaoulées. Greta prend la parole :

— Si je comprends bien, les soupçons pèsent sur l'une d'entre nous. Ah, c'est gai ! On passe notre vie au Château des femmes à saisir les juges, à essayer de faire bouger la justice. Rien ne se passe. Immobilité totale. Mais voilà que pour un pauvre cadavre de truand avéré, nous serions dans le collimateur juste parce que la police est trop incompétente pour trouver le criminel. Un ADN féminin et ça y est, l'une de nous serait la coupable. Cinquante pour cent de la population sont des femmes. Putain de merde.

— Oui c'est scandaleux, reprend Mathilde, moi je propose que l'on refuse en bloc de laisser prélever notre ADN.

Des cris d'approbation. La décision est prise. Nous remplissons nos verres, trinquons à notre liberté. Résistance !

La soirée se poursuit. Je suis en colère et, comme de coutume quand je suis enragée, je bois. Trop. J'ai un vague souvenir qu'à un moment maître Nour me propose de snifer une ligne et que je refuse… ou pas. Mais c'est flou. Je ne pourrais pas le jurer.

***

Le lendemain matin je me lève, pas très en forme. Un de ces matins où je n'apprécie pas, alors pas du tout ce flot de lumière qui m'inonde. Quelle idée débile d'ouvrir les volets. Puis, tout à coup, je me souviens que des femmes du Château sont soupçonnées pour le meurtre de l'autre crétin. Un électrochoc. Comme si on venait de me renverser un seau d'eau froide sur la tête. Putain, Coralie pense que c'est une de nous qui a tué Cyril ! Je mets mes leggings et mes baskets. J'ai trop d'adrénaline, il faut que j'évacue un peu. Que je me calme avant de parler à Patrick qui, malgré tout l'amour que j'ai pour lui, est policier.

Une heure plus tard, je suis de retour. Patrick me regarde frétiller dans la cuisine. J'en suis à mon troisième expresso. Rintintin dort sur le canapé, épuisé par la cadence que je lui ai imposée. Patrick ne dit rien, mais ça fait au moins trois fois que je le vois lever les sourcils.

— Tu as l'air bien en forme pour une fille qui est rentrée à deux heures du matin un peu éméchée.

— Tu contrôles ma consommation d'alcool maintenant ? Tu fais ça comment ? Au pifomètre ?

— Non, je t'ai entendue vomir.

J'essaie de m'adoucir. Une dispute ne changera rien.

— Tu veux que je te serve un café ? Ce qui m'a fait vomir, ce n'est pas l'alcool, mais le fait que nous, du Château des femmes, sommes sur la liste des suspects.

— De quoi tu parles ?

— Commission rogatoire pour avoir accès aux dossiers confidentiels des patientes, par exemple !

— Diane, calme-toi, ça me semble normal dans une enquête pour meurtre que plusieurs pistes soient explorées.

— Oui, merci. Je te signale que je me suis retrouvée en prison avec ce genre d'exploration.

— Justement, raison de plus pour rester loin de cette affaire. Tu as déjà donné.

— Merci, tu me rassures, là. Super. Bon, tu désires un café oui ou non ?

— Que d'attention ! Non merci, je suis un peu pressé, je le prendrai au bureau.

— C'est Charles Alami qui a tué Sophia. J'ai photographié Élodie qui me l'a raconté.

— Elle t'a dit que son mari avait tué Sophia ?

— Non, mais selon elle, un matin de la semaine dernière, il a quitté la maison à 5 heures du matin. Voilà, tu peux aller l'arrêter.

Patrick me regarde avec l'air inquiet. Alors je lui lance :

— Ne me remercie pas, surtout !

— Diane, je vais faire remonter cette information, mais il me semble que c'est peu léger pour une arrestation.

— Mais putain, qu'est-ce qu'il vous faut !

Je le vois saisir sa veste et se diriger vers la porte.

— OK, bonne journée. Je t'embrasse quand même ?

— Oui, tu as toujours une haleine de rose, mon amour, et je ne pourrais commencer une journée sans tes baisers.

Devant tant d'ironie, je réponds :

— Oh, tu es trop chou !

Je m'approche et l'embrasse. Au moment où je recule, il me serre plus fort. Des idées me viennent à l'esprit : il me semblait l'avoir entendu dire qu'il était en retard, peu importe, je me presse contre lui, je glisse la main un peu plus bas, j'avance mon oreille vers sa bouche, et là, à la place de la morsure que j'escomptais, il me murmure :

— Diane Choinière, pas de connerie, je te connais. Depuis une heure, je te regarde tourner en rond. Ne te mêle pas de cette affaire !

Dans un mouvement d'épaule sexy, je m'esclaffe.

— Voyons, jamais je ne m'insinuerais dans une enquête de police.

— Je suis sérieux. Reste en dehors !

Là-dessus son téléphone se met à sonner. Il me fait signe qu'il est pressé. Un petit signe de la main. Je le suis dans l'escalier et je l'entends dire :

— OK Coralie, je passe à ton bureau.

CORALIE

C'est la première fois de sa vie que Coralie n'est pas à l'heure. Même le jour où elle s'est écroulée au milieu de ses collègues avant d'être arrêtée pour *burn-out*, elle est arrivée à l'heure. C'est dire à quel point cette histoire l'irrite.

Dix minutes de retard. Elle trouve sur son bureau un excellent cappuccino, un peu tiède, et deux madeleines accompagnées d'un petit mot d'Aurélien :

Parti à l'ordre des médecins pour cette histoire de dossier. Je m'y colle. Votre collègue et ami. Aurélien

Cette délicate attention parvient à lui arracher un sourire. Elle hésite à se rendre dans la salle de repos pour réchauffer son café au micro-ondes, mais l'idée de croiser quiconque la dissuade. Elle préfère s'accorder un petit sas de bonheur solitaire à déguster son gâteau trempé dans un breuvage froid plutôt que s'obliger à distribuer des sourires forcés. La voix du juge résonne encore dans sa tête. « Capitaine, voilà la piste à privilégier. Oubliez votre lubie avec Charles Alami. Cela vous a déjà valu un blâme, la leçon ne vous a pas suffi ? Enquêtez sur le Château des femmes. Oubliez cette histoire de drogue. Mais bon sang, faites votre boulot et trouvez cette tueuse au plus vite. Il me semble évident qu'il s'agit d'une histoire de vengeance liée au divorce. Il vient pour la tuer, une femme est plus rapide que lui. Trouvez cette femme, fin de l'histoire. Cessez de vous inventer des affaires de trafics avec Charles Alami en parrain de la drogue. Vous ne faites pas une rechute, capitaine Gignac ? Vous ne nous couvez pas une autre dépression ? »

Mais qu'est-ce qu'il l'agace cet imbécile ! Heureusement qu'elle s'est bien gardée de tout lui révéler. Elle a passé sous silence ces histoires de photos effacées et de cocaïne planquée dans la voiture de l'avocate. Elle espère trouver une explication qui mettra maître Nour hors de cause. Mais peut-être que le juge a raison et que Charles Alami n'est mêlé ni de près ni de loin au meurtre de son frère. La coupable se cache peut-être au sein du Château des femmes. Ce lieu de soin devenu une plaque tournante de la drogue sous la houlette de maître Nour ? Coralie a beau se refuser à admettre que la fatalité puisse être à ce point vicieuse, les faits démontrent que, malheureusement, cela peut être une possibilité, même s'il lui semble insensé que le destin lui serve ainsi Charles Alami sur un plateau pour le blanchir encore.

Elle décide de passer un coup de fil à Patrick. Elle veut savoir s'il a pu glaner de nouvelles informations sur les liens entre les Alami et la drogue. D'où provenait la cocaïne trouvée chez lui ? Il a peut-être eu accès aux pièces rassemblées par les gendarmes de l'Aube. Elle ne peut se résoudre à abandonner cet os. Tant pis si le juge la pense folle. Elle veut bien soupçonner la terre entière si tels sont ses ordres, mais coûte que coûte elle suivra malgré tout son instinct. Elle raccroche, satisfaite. Patrick, en mission à l'extérieur, va passer à son bureau.

DIANE

À peine la porte fermée, je me précipite à la fenêtre pour voir Patrick quitter l'immeuble. C'est agréable de l'observer de dos, il a un beau cul, je dois le reconnaître.

Il se retourne, me fait un petit signe de tête. Judas, oui ! Je sais bien qu'il va rejoindre sa Coralie. De la main droite, je le salue et de la gauche je saisis mon téléphone. J'en suis encore à agiter la main droite que ma main gauche se met à vibrer. Maître Nour m'a devancée de quelques secondes.

— Mais Nounours, pourquoi tu ne m'as pas dit que Coralie nous soupçonnait de meurtre ?

— Diane, calme-toi, il ne faut pas exagérer. Tu sais, une enquête, ça va dans toutes les directions.

— Arrête ! J'ai bien vu hier que tu étais très mal.

— Hier j'avais trop bu. Je regrette ces révélations. Mais c'est vrai que c'est préoccupant. En plus, je me fais du mouron à cause de Sam.

— Sam ? Mais pourquoi ? Tu penses qu'il a tué Cyril Alami ?

— Mais non, voyons ! Mais je suis inquiète pour lui. Il a été *clean* pendant longtemps. Presque deux ans. Et l'autre jour, à Bérulle, les flics ont perquisitionné la voiture. Tu te souviens que c'était la sienne ? Eh bien ils ont trouvé de la cocaïne. Quatre grammes. Pas la mer à boire. J'ai dit à Coralie que la drogue m'appartenait. Je voulais protéger Sam.

— Mais tu joues avec le feu ! Tu risques d'être rayée du barreau !

— Non, la perquisition n'était pas justifiée. Cette trouvaille ne peut pas servir de preuve. Et puis je devrais déjà être à la retraite. Sam, lui, a encore plusieurs années de travail devant lui.

— Mais Nounours, les femmes ont besoin de toi. Tu ne peux pas te retirer comme ça !

— Pour te dire la vérité, je suis épuisée de mener des batailles perdues d'avance. Le droit n'est pas en notre faveur. Regarde le nombre de femmes qui se font tuer après avoir porté plainte.

— Mais…

— Il n'y a pas de « mais ». Si tu avais idée du nombre de fois où j'ai pu protéger des femmes, non pas grâce à mes plaidoiries, mais grâce à Sam ! Lui, il dégotte des preuves. Il a ses méthodes, ses façons de faire. Je ne lui pose jamais de question. Je ne veux pas savoir. Sam a déjà réussi à en convaincre certains de plaider coupables ou d'aller se dénoncer. Crois-moi sur parole, Sam est indispensable. Moi ? Si je ne suis plus au barreau, eh bien, j'irai cultiver des tomates et m'occuper de mes petits-enfants.

— Bon, ne bouge pas d'où tu es, je viens te voir.

— Non, ma belle. J'ai un texte à finir. Je vais me plonger dans le sexe, la tête la première. De la peau, des odeurs, des fluides, des caresses, des langues, des mains, des vulves, des pénis, des orgasmes, du plaisir, de la douceur, de la passion, de la sueur, des cris, des gémissements, de la tension, des résolutions, des muscles, de la chair. Le bonheur. Voilà qui va me changer les idées. Prends soin de toi et sois prudente.

Mais pourquoi ils me disent tous ça ? Patrick ce matin, limite menace, et là, maître Nour. Ils me cachent quelque chose. Putain, je suis certaine que la Coralie me soupçonne. Elle veut m'envoyer en prison. Haha, trop facile. Moi derrière les barreaux. Trop heureuse de remonter le moral à Patrick. Je commence à me gratter le cou. J'en suis presque à la jugulaire quand j'entends Nounours :

— Je dois y aller. Je t'embrasse.

Click.

Me voilà le téléphone collé à la joue avec plus personne au bout du fil. Au bout de quoi, en fait ? D'une onde, d'une fibre, d'un signal, d'un satellite, d'un câble enterré au fond d'un océan ? Parfois j'imagine la planète bombardée d'ondes avec de longues cicatrices creusant sa chair, des fils, des pylônes, des tuyaux. Si j'étais un kangourou au milieu de ma savane, à regarder les avions passer, je pense que je serais un marsupial hyper énervé. Mais je suis une humaine qui profite de toutes ces horreurs. C'est fou comme on vit dans un monde qui nous échappe. En tous cas qui m'échappe à moi. En fait, je suis dans un monde magique. Je touche à un interrupteur et la lumière se fait, je tourne un bouton sur ma cuisinière et il y a de la chaleur. Mille choses autour de moi auxquelles je ne pense pas. Mais si l'un de mes ancêtres débarquait là, au milieu de la cuisine, qu'il me voyait appuyer sur un petit cercle blanc, rester là à parler de la pluie et du beau temps pour, quelques secondes plus tard, lui tendre un café aux grains fraîchement broyés, il me prendrait pour une chamane. Pourtant, il me semble qu'être chamane implique de connaître intimement le monde qui nous entoure. Moi, je suis plantée là avec ce téléphone sur lequel je passe des heures le nez collé et je suis incapable d'expliquer comment ça se fait que je puisse parler à qui je veux où qu'il soit. C'est un beau résumé de ma vie. J'ai l'impression d'être au milieu d'un théâtre où les décors et les acteurs changent tout le temps alors que moi je n'ai toujours pas tout à fait saisi ce que je fais là.

Il est clair qu'on me cache quelque chose. Et merde, j'ai oublié de raconter les aveux d'Élodie à maître Nour sur le meurtre de Sophia.

J'hésite. Pas très longtemps. Je me dis que puisque j'ai cet objet de Merlin l'Enchanteur entre les mains, je vais en profiter pour appeler Coralie Gignac et lui faire part de la confession d'Élodie. Comme ça, ce sera réglé et elle pourra laisser le Château des femmes en paix. C'est clair que si Charles a tué Sophia, c'est qu'il finissait le travail que son frère avait bâclé en se faisant lui-même égorger. Et, soyons logique, si Cyril Alami voulait vraiment commettre un féminicide, il n'y a pas eu meurtre, mais neutralisation d'un assassin. De la légitime défense par personne interposée. Si on retrouve l'égorgeuse, il faut la remercier et lui remettre une médaille. Si Charles est allé tuer Sophia, le meurtre de son frère aura été inutile, on peut donc logiquement conclure que Charles Alami est coupable d'un double homicide.

Je m'apprête à composer le numéro que j'ai trouvé dans les pages jaunes quand une petite lumière s'allume dans mon cerveau et m'arrête juste à temps. J'allais faire une bêtise. Si je téléphone à l'accueil du commissariat, jamais on ne me passera Coralie. Je vais l'appeler sur son portable. Je déniche dans le fond d'un tiroir mon violentomètre où j'avais inscrit son numéro dans la marge. Tsut, tsut ! Je réalise que si je l'appelle sur son portable, elle va trouver étrange que j'aie son numéro. Elle va me demander comment je l'ai obtenu, je ne pourrai tout de même pas lui dire que je l'ai récupéré dans les contacts de Patrick. Ce serait avouer que j'ai fouillé dans ses affaires pendant qu'il prenait sa douche. Que j'ai regardé ses messages. C'est certain que j'aurais l'air d'une folle, et que je devrais me justifier d'espionner mon conjoint. Alors je fais comme dans les vieux feuilletons, je vais chercher un mouchoir que je pose entre ma bouche et le téléphone.

CORALIE

— Salut Patrick, génial que tu sois venu. Assieds-toi.

— Oui, mais je n'ai pas beaucoup de temps, je dois rejoindre Lambert sur une planque.

— Alors je fais vite. La mort de Sophia Alami a été classée : un accident. Ce sont les gendarmes de l'Aube qui enquêtent sur la présence de drogue dans ta maison. Le juge d'instruction de Bobigny me met la pression pour que j'oublie les Alami et que je concentre l'enquête sur le Château. Interdiction de convoquer Charles. Je dois considérer les membres de cette famille comme des victimes et non comme des suspects. Voilà le topo. Si je n'ai rien de tangible, impossible de m'approcher d'eux sans me faire taper sur les doigts.

— En effet, cette volonté du juge de ne pas regarder du côté des Alami est étrange. Peut-être qu'il adore leur kebab. Blague à part, Diane prétend que le matin de la mort de Sophia, Charles était parti de chez lui au petit matin.

— OK, je note. Mais sa femme jure qu'il était avec elle, et de toute façon le dossier Sophia est classé comme un accident.

Coralie tend un papier à Patrick.

— Mais regarde les résultats de toxicologie. Sophia était bien chargée pour une oie blanche. Et que faisaient 200 grammes de cocaïne sous ton évier ?

— Aucune idée. Ce qui est certain, c'est que cette drogue n'était pas à moi. Appartenait-elle à Sophia ? Ou quelqu'un l'aurait mise là pour une autre raison ? Je ne veux pas te vexer, mais je pense que ce n'est pas pour rien qu'on t'a laissé ce dossier.

— Que veux-tu dire ?

— Disons qu'il y a des rumeurs persistantes d'une circulation de drogue dure dans le quartier. Mais aucune enquête ne vise les Alami. Ce qui est étrange, selon moi. Vu tes antécédents, peut-être que des gens haut placés misent sur le fait que tu vas réfléchir à deux fois avant de désobéir à des ordres qui te commandent de ne pas trop regarder dans leur direction. Je vais discrètement observer leurs allers et venues. Toi, essaie de ne pas attirer l'attention de tes supérieurs.

— Merci. Tu as l'adresse ?

— Oui tu me l'avais envoyée par texto.

— Ton intérêt ?

— L'amour. Et la justice, bien sûr. Mais est-ce que l'un peut aller sans l'autre ?

Alors que Coralie s'apprête à lui répondre, son téléphone se met à sonner. Elle fait signe à Patrick de l'excuser. Elle ne connaît pas le numéro qui s'affiche.

Par réflexe, elle le note sur une feuille. Patrick blêmit, il reconnaît cette suite de chiffres. Il regarde la capitaine lever les yeux en l'air. Elle se gratte le cuir chevelu avec son crayon. Patrick la connaît assez pour savoir que ce geste d'énervement ne présage rien de bon.

— Et vous êtes qui ? Écoutez, madame, je ne vais certainement pas vous donner des renseignements concernant une enquête, et si vous avez des éléments, présentez-vous au commissariat.

Coralie pose le téléphone et regarde Patrick dans les yeux avec un petit sourire narquois.

— Amour et justice ?

Patrick se ronge nerveusement les ongles. Une petite collation de cuticules. Des ongles, depuis qu'il fréquente Diane, il ne lui en reste presque plus. Il brûle de poser des questions sur le mystérieux appel. Mais il ne va certainement pas attirer l'attention sur cette parenthèse. Il tente plutôt de faire comme si de rien n'était jusqu'à ce que Coralie se penche vers une boîte de mouchoir pour lui en tendre un.

— Patrick, tu saignes. Je pense que tu es arrivé à l'os. Si tu veux encore pouvoir remplir tes rapports sur ton ordinateur en te servant de plus de deux doigts, tu devrais arrêter de te grignoter le majeur.

— Oh purée ! Un tic nerveux : excuse-moi, je vais aux toilettes me laver les mains.

Patrick ferme la porte, s'assure qu'il n'y a personne dans les boxes. Il allume les trois robinets à fond. Il espère que le bruit va couvrir sa voix. Une prescience, une illumination, une vision. Il revoit la fébrilité de sa compagne ce matin. Parfois, il regrette qu'elle se soit sevrée des anxiolytiques. Il n'est pas médecin, mais il lui semble qu'il aurait plus de kératine à se mettre sous la dent si elle avalait un ou deux Xanax de temps en temps.

Il sent la connerie dans l'air comme il sentait son chamallow brûler quand il était enfant. Un drame, un gâchis, là, au bout de son bâton. Trop tard pour l'éloigner de la flamme. Il a déjà commencé à cramer. Il ne reste qu'à souffler dessus jusqu'à s'époumoner en se croisant les doigts pour que le feu s'éteigne avant qu'il soit carbonisé et bon à jeter.

DIANE

Putain, mais c'est bien elle ça, elle ne me laisse même pas le temps de m'expliquer et me raccroche au nez ! Pas étonnant tous ces ratés de la justice si la police ne prend pas le temps d'écouter les renseignements donnés par d'honnêtes citoyens. Je viens juste de lancer mon téléphone à travers la pièce quand il se met à sonner. Je regarde autour de moi pour essayer de localiser la sonnerie quand je vois mon brave Rintintin avancer vers moi, le cellulaire dans la gueule.

— Allo ? Brave chien.

— Brave chien ? Diane, je croyais que tu refusais qu'on emploie des petits mots entre nous, mais, si tu changes d'avis, appelle-moi au pire mon toutou, mais pas brave chien.

— Mais non, mon pitou d'amour, je parlais à Rintintin.

— Quoi qu'est-ce que tu dis ? Je t'entends mal. On dirait que ton téléphone est bouché.

Je hurle :

— Attends deux secondes. Moi aussi j'ai du mal à t'entendre. On dirait que tu murmures et que tu es dans une grotte où il y a des trombes d'eau qui coulent.

Je me précipite dans la salle de bains, j'attrape une serviette, j'essuie le téléphone et, tant que j'y suis, je me passe de l'eau sur la figure pour enlever les traces de bave laissées par Rintintin sur l'écran. Finalement, ce n'était pas très judicieux de le dresser à le retrouver quand il sonne.

— Allo, tu m'entends mieux ?

— Oui, Diane… Qu'est-ce qui t'a pris d'appeler Coralie anonymement ? Et comment tu as obtenu son numéro ?

— Je voulais l'aider, la prévenir que Charles Alami a sauvagement assassiné Sophia.

— Diane, arrête avec cette histoire. Ne te mêle pas de cette affaire.

— Allo, allo, allo ? Je ne t'entends pas ! Tu peux parler plus fort et t'éloigner des chutes du Niagara ?

Et je raccroche. Merde. Merde. Si j'avais besoin d'une preuve, la voilà. Patrick était avec elle, alors que ce matin il m'a dit qu'il passait la journée en planque avec Lambert. Putain. Je ne vais pas me comporter comme un de ces mecs jaloux et possessifs. Mais tout de même, je ne suis pas paranoïaque. On est bien d'accord qu'il n'y a pas de douche dans les bureaux de la police. Mais dans les hôtels, si ? Putain. Je ne vais pas faire une crise. Je ne suis pas comme ça. Chacun est libre. Nous sommes des adultes. C'est à moi de faire renaître la passion entre nous. Je ne vais pas m'en prendre à cette p… Non, non, non. Pas de rivalité. Je ne vais pas m'en prendre à Coralie. Je vais reconquérir mon Patrick par mon intelligence. Voilà. Je donne un coup de pied dans le vide et je me mets à crier. Mon chien hurle. Une vraie crise de nerfs. Je sors de ma transe quand je sens qu'on me verse du porto dans la bouche. Ginette, alertée par nos rugissements, est entrée voir si je n'éventrais pas quelqu'un. C'est elle qui me verse son élixir de prédilection dans la gorge. Aux grands maux les grands remèdes. Je reprends mes esprits quand j'ai fini de tousser. Elle a failli m'étouffer avec l'alcool. Une fausse route.

Je lui explique la raison de mon désarroi. Elle est d'accord avec moi. Ma seule solution est de prouver que je vaux mieux que cette… de Coralie. Je dois faire revenir Élodie sur ses déclarations. Je dois prouver que j'ai raison. Que ce n'est pas une lubie. Charles Alami est coupable. Il faut que j'aille chez elle la convaincre de dire la vérité. Déjà, je libère Élodie des griffes de son mari qui ira croupir en prison ; ensuite, je résous une histoire de meurtre ; puis je libère un quartier du trafic de shit ; enfin, je sauve le Château des femmes. Maître Nour peut continuer à exercer. Je suis une héroïne. Patrick se traîne à mes pieds pour que je lui pardonne ses infidélités et Coralie est rétrogradée à la circulation.

Ginette décide de m'accompagner. Quelle bonne idée. Rien de mieux qu'une grand-mère pour arracher des aveux. Mais elle refuse obstinément que je prenne le volant. Selon elle, je ne suis pas en état de conduire. Une heure et demie plus tard, nous sortons enfin tous les quatre – bien sûr, Rintintin et Choupette nous accompagnent – de l'autobus. Ginette, qui ne sort pas souvent, est toute guillerette. Moi je suis assommée par les trois changements qu'il a fallu se taper pour atteindre le quartier des Fleurs. Ginette s'émerveille de tout. Elle a même apporté des bonbons. Quand elle voit deux gamins assis dans des fauteuils en cuir au pied d'un immeuble se mettre à siffler entre deux bouchées de kebab, elle se met à les applaudir.

— Mais bravo ! Comment avez-vous appris à siffler comme ça ? Tenez, j'ai des sucettes.

Les deux gamins, trop jeunes pour avoir du poil au menton, mais déjà assez vieux pour avoir eu affaire à des adultes malveillants, observent Ginette d'un air menaçant. Je la tire par la manche, allez viens, tu ne vois pas que ces jeunes font du trafic ? C'est dangereux de leur parler.

Finalement, le plus grand des deux sourit. Il s'approche, les yeux brillants, pour prendre la sucrerie que Ginette lui tend. Elle avait raison. Ce sont des enfants. Avec le bâtonnet qui lui dépasse de la bouche, le plus jeune se met à caresser Choupette. La chienne se roule sur le dos. Les deux bambins rient de ses cabrioles. Quant à Rintintin, comme toujours dans les moments inopportuns, il s'est figé et ne bouge plus.

Je prends mon chien dans mes bras et mets fin à cette jolie scène intergénérationnelle.

— Allez viens Ginette, la rue est juste là.

— Qu'est-ce que tu regardes comme ça ? me lance Ginette, on dirait que tu imites ton chien.

— Ha ha, très drôle. J'ai cru entrapercevoir Hélène, avec qui je travaille au Château. Elle était avec un mec, eh bien dis donc ! Si c'est lui son Alex, il est vraiment beau. Ils sont repartis vers la cité.

Nous arrivons dans une allée pavillonnaire à l'ombre des immeubles.

— On va à quel numéro ?

— En fait, je n'ai pas le numéro.

— Alors comment tu connais le nom de la rue ? me demande Ginette avec perspicacité.

Je me sens un peu ridicule. Mais il s'agit de Ginette, je pense que je peux m'ouvrir à elle sans qu'elle me juge.

— Disons que parfois Patrick laisse traîner son téléphone. Coralie a la manie de lui envoyer des messages quand il est sous la douche ou sorti faire une course. Chaque fois, il laisse son téléphone sur le coin de la table, ah, les hommes... Je pense toujours que je reçois un message important, alors avant de m'apercevoir que ce n'est pas mon téléphone, il m'arrive malencontreusement de lire ses messages, et j'ai cru voir l'adresse de Charles Alami apparaître.

Je vois le scepticisme se dessiner sur les traits de Ginette.

— Ginette, ne fais pas cette tête. Ça te creuse une ride sur le front que tu ne vas pas aimer. Tu vas être obligée de te faire faire une injection de Botox.

— Merci de ta sollicitude. Moi, ce qui me chicote c'est que tu viens de me dire que tu as regardé le téléphone.

— C'est bon. J'avoue que j'espionne un peu Patrick.

— Diane, je suis d'accord pour t'aider dans ton enquête, bien que je sois ici surtout pour te protéger car tu me sembles un peu novice. Moi, avec tous les feuilletons policiers que je me suis enfilés le soir devant mon écran avant de faire la connaissance de mon amant, je peux t'apporter mon expertise. Laisse-moi te dire, ma petite, que je ne crois pas une minute à tes délires « Patrick me trompe ». Là, ce que tu fais, fouiller dans ses affaires, l'accuser de passer ses matinées à l'hôtel avec une collègue, c'est n'importe quoi. On dirait que tu ne connais pas ton homme.

— C'est plutôt toi qui ne connais pas les hommes. Viens passer une journée avec moi au Château des femmes et tu viendras m'en reparler des hommes.

— Ma pauvre fille, tu perds complètement les pédales ! Je n'ai peut-être jamais mis les pieds au Château des femmes, mais j'ai écouté tes histoires et à mon âge, ça fait presque cent ans que je les fréquente, les hommes. Et les agresseurs dont tu me parles tout le temps, ce ne sont pas des hommes, ce sont des bêtes. Et encore ! c'est insultant pour les animaux, ce que je dis. Ton Patrick, lui, c'est un homme. Et toi, tu devrais te comporter en femme. Franchement, je trouve qu'au lieu de l'espionner, de le surveiller comme tu le fais, tu devrais t'asseoir avec lui et lui parler. Tu devrais réapprendre à lui faire confiance et à l'aimer. Parce que là, je ne trouve pas que tu as l'air d'une femme amoureuse, mais d'une folle possessive, égocentrique et égoïste et…

Le ton monte, Choupette tourne autour de nous en jappant.

— Attention, quelqu'un ouvre la porte, me dit Ginette.

Une jeune dame brune, très belle, se tient sur le seuil de la maison devant nous. Bingo, c'est Élodie.

— Je peux vous aider ? Vous cherchez quelque chose ?

— Heu… Non, on se promenait, c'est tout.

— Mais Diane… (elle se tait, regarde à droite à gauche, et chuchote :)… que faites-vous devant chez moi ?

Deux personnes passent dans la rue. Elle baisse la tête, les salue poliment. Je la sens nerveuse.

— Entrez, allez, allez, entrez vite. Non, non, vous attachez les chiens dehors. Mon mari ne supportera pas que je laisse un animal s'introduire dans la maison.

Quelques minutes plus tard, nous sommes attablées devant des verres de thé à la menthe.

— Vous m'excuserez auprès de Mathilde, je n'ai pas pu venir aux rendez-vous. Vous comprenez, depuis le meurtre de son frère, mon mari est à cran, me dit Élodie.

Elle a les mains qui tremblent. Des larmes coulent. Elle s'excuse en s'essuyant les yeux. Sans maquillage, la traînée rouge sur sa joue est bien visible. Du jaune ourle sa paupière.

— Vous voulez des gâteaux ?

Pas le temps de refuser, elle se lève. Elle sort une assiette, y jette quelques biscuits et la dépose devant nous avant de s'excuser encore une fois et de s'éclipser à la salle de bains. Quand elle revient, elle s'est repoudré le nez et le courage.

— Excusez-moi.

Encore une fois. C'en est presque énervant, cette manie qu'elle a de toujours s'excuser.

— Pourquoi êtes-vous venue ? C'est le Château des femmes qui vous envoie ?

— Non, non, pas du tout. Je voulais vous voir.

— Ah bon ? Vous auriez dû m'appeler au lieu de venir comme ça. Vous auriez pu tomber sur mon mari.

— Et ça aurait été un problème ?

— Bien sûr, il n'aime pas que je rencontre des gens dans son dos. Sa famille habite autour. Ils me surveillent. Sa mère vit à deux maisons d'ici. Son frère Marco juste derrière.

— Eh bien, répond Ginette, le quartier vous appartient à ce qu'on dirait. Vous avez fait un beau mariage, comme on disait dans mon temps.

— Vous savez, officiellement la famille n'a rien. La maison, la voiture, les commerces. Du vent, que du vent. Il est malin mon mari, pas d'impôts à payer.

Ginette plisse le front.

— Malin, malin, si vous divorcez vous serez sur la paille, ma petite.

— Mais je ne vais pas divorcer. J'essaie de ne pas énerver mon mari et d'être une brave épouse. Ma belle-mère me dit d'être patiente, c'est normal que les hommes soient stressés avec l'arrivée d'un enfant. J'ai l'espoir, avec ma thérapie au Château des femmes, de sauver mon couple. Excusez-moi, je vais vous préparer encore du thé.

— Non merci, ça ira.

— Vous pouvez me rendre service ? S'il vous plaît, ne dites pas que vous êtes du Château des femmes. Je vais vous donner un sac de vêtements et, en sortant, si vous pouviez me remercier assez fort pour que les voisins entendent. Du genre : « merci madame, pour votre contribution à Emmaüs ». Non, non, aux Restos du Cœur plutôt. Ils sont plus connus dans le quartier.

— Bien sûr.

Et la voilà qui se lève pour re-remplir la théière. Comment je vais faire pour me retenir sur le chemin du retour ? Deux litres de thé à la menthe, c'est certain que ma vessie va éclater avant Alfortville. Il est déjà 15 heures. Il faut que j'aborde le sujet du meurtre. Mais elle se remet à parler. Un vrai moulin. C'est clair que sans le vouloir nous sommes tombées dans un guet-apens. Cette femme a un besoin vital de compagnie. Elle est à un point de rupture.

— Et ça ne pose pas de problème si votre mari arrive et qu'il nous voit ?

— Charles est parti ce matin pour deux jours. Pour les affaires. Ne me demandez pas de quelles affaires il s'agit. Tout ce que je sais, c'est que quand il part comme ça de bon matin, il est nerveux. Je dois me lever avant lui, lui préparer son petit déjeuner. Son café doit être sur la table à 6 h 30 précises. Pas trop chaud ni tiède. Je dois déjà être habillée et maquillée. Il ne veut pas me voir négligée. C'est vrai quoi, il mérite une femme. Une vraie. Normal qu'il n'ait pas envie de voir une loque en se réveillant. Il était vraiment sur les nerfs ce matin. Je le comprends, avec le deuil de son frère. Et ce déplacement, le pauvre, il est inquiet d'avoir à partir à un si mauvais moment. Mais le travail, vous comprenez ? Et moi qui ne fais pas attention, je lui ai servi son café trop chaud, il s'est brûlé la langue alors il m'a lancé la tasse en pleine figure. Un réflexe. Il part avec le nouveau, Alex. Ça le rend nerveux. Charles l'a pris sous son aile parce qu'il ressemble à son meilleur ami Yanis qui est mort dans un accident quand ils étaient jeunes. J'aurais dû faire plus attention.

— Élodie, ce n'est pas votre faute. Vous savez que si ça n'avait pas été le café, cela aurait été autre chose. C'est lui qui a un problème.

Alex ? Le Alex d'Hélène ? Sûrement un hasard. Des Alex, il y en a plein. Ça court les rues, les Alex.

Silence. Ginette et moi échangeons un regard. Je sens ma vieille amie sur le point d'exploser. Je pense qu'elle va avoir besoin d'aller chez sa dermatologue pour ses piquouses. Je la vois se friper de colère en direct. Je sais qu'elle est sur le point de se lever, de prendre Élodie par les cheveux, de la traîner dans sa chambre, de l'obliger à faire ses valises et basta ! Je lui fais signe de se calmer. Toutes les deux, nous regardons la jeune femme au ventre arrondi. Elle déchire son mouchoir en confettis, le regard ailleurs. Des morceaux tombent sur son pull. Petites plumes d'oisillon sacrifié.

Je me tords sur ma chaise. L'effet de la deuxième théière. Je gigote, je serre les jambes, je change de position, j'en ai les larmes aux yeux. Je déborde tellement j'ai envie de pisser.

Néanmoins, je prends sa main. La serre fort.

— Revenez au Château des femmes. Acceptez l'aide qu'on peut vous donner. Arrêtez de rêver de vivre. Vivez. Prenez le risque. Vous le dites vous-même, rien ici ne vous appartient. Tout est en sursis, votre vie est en sursis. Vous n'avez aucun avenir autre que d'encaisser des coups. Il est temps de vous battre. Une autre vie est possible.

Elle essuie une autre larme, j'en profite pour avancer mes pions.

— Vous pourriez aussi dire la vérité à la police pour le matin où Sophia a été tuée.

Elle me regarde, outrée. Je vois son visage changer. Elle se ressaisit. Je viens de la perdre.

— Mais de quoi vous parlez ? Sophia a eu un accident. C'est malheureux, mais mon mari n'a rien à voir avec ça. Je ne vais quand même pas le livrer à la justice. Je ne suis pas une de ces salopes qui traînent leur mari dans la boue. Il est trop stressé c'est vrai, ça le rend violent parfois, je veux bien l'admettre, il va se faire soigner, ça va aller mieux, mais ce n'est pas un assassin.

Sur ces belles paroles, je me lève précipitamment. Je n'en peux plus.

— Où sont les toilettes ?

J'écoute à peine ses indications tellement je me hâte comme une folle. Au lieu de prendre la porte de droite, j'ouvre celle de gauche. Je l'entends hurler : « non, pas là, c'est le bureau de mon mari, c'est interdit… », mais j'ai déjà ouvert la porte pour me retrouver face à face avec une affiche porno hardcore d'une très jeune fille qui lèche un flingue, vêtue d'une seule paire de chaussures noires à talons aiguilles juste au-dessus d'un bureau où trônent une liasse de billets et des petits sachets transparents contenant de la poudre blanche. Putain, le choc. Incapable de me retenir, je pisse dans ma culotte.

Vingt minutes plus tard, nous repartons, Ginette et moi. Comme convenu, nous avons chacune un sac de vêtements dans les bras. Au fond du mien, mes jeans et mon calcif de coton mouillés. À la place, je porte un string de dentelle noir qui me gratte devant et qui me scie la raie des fesses. Super inconfortable. C'est tout ce qu'Élodie a pu m'offrir : les dessous que son mari l'oblige à enfiler. Par-dessus, en revanche, j'ai une grande jupe grise de lycra trop longue avec des fils d'argent. Ça gratte. Ce n'est pas ce qui s'agence le mieux avec mes bottes de cow-boy et mon blouson de cuir, mais bon. Heureusement qu'Élodie a trouvé un vêtement qui m'allait. Me voilà donc accoutrée comme une folle à hurler avec Ginette au milieu de la rue.

— Merci, madame Alami, c'est très généreux de votre part de donner aux Restos du Cœur. Au revoir.

Élodie claque la porte. Je peux mesurer sa colère au nombre de décibels que font les gonds.

On n'est pas sorties de l'allée qu'une voisine arrive avec deux sacs Lidl remplis de vêtements pour nous les donner.

Encore heureux qu'elle ne nous invite pas à prendre le thé !

— Bon, avec tout ça on n'a pas beaucoup avancé dans notre mission. Je ne pense pas que la belle soit prête à revenir sur sa déposition. Elle a tellement l'air sous emprise que je doute qu'elle le comprenne avant de crever sous les coups de son mari. Et encore, j'ai l'impression qu'elle lui trouverait des excuses.

— Et si on allait demander des vêtements chez le Marco ? Celui qui avait asséné des coups de pied dans la porte de l'hôtel de Sophia ? Juste pour voir sa tronche ? me propose Ginette.

— Quelle bonne idée !

Pour rejoindre la rue qui donne derrière la maison d'Élodie, il faut repasser dans la cité.

— Oh merde !

— Qu'est qu'il y a ? s'inquiète Ginette.

— On a oublié les chiens. Bon j'y vais vite, attends-moi ici avec les sacs.

Je fais un petit sprint pour récupérer Rintintin et Choupette, restés sagement assis. Je repars en les traînant par leur laisse. Je viens de tourner sur le rond-point qui mène dans la cité quand j'entends un cri. J'accélère. Je ne vois pas Ginette. Je me mets à gueuler.

— Ginette, Ginette !

Les chiens m'échappent. Je contourne le pavillon et je vois ma Ginette pétrifiée.

Elle est immobile sur la terrasse de la maison du fameux Marco. Choupette fait des bonds pour essayer de la réveiller. Une grande porte vitrée est ouverte devant elles. La lumière et les sanglots viennent de cette pièce. Je m'approche en courant. Je devine un lit, une commode : une femme est attachée les bras en l'air et les yeux bandés, un cadavre est ficelé au lit avec quelque chose dans l'anus, du sang, beaucoup de sang. Je détourne le regard de ce Sodome et Gomorrhe pour prendre Ginette dans mes bras. Elle me serre. Dieu merci, elle revient à la vie, ma courageuse femme de Loth, elle n'a pas été changée en statue de sel.

Si l'homme est un loup pour l'homme, comment nommer ces bêtes qui dévorent leur femelle à pleines dents ? Qu'est-ce que ces monstres qui éventrent leur mère pour en arracher la vie à la racine ? Les babines en sang, les crocs acérés enfoncés dans la peau de leur ascendance ? Ne voient-ils pas qu'ils sont de la même chair ? Qu'ils sont sortis de ces ventres ? Qu'ils se sont nourris à ces seins ? Voilà que j'ai un de ces monstres devant moi. La bave aux lèvres devant sa victime. Son agneau sacrificiel. Offert à tous les démons. Quelle est cette cruauté qui déshumanise ? Vient-elle d'une maladie de l'âme, d'une déformation du cœur ?

Impossible qu'il puisse encore vivre une heure de plus. Impossible qu'il utilise une heure de vie pour humilier, salir, détruire, blesser encore une autre innocente. C'est toute l'humanité cette fois qui va se tordre avec le martyre de cette enfant. Je suis le Gabriel de l'Apocalypse. Je ne brandis pas le glaive par vengeance, mais pour sauver le dernier refuge où les âmes humaines pourront encore s'abriter quand les portes de l'enfer s'ouvriront.

CORALIE

Pour dire la vérité, Coralie s'ennuie ferme. Les seuls éléments intéressants des dossiers médicaux qu'elle examine sont les ordonnances consignées dans celui de Sophia. En effet, la dame semblait souffrir de douleurs chroniques justifiant la prise de médicaments, dont des opiacés. Mais sans le dosage exact, impossible à obtenir, des drogues contenues dans son sang, elle ne pourra jamais savoir si Sophia était consommatrice de la cocaïne retrouvée sous l'évier de Bérulle. Par miracle, son adjoint déboule dans son bureau et la sauve de la morosité.

— Capitaine, désolé de vous déranger, mais il y une urgence. Marco Alami a été tué. Une voisine a entendu une dame crier et un chien aboyer. Une voiture a été envoyée sur place et les policiers ont découvert le corps.

DIANE

Nous sommes encore là, dans les bras l'une de l'autre, quand la police arrive, toutes sirènes hurlantes. L'un des policiers se précipite à l'intérieur pendant qu'un autre nous conduit à l'écart. Ginette est encore tremblante. Le policier l'aide à s'asseoir sur une chaise de jardin, puis nous apporte ce qui me semble être des carrés d'aluminium.

— Voilà des couvertures de survie, mesdames.

S'adressant à Ginette.

— Madame, vous allez bien ?

— Oui, merci. Ne vous occupez pas de moi, faites votre travail. Ça ira.

Il rejoint son collègue. Des sirènes résonnent. D'autres véhicules de police arrivent. Un vrai branle-bas de combat.

CORALIE

Coralie sent l'adrénaline se faufiler dans ses veines. Une accélération du cœur comme lorsqu'on va à la rencontre du destin. C'est peut-être sa chance de remettre cette enquête sur les rails, d'avoir le feu vert pour accabler les Alami. Impossible que ce meurtre n'ait aucun rapport avec celui de son frère Cyril. Deux cadavres ! Si ça, ce n'est pas un règlement de comptes ! *Yes*, elle a vu clair. Non, elle n'a pas été aveuglée par sa fixette sur Charles Alami, elle a eu raison de suivre ses pressentiments. Elle pourra prouver à ses supérieurs que c'est ce qui fait d'elle une si bonne enquêteuse. Cette façon qu'elle a de deviner la forêt qu'un arbre cache.

Dans la voiture que conduit Aurélien, elle se concentre sur le « pin-pon » de la sirène. Un mantra pour se mettre en hypervigilance, un genre de méditation. Coralie sait qu'elle doit se transcender. Le moindre indice pourra devenir un argument pour convaincre le juge d'instruction d'abonder dans son sens et de cesser de penser qu'elle ne s'est jamais remise de son traumatisme. C'est vrai qu'elle est persuadée que Charles Alami a tué sa première femme et déguisé son crime en suicide. Oui, ça la rend malade de le savoir blanchi en partie par sa faute. Mais elle n'affabule pas sur la drogue pour l'accabler. Elle sait qu'elle a raison. La résolution de son enquête ne tient peut-être plus qu'à un cheveu, à une goutte de sang, à un témoignage, à une personne qui aurait vu quelque chose d'inhabituel.

Une équipe scientifique a été dépêchée sur place. Le grand tralala habituel.

DIANE

J'ai perdu Rintintin. Je me lève et me mets à l'appeler quand je réalise que la statue de loup que j'ai cru deviner dans la pièce était mon chien. Tant pis, qu'il se débrouille, pour rien au monde je ne pénétrerais dans cet enfer. Toutefois, je vais voir un des policiers.

— Monsieur, je suis désolée, mon chien est à l'intérieur.

CORALIE

Coralie s'attendait à tout. Elle s'était blindée pour affronter toutes les situations qui se présenteraient à elle, sauf de trouver Diane Choinière déguisée en romanichelle, assise sur une chaise de jardin à côté d'une dame âgée à l'élégance surannée tout droit sortie des années 1950. Coralie sent son sang refluer, sa belle volonté s'effondrer et son courage s'envoler. Elle croyait avoir rendez-vous avec son destin, son karma la ramenait là où elle pourrait réparer ses erreurs passées, se racheter – et elle trouve ces deux clowns. Pour ne rien arranger, un policier lui désigne les deux dames qui ont découvert le corps. *Elles.*

Coralie sort son téléphone et envoie un message. Elle préfère, car elle pourrait regretter ses paroles plus tard si elle parlait à son interlocuteur. La réponse ne tarde pas. D'un pas qu'elle essaie de contrôler, elle se dirige vers les deux commères qui allongent le cou pour ne rien rater de la scène de crime. Elle s'adresse à elles, sèchement :

— Patrick est en route. Pas le temps ni la patience de me préoccuper personnellement de vous ce soir, mais je vous veux toutes les deux dans mon bureau demain à 9 heures.

Elle doit néanmoins respecter la procédure et demande à Aurélien de prendre leur déposition. Si elle le faisait elle-même, elle risquerait la bavure policière.

Diane Choinière commence vraiment à lui courir sur le système. Patrick devrait la tenir en laisse. En parlant de laisse…

DIANE

— Nous avons trouvé ces deux femmes sur les lieux avec leurs sacs de vêtements, dit un policier à Coralie à son arrivée. C'est la dame âgée qui a donné l'alerte. Au vu de l'accoutrement de la plus jeune et de l'état misérable du chien, nous pensons que ce sont deux SDF qui passaient par là par hasard. Voulez-vous qu'on appelle le 15 pour essayer de leur trouver un abri pour la nuit où vous préférez les emmener au poste pour les interroger ?

— Merci, c'est bon, je m'occupe d'elles.

Je m'apprête à tout expliquer à Coralie quand elle me coupe la parole.

— Patrick est en route, je lui ai envoyé un SMS. Pas le temps ni la patience de me préoccuper personnellement de vous ce soir, mais je vous veux toutes les deux dans mon bureau demain à 9 heures.

Elle se retourne vers son adjoint.

— Aurélien prenez leur déposition, s'il vous plaît.

***

Ce qu'il y a de bien, si je puis dire, avec l'A86 et le périphérique vers 18 heures, c'est que c'est toujours bouché. Ce soir, ça m'arrange. Je ne suis pas très pressée de voir mon amoureux arriver. Ginette et moi sommes aux premières loges, confortablement installées sur nos chaises de plastique pliantes. À une distance raisonnable qui nous permet de ne rien rater.

Tout un tas de personnes s'agitent. Certaines ont des combinaisons, d'autres sont habillées en civil, d'autres en uniforme. Certaines prennent des photos, d'autres mettent des trucs dans des petits sacs transparents. Coralie parle avec la femme qui a renoncé à crier, mais qui ne cesse de gémir. Elle est blonde, semble très jeune, se prénomme Marie. On se croirait au cinéma en plein air. Je ne comprends pas vraiment tout ce qui se passe ni qui est qui, en revanche j'ai une belle vue sur le cadavre. Je déplace un peu ma chaise pour que Ginette le voie mieux. Elle jubile. Mieux que la téléréalité. Le mort gît sur le ventre au milieu d'un matelas imbibé de sang noir. Un jeune policier passe devant moi, mais heureusement s'écarte vite pour aller vomir. Le corps est presque nu, un porte-jarretelles de dentelle noire et des bas résille grotesques lui servent de linceul. Des menottes aux poignets et aux chevilles le retiennent au montant du lit. Écartelé. Une macabre étoile de mer flottant dans une mare de sang huileuse. Un godemichet rose vif est enfoncé dans son anus. Touche de couleur au milieu de ce tableau d'horreur.

Le cadavre a été rapidement identifié. Il s'agit sans surprise de Marco Alami, celui-là même qui défonçait il y a quelques jours la porte de la chambre d'hôtel de Sophia. Son rectum n'est pas le seul orifice de son corps à avoir été garni. Un téléphone a aussi été encaissé dans sa bouche fardée de rouge. À vue de nez, je dirais un iPhone 11 pro max. C'est pour vous dire l'étrange sourire du cadavre.

L'équipe scientifique s'affaire. Le téléphone est emballé dans un petit sachet en plastique. On cherche des empreintes. Des cheveux sont trouvés. Un espoir. Peut-être une preuve, reste à espérer qu'ils n'appartiennent pas au mort. Je vois un policier apporter un escabeau là où mon chien est toujours figé la patte en l'air. L'agent y monte et dégage une tuile d'un faux plafond. Il appelle Coralie.

CORALIE

— Capitaine, venez voir. Nous venons de trouver de la drogue dans un faux plafond grâce à un chien errant.

Coralie monte sur un escabeau. Génial. Il y a de quoi mettre les Stups sur l'affaire. Le Marco Alami cachait au moins un kilo de cocaïne et plus de 10 000 euros en liquide dans son faux plafond. Elle redescend et caresse le chien qui reprend vie.

— Mais tu es un bon chien, toi.

Coralie s'apprête à appeler la fourrière quand elle voit le chien se diriger vers Diane. Un comble. Finalement, par un étrange tour du destin, la présence de cette folle aura aidé l'enquête.

DIANE

Je vois Coralie caresser mon chien qui soudainement reprend vie avant de revenir vers moi. Putain le traître, même Rintintin qui est supposé m'être fidèle à la vie à la mort réagit aux caresses de Coralie.

Une enquête de voisinage est menée. Enfin, j'imagine. Des policiers s'adressent aux curieux qui se sont rassemblés. D'autres sont partis vers les immeubles, peut-être que depuis les balcons quelqu'un aura remarqué quelque chose d'inhabituel ? À mon avis, c'est peine perdue. Un Alami assassiné ! Chez lui ! Tu parles, personne n'est assez inconscient pour se mêler de ça. Personne n'a rien entendu, personne n'a rien vu. C'est certain. Ah, je me trompe. Je crois distinguer une voisine qui nous désigne du doigt. Le flic nous fait signe de nous approcher.

— Oui, monsieur le policier, ce sont bien ces deux femmes que j'ai vu déambuler dans le quartier.

— Personne d'autre ?

— Non que ces deux femmes et leurs chiens.

— Merci, madame.

Sur ces entrefaites, Patrick arrive. Il adresse un petit geste à Coralie. Ginette, Choupette et Rintintin, qui est le seul à manifester sa joie des retrouvailles, montent à l'arrière tandis que je me glisse à l'avant. Nous restons là, à attendre, pendant que Patrick va s'entretenir avec sa charmante copine.

CORALIE

Coralie montre à Patrick ce que le plafond recelait. Conciliabule. Le procureur qui est arrivé entre-temps acquiesce. Coralie jubile.

DIANE

Le périphérique est encore bouché. Que le trajet est long ! Seuls les jappements d'allégresse du chien réussissent à fendiller le silence de plomb qui règne dans la voiture.

Arrivés à la maison, Ginette rentre chez elle et en ressort, une bouteille de porto à la main. Complètement inconsciente de la gravité de la situation. Ou c'est sa façon de désamorcer les drames. À la vue de nos têtes, elle relève les sourcils et s'empresse de s'enfermer chez elle. Pas d'invitation ce soir.

La soirée n'est pas top. J'essaie de me justifier, mais Patrick me dit gentiment de réserver mes explications pour Coralie, que, de toutes les façons, il en aura des échos. Que là, il est fatigué, ne sait pas quoi dire : je dépasse les bornes. Genre, il jette l'éponge. Il m'a prévenue de me mêler de ce qui me regarde, j'en ai fait qu'à ma tête ; maintenant, à moi d'assumer mes choix. J'essaie de revenir à la charge, de lui expliquer : Sophia, le Château des femmes…

— Je suis trop impliquée dans cette histoire pour rester sagement en dehors.

Silence.

— Si vous m'aviez écoutée, toi et ta géante, je n'aurais pas été obligée d'aller chez Élodie !

Je sens que c'est la remarque de trop. Il se lève et appelle son collègue Lambert pour aller prendre une bière. Il rentre à 2 heures du matin. Je fais semblant de dormir même si mes oreilles ont sifflé toute la soirée. Je n'ai pas osé imaginer leur conversation.

Quand je me lève le matin, il est déjà parti. J'ai le cœur à l'envers. Les yeux rougis, je frappe à la porte de Ginette. Habillée, poudrée, apprêtée, elle m'attend depuis au moins une heure. Élégante comme toujours, elle a revêtu un tailleur rose fuchsia. En revanche, elle a des pantoufles aux pieds. Et elle empeste la beuh qu'elle a roulée dans un petit joint pour se détendre. Comme un malheur ne vient jamais seul, mon crétin de chien refait une crise. Me voilà obligée de descendre les trois étages, le chien autour du cou pour donner le bras à Ginette qui est décidemment plus alerte sur ses talons de douze centimètres que dans ses vieilles babouches.

— Je ne suis pas dans un bon jour. Mon arthrite ! Ça tombe bien, remarque. La police ne sera pas aussi impitoyable avec une grand-mère souffrante.

— Ginette, Coralie t'a vue hier avec tes chaussures à talons. Et tu n'as même pas d'enfant. Oublie ton sketch de la vieille mémé grabataire, tu n'es pas crédible.

Finalement, les chiens vont rester à la maison et je décide de prendre la voiture pour ne pas traîner Ginette qui joue à l'impotente, en RER et en métro.

Quand on arrive au commissariat, Ginette est à fond dans son rôle. Un policier lui propose même une chaise roulante.

Coralie nous reçoit séparément. Je ne sais pas ce que Ginette a raconté, elle n'a pas voulu me le dire. J'ai essayé de l'asticoter un peu. J'espère qu'elle a tenu sa promesse et qu'elle n'a pipé mot sur notre rencontre d'hier avec Hélène et son beau cavalier. Quant à moi, motus et bouche cousue. Quelle Hélène ? Je n'ai pas vu d'Hélène. Pour le reste, j'ai froidement relaté les faits avec un sang-froid exemplaire. Je n'allais pas m'énerver et tomber dans les filets de la capitaine qui rêve de me piéger.

— Alors, Ginette, qu'est-ce que tu as raconté ?

— Mais enfin Diane, le secret de l'instruction !

— Ça ne s'applique pas à nous.

— Peu importe ! Diane Choinière, tu nous entraînes toujours Choupette et moi dans tes histoires de crime. Je préfère avoir le moins d'échanges possible avec toi. Je ne voudrais pas plonger pour complicité.

J'ai bien envie de la planter là, devant le commissariat, dans sa chaise roulante.

— Bon, viens, tu vas quand même être obligée de rester seule avec moi dans la voiture pour le trajet du retour. Même si tu gardes le silence comme à l'aller.

Pendant qu'elle sort une paire de Stilettos de son sac pour remplacer ses chaussons, elle me sermonne :

— Non merci. Je te connais, tu vas essayer de me tirer les vers du nez. De toute façon je vais profiter d'être à Paris pour aller dans les grands magasins. J'ai des dessous à m'acheter. Des dentelles et de la soie. Tu devrais m'accompagner, j'ai vu l'autre jour tes affreuses culottes sécher sur le bord de la fenêtre. Il ne faudra pas te plaindre après si Patrick va voir ailleurs ! J'ai bien remarqué le cul de la capitaine. Bien moulé dans de la dentelle de Calais, ça doit être beau ça, madame.

— OK bye, bon shopping. Et tu sauras que Patrick ne m'aime pas pour mes dessous. Et que si je me colle de la soie sur le cul c'est juste pour moi, pas pour plaire à un homme. Et que ce sont mes culottes pour le jogging que je mets à sécher à la fenêtre et que…

Là je me rends compte que je suis en train de me justifier. Même si c'est entrer dans son jeu, je ne peux me retenir.

— Tu n'es qu'une vieille bonne femme pas encore déconstruite.

— Diane, tsé tsé tsé, on ne dit pas « vieille bonne femme », mais sénior. Et merci d'aller remettre le fauteuil roulant à l'intérieur et de congratuler le charmant policier pour sa prévenance.

Depuis le temps, je devrais avoir appris qu'il est impossible d'avoir le dernier mot avec elle. Je reste plantée au milieu de la rue, à chercher une réplique bien cinglante quand je vois Coralie sortir du commissariat, traverser la rue et s'asseoir dans un véhicule garé à cinq voitures de la mienne. Ni une ni deux, je décide de la suivre. J'abandonne le fauteuil, je cours jusqu'à ma bagnole et me glisse au volant. Je me débrouille pas mal en filature, je réussis à ne pas la perdre dans le trafic. Quelques rues plus loin, elle se gare en double file. Putain, je vois Patrick se faufiler jusqu'à sa voiture pour s'asseoir à la place du passager. L'auto repart. Par miracle, j'arrive à ne pas la perdre de vue malgré mes yeux embués. Vingt minutes plus tard, ils stationnent. Je me faufile sur une place de livraison à ma gauche. Un camion se met à me klaxonner. Je lui fais un doigt d'honneur. Hors de question que je bouge. Patrick et Coralie sortent de la voiture. Je veux savoir où ils vont. Le chauffeur jaillit de son camion et s'approche, je baisse ma vitre du côté du mort, ce que cet intrus sera bientôt s'il continue à me faire chier. Le ton monte vite. J'ai les nerfs à vifs. Le pauvre homme tombe à point pour me défouler. Je suis en pleine engueulade quand j'entends frapper à la vitre côté conducteur. Putain de merde, c'est Patrick, le camionneur m'a fait repérer. Je descends ma vitre pendant que l'autre, voyant la plaque que Patrick lui montre, s'éloigne.

— Diane, tu veux venir déjeuner avec nous ? Tu n'avais qu'à demander à Coralie au lieu de la pister.

— Non merci, ça va aller. Finalement je vais laisser la place à ce pauvre homme, qu'il puisse décharger sa marchandise.

La tête droite, l'air digne, je démarre, lui fais un petit signe de la main et tourne à la prochaine intersection. J'ai les yeux pleins d'eau. J'aperçois quelqu'un qui s'en va, je prends sa place et me laisse aller à mon désespoir. J'ai l'impression que ma vie va se terminer ici, dans cette rue dont j'ignore le nom. J'ai envie de rejoindre Ginette et d'accepter sa proposition de shopping, mais au fond de moi je sais bien que j'aurai beau me revêtir de toutes les dentelles du monde pour ensuite me dévêtir de tous ces rubans et soieries, ça ne changera rien. Ma belle histoire d'amour est morte. Coralie peut trinquer avec Lambert. J'ai envie d'allumer le moteur et de rouler jusqu'au bout du monde, mais la jauge d'essence indique que le réservoir est presque vide. En désespoir de cause, j'appelle Nounours pour la prier de me recueillir. Elle commence par refuser.

— Ma maison est pleine, mon fils de Marseille est là avec ses enfants. Je suis en pleine action, heu, je veux dire en pleine écriture. Je dois remettre un manuscrit…

C'en est trop ! Même Nounours me rejette. Je laisse échapper un long sanglot qui manque m'étouffer. Quand elle comprend que je frôle le désespoir absolu, elle ferme son ordinateur et s'extrait d'entre les jambes de son personnage principal.

— Bon Diane, viens à mon cabinet, mais je te préviens, Mme Gennoun va passer. Je l'attends pour un truc important.

J'embraye sur-le-champ. Je ne veux pas qu'elle change d'avis.

Quand j'arrive à son cabinet, j'ai cinq ans. Un petit sourire à son assistante avant de courir dans le couloir pour me précipiter dans les bras de maître Nour. J'ai les genoux écorchés, un chewing-gum dans les cheveux, on m'a pris ma bicyclette, un garçon a coupé les cheveux de ma Barbie. Nounours m'enfouit dans sa poitrine et me berce. Je retrouve doucement mes esprits. Je me réincarne dans ce corps de femme ménopausée. Je reprends le dessus. Le grand désespoir de l'enfance me quitte. Je suis toujours triste, mais j'arrive à respirer.

Longtemps je suis passé sous les radars. Je jouais au foot. Je roulais sur la roue arrière de mon vélo. Je traînais avec mon frère aîné. Deux ans de plus que moi. J'étais sous son aile. Il m'initiait. J'ai tout fait trop tôt. C'est avec lui que j'ai fumé ma première cigarette, fait mes premières bêtises. Mon frère et moi étions inséparables. Je le suivais comme son ombre. Nous deux contre le monde. Rien ne pouvait m'arriver avec lui. Ses amis étaient mes copains. C'était comme ça. Mon frère avait une de ces auras ! Personne ne résistait à son charisme. Sa parole était d'or. Il disait « Spok (c'est comme ça qu'il m'appelait) vient avec nous » et tous s'inclinaient. Il disait « Spok fait gardien de but » et voilà, j'étais goal. Je portais ses vieilles chemises. Comme nous n'avions pas beaucoup d'argent à la maison, mes parents étaient soulagés que je ne réclame pas une garde-robe neuve. Nous partagions tout. La même chambre, les mêmes jouets, les mêmes jeux, les mêmes conneries. Tout était normal.

DIANE

J'essuie mes dernières larmes quand Mme Gennoun franchit la porte. Je me pensais au bout de la nuit, mais là, dans les yeux de cette femme, je comprends ce qu'est l'obscurité totale. Pas d'étoile, pas de lune. Elle tend un bras tremblant comme si la feuille qu'elle présente à maître Nour pesait une tonne. Une tonne de désolation. Maître Nour prend la lettre et pose une main dans le dos voûté de Mme Gennoun.

— Asseyez-vous.

— Mais lisez, lisez !

— Malheureusement pas besoin. J'en ai lu des centaines, des milliers de ces avis de classement. Je vais vous expliquer ce qu'on va faire. Diane, tu peux sortir ?

Mme Gennoun se tourne vers moi.

— Non, restez s'il vous plaît. Il n'y a aucune raison d'avoir honte. C'est la façon dont on traite cette plainte qui est honteuse. Ma fille violée par un garçon de bonne famille et justice ne sera pas faite. Il s'est servi, comme si ma Sandrine n'était qu'un vieux déchet à jeter après usage sans être inquiété. Et la justice, qu'est-ce qu'elle dit ? Que rien ne prouve qu'elle n'était pas consentante. Qu'il n'y a pas assez de preuves pour risquer de détruire la réputation de ce pauvre étudiant.

— Calmez-vous, madame Gennoun. Je sais que ce courrier est extrêmement violent. Je vais saisir le doyen des juges d'instruction. Ne vous inquiétez pas. Pour cela, j'ai besoin d'éléments qui montrent que l'enquête n'a pas été correctement menée. Il faut obtenir une ordonnance. Sandrine n'a pas été convoquée pour une confrontation. Et le juge d'instruction n'a pas tenu compte de l'expertise du Château des femmes. Madame Gennoun, la guerre commence. Il faut reprendre courage. Nous allons les broyer, ce jeune insolent et ses copains qui violent en toute impunité. Je suis certaine qu'ils n'en sont pas à leur coup d'essai. Nous allons retrouver d'autres victimes. Nous allons dénicher des témoins. Je vous promets qu'on va le coincer. Je vais mettre mon ami Sam sur le coup. C'est le meilleur détective privé que je connaisse.

Mme Gennoun semble retrouver ses forces. Jusqu'à ce qu'une malheureuse réalité lui apparaisse.

— Et comment je vais le payer, votre Sam ? J'ai déjà du mal à accepter votre générosité...

— Ne vous inquiétez pas, madame Gennoun. Nous verrons ça plus tard.

— Merci, merci pour Sandrine. Elle regrette de n'avoir pu m'accompagner, mais elle est prostrée au fond de son lit. Cette lettre... La psychiatre lui a redonné des antidépresseurs, mais il faut attendre que ça agisse.

Mme Gennoun se lève et d'un pas traînant rejoint la porte. Elle a vieilli de vingt ans depuis le soir de la fête. Engouffrée dans les plaies de sa fille. Victimes collatérales, son mari et elle.

Dès qu'elle est partie, je me retourne, interloquée, vers Nounours. Les yeux en point d'interrogation.

— Assieds-toi, dit-elle, l'histoire est triste. Un jour, Sandrine, au lendemain d'une soirée, n'a pas réussi à se lever pour aller en cours. Sa mère a pris sa température. Pas de fièvre. La veille, son mari et elle l'avaient entendue rentrer au petit matin et sangloter dans son lit. Ils avaient pensé à un chagrin d'amour. Sandrine avait été invitée à une fête par un étudiant à Science Po qu'elle fréquentait depuis peu. Le jeune homme lui avait dit que ce serait l'occasion de lui présenter ses copains. Un guet-apens. Sandrine, droguée, utilisée, partagée, salie. Ses parents, qui ne se doutaient de rien, l'ont laissée cuver son chagrin, mais le lendemain non plus Sandrine ne s'est pas levée. Son père, avec qui elle est complice depuis toujours, a essayé de lui parler. Elle s'est effondrée en larmes. Incapable d'aligner plus de deux phrases cohérentes. Démolie, démantelée, cassée, défaite. Sa mère a fait venir le médecin. Elle craignait une dépression.

Maître Nour reprend son souffle.

Le lendemain, son père sortait les déchets. Au moment de jeter le sac dans la benne, celui-ci s'est déchiré. Un bout de tissu rouge est apparu. Intrigué, il est remonté à l'appartement et a déversé, à la grande surprise de sa femme, le contenu du sac-poubelle sur le sol de la cuisine. Il a craqué quand il a découvert, avec la belle robe rouge tout abîmée, une culotte de dentelle blanche ensanglantée au milieu des ordures. Ils ont tout de suite compris que quelque chose de grave était arrivé. Son père s'est rendu au commissariat. Il a patienté pendant deux heures sur une chaise de métal. Un policier a fini par le recevoir. Intimidé, M. Gennoun a fini par raconter en bafouillant : sa fille muette, sa robe déchirée, sa Sandrine qui ne boit jamais, je vous jure, monsieur, jamais. Le policier l'a regardé avec un sourire narquois. « Vingt ans, vous me dites qu'elle a votre fillette ? Je pense qu'elle a vu le loup ! Écoutez, les jeunes de nos jours, ils s'amusent. Donnez-lui deux ou trois jours pour se remettre de sa gueule de bois et ça ira mieux. Elle est majeure, votre fille, monsieur. » Et voilà, veuillez disposer.

En sortant des toilettes, M. Gennoun a entendu ce policier rire avec ses collègues. « Un père qui veut porter plainte parce que sa fillette a été dépucelée et que ça l'a secouée, la demoiselle. Ah, les jeunes nanas sont fragiles de nos jours. Traumatisées pour trois ou quatre allers-retours. Comme si on n'avait que ça à faire. »

— Le père est rentré humilié et en colère. Lui est sa femme ne dormaient plus. Trop de tristesse. Ils ne pouvaient se résoudre à cette fin de non-recevoir. Le salaud qui avait dévasté Sandrine d'un coup de queue devait rendre des comptes. Mme Gennoun ne pouvait pas accepter que ce jeune homme continue tranquillement sa vie alors que sa Sandrine était détruite. C'est comme ça que Sandrine a connu le Château des femmes. Bien sûr, il était trop tard pour les prélèvements. Je l'ai accompagnée porter plainte à Paris… et voilà que vient d'arriver, un an et demi plus tard, ce courrier de malheur. Je te jure, Diane, qu'on ne va pas en rester là. Je mets Sam dessus. Je lâche les chiens de l'enfer sur le petit macho. Tu te demandais pourquoi je protégeais Sam ? Eh bien tu vas être aux premières loges pour le voir débusquer les casseroles que ce fils de bonne famille se traîne en toute impunité.

— Mais ton Sam ? Il va faire ça gratuitement ?

— Non, c'est ça le problème. Il faut mettre la main à la poche si on veut sauver Sandrine.

CORALIE

Silence gêné. Patrick est soucieux, il se demande ce qui a bien pu passer par la tête de Diane. Coralie n'ose rien dire. C'est grotesque que Diane les ait suivis. Un malaise s'installe. De mauvais augure, car maintenant ils devront, officiellement, collaborer. Le procureur a ouvert une enquête pour possession et trafic de drogue. Coralie a hérité du dossier sur la mort de Marco Alami. Elle s'en réjouit, non pas de la mort d'un autre crétin, quoique… Enfin, le juge d'instruction commence à envisager qu'il n'est pas complètement ridicule de penser que ces meurtres soient en fait des exécutions liées aux trafics de drogue ou…

Ce sont ces « ou » qui trottent dans la tête de Coralie. Un troupeau de chevaux sauvages lancé à vive allure dans toutes les directions. Elle, *cow-girl* avec son lasso qui tourne au-dessus de sa tête sans qu'elle sache où le lancer. Elle n'arrive pas à prendre cette filature de Diane à la légère. À force de fourrer son nez partout, la dulcinée de Patrick finit par avoir une odeur suspecte. Après tout, c'est elle qui a donné les clés de Bérulle à Sophia, même si c'est maître Nour qui l'a accompagnée. Elle aurait très bien pu être de mèche avec elles pour cette histoire de drogue. Son obstination à vouloir faire revenir Élodie sur son témoignage sert peut-être à les couvrir, elles. Si Élodie dit vrai, il est tout à fait possible – comme le dit d'ailleurs le rapport d'autopsie – que Sophia soit tombée, que Charles Alami n'ait jamais mis les pieds dans l'Aude. On en revient à la question : à qui appartenait la drogue trouvée à Bérulle ? Et maintenant, le cadavre de l'autre frère. Qui était sur place ? La même et cette fois accompagnée de Ma Dalton. Et si tout ça n'était qu'une mise en scène grand-guignolesque relevant du génie ?

La serveuse s'approche de la table avec des verres d'eau. Coralie jette un œil vers Patrick qui en profite pour briser le silence.

— Coralie, je suis désolé. Je sais de quoi ça a l'air, ma compagne qui te suit. Je sais que tu ne la connais pas très bien et je me doute bien du portrait que Lambert a pu te faire d'elle. Mais crois-moi, c'est une femme juste un peu loufoque, ça fait partie de son charme.

— De son charme ?

Coralie décide de garder ses réflexions pour elle et de mettre le cas Diane Choinière entre parenthèses. À bien y réfléchir, elle n'est pas certaine que le mot « génie » soit le meilleur pour décrire cette femme. En revanche, elle n'est pas non plus encline à aller dans le sens de Patrick. Elle ne pense vraiment pas qu'une telle propension à la bêtise puisse faire partie du charme de qui que ce soit. Alors elle reprend :

— Bon, revenons à ce qui nous préoccupe. Le juge d'instruction est officiellement d'accord pour qu'on échange nos renseignements. Moi, je n'ai pas grand-chose. Les seules personnes qui ont été vues près de la scène du crime sont Diane et son amie Ginette. Leurs témoignages concordent : Diane a entraîné une vieille dame en banlieue pour convaincre Mme Alami de revenir sur son témoignage. Elles seraient passées par hasard devant le pavillon de Marco. Une histoire de chien qui se serait échappé et qui aurait poussé Ginette à le suivre à l'arrière du pavillon où elle se serait trouvée face à des portes-fenêtres donnant sur la scène du crime. *A priori*, elles n'ont pas pollué la scène, exception faite du chien qui a repéré la drogue.

— Oui c'est un chien cynophile blessé en opération que j'ai récupéré et que j'ai offert à Diane.

Coralie note mentalement ce détail. Pourquoi Patrick a-t-il offert un chien dressé à trouver de la drogue à son amoureuse ? Elle décide d'avancer à pas de loup.

— Diane a-t-elle déjà eu des problèmes de consommation ?

— Une mauvaise passe avec l'alcool, mais c'est rentré dans l'ordre. Sinon je pense qu'elle a eu une jeunesse assez mouvementée, mais... je te vois venir. Non, ni Diane ni maître Nour ne sont des toxicomanes en puissance.

Patrick a parlé d'un ton assez ferme. La dernière fois qu'ils ont déjeuné ensemble, Coralie avait aussi tendu cette perche. Il espère qu'elle ne va pas se mettre cette idée dans la tête.

— Écoute, je te garantis que Diane n'a aucun lien avec un quelconque commerce de drogue. Je ne sais pas ce qu'elle trafique, te suivre aujourd'hui... C'est grossier, mais crois-moi, elle ne trempe pas dans le deal de coke.

— Oui, mais qu'en est-il pour maître Nour ? Tu m'as dit qu'il y avait eu des rumeurs dans le quartier à propos de femmes qui voulaient griller les Alami. Et si maître Nour et Sophia avaient été mêlées à ça ? Diane peut être manipulée par son amie.

— Tu es sérieuse ? Maître Nour ?

— Bon, il faut que je me rende à l'hôpital pour questionner la jeune fille, Marie, celle qui était attachée, les yeux bandés, chez Marco Alami quand il a été tué.

— OK. Je vais garder Diane à l'œil, mais je te le demande en ami, tu me tiens au courant si ta théorie se confirme, que je la sorte de ce guêpier.

Coralie le regarde longuement. Oui, cet homme est amoureux.

— Promis, lui dit-elle avant de tourner les talons.

Une enfant aux enchères. Qui pour s'en indigner ? Qui pour plaider sa cause ? La tête, l'âme à l'envers. Offerte au saccage, par ce qu'elle croit en son cœur ravagé être de l'amour. Qui pour dire non ? Pour refuser le viol, pour refuser cette désolation ? Une fin du monde annoncée. « Voilà, cadeau, tu n'as qu'à la prendre. Ma petite salope elle est prête à tout pour moi. » Une enfant endormie, partie au pays des cauchemars. Les yeux clos, les poignets attachés. Je n'ai qu'à la happer, comme m'y invite son fiancé maudit. Le pouvoir le fait bander. Le plaisir de disposer du corps de sa fiancée. Il veut le donner, grand prince des Enfers, à ses amis. Étaler sa puissance. Montrer comme il sait soumettre, dompter celles qui ont le malheur tellement chevillé à l'âme qu'elles viennent manger la mort-aux-rats dans sa main, tellement assoiffées qu'elles s'abreuvent de ciguë à ses lèvres, celles pour qui la violence est devenue une compagne si fidèle qu'elles l'ont choisi, lui, comme bourreau.

Moi aussi j'ai connu les mêmes bourreaux. Ils ont semé en moi la même cruauté. Mais j'ai l'œil d'un aigle. Ma férocité n'est pas aveugle. Je sais très bien de quelle proie me nourrir pour assouvir ma faim de justice.

Son rire me scie les entrailles. « Allez mon frère, c'est cadeau. Fais-toi plaisir. Regarde-moi ce petit cul. »

Quel animal aurait pu pénétrer cette enfant pour y décharger son foutre ?

Quel mammifère irait dévorer une femme soumise, attachée, endormie ?

J'ai refusé d'être cet humain déchu du règne animal. Je me suis élevé au rang des grands rapaces. J'ai sauté à la gorge du chasseur. J'ai tué le prédateur. J'ai choisi la vie. L'honneur.

CORALIE

Coralie, au feu rouge, anxieuse, jette un coup d'œil dans son rétroviseur. Elle veut s'assurer qu'elle n'est pas suivie par cette folle. Elle y croise son propre regard, y devine une lueur de tristesse. Rien à voir avec les lubies de Diane Choinière. Mais elle appréhende son entretien avec la jeune Marie, trouvée sanglée sur la scène de crime.

Nerveuse, elle salue le policier qui surveille la chambre de la jeune femme. La patiente dort. Coralie prend place sur une chaise, regarde cet ange assoupi. Elle ouvre le dossier où sont consignées ses blessures. Une enfant. À peine dix-huit ans. Une nymphe, les cheveux blonds étalés autour de sa tête. Une infirmière entre dans la chambre pour remettre un médicament dans la perfusion, elle replace une mèche de cheveux et regarde la policière d'un air désolé.

— Elle a morflé, la petite.

Coralie acquiesce. Marco Alami aimait la pornographie, mais pas les femmes. À lire dans le dossier les traces qu'il a laissées sur la peau rose de cette fille, il aimait le bondage, la sodomie, la violence. Au vu du compte rendu des lésions vaginales et anales, on peut croire que Monsieur devait être impuissant pour choisir d'introduire des objets si tranchants dans les muqueuses douces d'une jeune fille. Les os de Coralie se glacent. Un hiver souffle dans son cœur. Le spectre de son passé rôde autour d'elle. Une autre Belle au bois dormant sortie du lit d'un Alami, le corps écorché, l'avenir démoli, les rêves flétris.

Un geste lent de la main, les paupières de la jeune fille clignotent. Coralie s'essuie les yeux en vitesse. Quand leurs regards se croisent, Coralie lui sourit et se présente.

— Bonjour, je suis la capitaine Coralie Gignac. J'enquête sur le meurtre de Marco Alami. J'aimerais que vous me racontiez ce qui s'est passé ce soir-là.

Marie se met à pleurer. Coralie lui prend la main.

— Comment avez-vous connu Marco Alami ?

— Il est de mon quartier. Il a la classe. Il était gentil avec moi.

Voilà, pense Coralie, une autre histoire de prince charmant. Alors elle acquiesce, sourit, émet des « oh » et des « ah », pour l'encourager à raconter l'horreur. La jeune femme parle. D'abord sur la défensive ; finalement les digues cèdent et elle déballe ses dernières semaines de cauchemar.

— Il me donnait des cadeaux, des bijoux. Moi, je le trouvais vieux, mais il revenait à la charge. Il insistait. Un soir, il m'a invitée dans un grand restaurant, alors j'ai dit oui. Ensuite il m'a emmenée à Cannes. Vous vous rendez compte, j'étais tellement impressionnée. Il me disait n'avoir jamais été aussi amoureux. Il m'a promis qu'on irait à Venise. Quand il m'a demandé de coucher avec lui, je trouvais que ça ne se faisait pas de dire non. Le premier soir, c'était pas bien. Quand on est arrivé dans la chambre, il a bu la bouteille de champagne au goulot et il s'est jeté sur moi. Je me suis sentie humiliée, j'ai beaucoup pleuré. Mais le lendemain, il s'est excusé. Il m'a dit qu'il était trop amoureux pour se retenir, que j'étais trop belle. Il avait perdu la tête. « Regarde ce que tu m'as fait faire. Je ne sais pas ce qui m'a pris, c'est que tu me retournes le cerveau. » Puis, pour me prouver combien il regrettait et qu'il m'aimait, il m'a donné un collier en or avec un petit diamant en pendentif. J'ai trouvé ça touchant.

Coralie en est malade. La jeune fille est en plein déni. Croire au prince pour estomper la violence du viol. La suite, la capitaine peut l'imaginer. Une triste histoire classique. Il a suffi à Marco de repousser ses limites. Sodomie, fellation, Donkey Punch, bondage, partenaires multiples, viols par plusieurs inconnus, les yeux bandés, les poignets et les chevilles attachés. L'amour sans limites. La pauvre enfant a été avalée par ce tourbillon.

— Il m'a juré qu'il allait m'épouser. Il pleurait, disait qu'il était malade, mais qu'il m'aimait comme un fou, qu'il allait se faire soigner.

Coralie sent la bile lui monter dans la gorge. De dangereux haut-le-cœur qu'elle tente de contrôler.

— Il m'a offert un diamant. Une bague de fiançailles.

Coralie regarde l'alliance de malheur. Se fait violence pour prononcer ces difficiles paroles.

— Quelle belle bague !

— Elle est classe.

Un silence, et elle enchaîne d'une petite voix triste.

— Ça devait être la dernière fois. Vous savez, les autres hommes, les yeux bandés, les poignets attachés au-dessus de la tête, pendue à une poutre. C'était un cadeau que je lui faisais.

Coralie lui caresse doucement les doigts pour l'encourager à poursuivre.

— J'ai entendu quelqu'un arriver, Marco lui a souhaité la bienvenue. Moi, j'avais déjà les yeux bandés. Marco tient à ce que je ne voie pas le visage de ceux à qui il me donne. Ils avaient l'air amis. Puis il m'a fait une piqûre. C'est pour mon bien, pour que je ne me rende pas compte. Je sais que ça a l'air horrible, mais il m'avait promis que c'était la dernière fois. Après, c'est le noir. Quand je me suis réveillée, je l'ai appelé. Il ne répondait pas et il y avait cette odeur cuivrée. J'ai eu peur, je me suis mise à crier.

La jeune fille se met à pleurer en silence. De grosses larmes lui coulent dans le cou.

— Je l'aimais, nous allions nous marier.

Coralie, mobilise toutes ses forces pour réussir à passer une main sur le front de cette enfant.

— Dors, ma belle. Les prochains jours vont être difficiles.

Elle sort de la chambre sur la pointe des pieds. Dans le couloir, elle accélère le pas, court quand enfin elle aperçoit la porte des toilettes, se précipite dans le premier box et se met à vomir.

DIANE

Il faut bien que je rentre chez moi. Que j'affronte Patrick. J'ai supplié Ginette de me permettre de m'installer chez elle. Elle a refusé. Ses nouvelles amours ne peuvent cohabiter avec mon chien et moi roulés en boule sur son canapé. Elle a été très claire : « Je suis désolée, Diane : à mon âge, j'estime que chaque baise est une victoire sur la vie. Je sais bien que mon avenir sexuel est assez court. Une crise cardiaque est si vite arrivée. Si le cosmos m'a envoyé cet homme c'est pour que je profite, que nos corps exultent. Un canapé, tu peux en trouver un ailleurs. Un Albert qui m'excite autant, c'est plus rare, pour ne pas dire unique, et c'est surtout probablement le dernier. »

Alors je suis rentrée chez moi la tête basse. Tant pis, Patrick n'a qu'à déménager si ça le gêne tant que ça que j'aie suivi sa très chère amie Coralie. Alors en ouvrant la porte, je m'écrie pour prendre les devants avant qu'il ait le temps de me reprocher quoi que ce soit :

— Salut, mon amour ! Mais quel hasard qu'on ait été dans le même quartier exactement à la même heure aujourd'hui !

Oh misère. Il rit. Il s'approche de moi et m'embrasse. Étrange réaction ! Moi qui m'attendais à le trouver sa valise à la main, m'annonçant qu'il me quitte. Il me soulève et me fait tourner dans les airs. Je me demande si finalement la drogue retrouvée à Bérulle n'était pas à lui. Ça existe des flics ripoux qui prélèvent de la cocaïne des scellés pour leur usage personnel. Ciel, un autre drame à gérer. Patrick toxicomane. Moi qui me pensais avec un homme solide et équilibré. Ça me secoue de me rendre compte que ce n'est pas le cas. Mais je vais être forte et surmonter la bouffée d'angoisse qui m'envahit.

— Patrick, sache que je t'aime et que tu pourras compter sur moi. Je vais te soutenir dans ce nouveau défi. Nous y arriverons.

— Oh, mais c'est trop génial, je pensais que tu flipperais.

— Ben un peu, oui c'est vrai, mais je t'aime. Je trouverai le courage de surmonter cette épreuve.

— Épreuve, il ne faut quand même pas exagérer. Je pense pouvoir prendre ma retraite dans très peu de temps, on pourra passer du temps à Montréal.

— Parce que tu as trouvé une clinique au Québec ?

— Je n'ai pas trouvé la clinique. Je pense que mon fils Olivier et sa femme Mina s'occuperont de ça.

— C'est sympa de leur part. Quand penses-tu y aller ?

— Ben c'est pour l'été prochain.

— Il n'y avait pas de place avant ? C'est long, plus de sept mois d'attente. La clinique est si demandée ?

— Diane, une grossesse c'est neuf mois.

— Une grossesse ?????

J'ai envie de pleurer, il va encore plus mal que je le croyais, je suis terrifiée.

— Oui, c'est de ça que je te parle. Mon fils va avoir un bébé et je suis si heureux. Mais tu le sais ? Non ? Ce n'est pas pour ça que tu disais que tu serais à mes côtés ?

— Comment voudrais-tu que je le sache ?

— Peut-être parce que tu fouilles dans mes affaires et que tu espionnes mes messages ?

Putain, je suis coincée. Grand-père… Je vais coucher avec un mec qui va être grand-père. Bonjour la douche froide. Je me croyais avec un toxicomane, le Kurt Cobain de la police, sexe, drogue *and rock and roll.* Eh bien non ! Papy. Mais ce n'est pas le moment de montrer ma déception, je profite de la diversion pour me coller un faux sourire sur le visage et lui sauter au cou.

— Mais c'est ABSOLUMENT extraordinaire !

Finalement, la grossesse de son fils me sauve la mise. Mon Patrick est tellement fier ! Je me retiens de lui rappeler qu'il n'y a pas vraiment de quoi. Qu'il n'a pas fait grand-chose, son fils non plus d'ailleurs. C'est surtout sa femme, Mina, qui va vomir toute la journée et qui doit se passer d'alcool. Mais bon, je préfère quand même le voir euphorique que fâché contre moi.

Je t'attendais, on va faire un Skype.

Nous voilà tous les deux emmitouflés sur le balcon, c'est là que notre connexion Internet passe le mieux. Assis devant l'écran, on se partage un plaid. J'avoue que c'est émouvant. Olivier est tellement doux avec Mina, il la regarde comme une déesse. Un homme qui n'en revient pas. La femme qu'il aime a un enfant dans son ventre. Il est là, inutile, ne sachant quoi faire. Il rassemble tout son amour comme une hirondelle des brindilles et des plumes pour faire un nid. Ses yeux brillent d'une lueur nouvelle. J'en ai le cœur qui accélère, et quand je me retourne vers Patrick, je décèle la même joie dans ses rides autour des yeux, autour de sa bouche. Une bouffée d'amour me submerge. Moi aussi j'ai une petite plume dans le bec que je veux déposer dans ce nid. Mina est radieuse. Elle accueille tout notre amour. Elle avale, aspire tout. Nous serons son berceau. C'est notre reine. Elle est le sanctuaire. Notre suite du monde. Moi qui n'ai pas d'enfant, j'ai envie d'être sa sentinelle. C'est décidé, je veux bien être grand-mère. Je choisis, là, sur ce balcon à la tombée du jour dans l'air humide et glacé, enlacée dans une vieille couverture de laine avec cet homme que je chéris, d'être de cette famille. Pourront persifler tant qu'ils voudront les Lambert et les Coralie de ce monde, c'est moi qui aime Patrick Langevin.

Voilà un moment de paix. Je vais pouvoir reprendre le cours de ma vie, mais avec quelque chose de beau niché dans le futur. Je retrouve un élan. Un être nouveau me remet dans l'axe.

Je repense à ma jalousie et j'en ris. Quelle idiote !

Je prends des résolutions. Je jure à Patrick de devenir une grand-mère modèle. De me mettre à cuisiner des gâteaux, d'arrêter l'alcool.

Le lendemain matin, je décide d'aller faire un jogging, légère et enjouée, je suis certaine que je pourrais courir au moins cent kilomètres. Je passe devant la porte de Ginette ; quand celle-ci s'ouvre, une main osseuse m'agrippe et m'attire dans son salon.

— Alors, mémé ? Qu'est-ce que ça fait de passer du côté des grand-mères ?

Mais comment elle sait ? Je me suis toujours doutée que c'était une sorcière. Je voudrais bien lui poser la question, mais Ginette est trop hilare pour articuler quoi que ce soit. Qu'elle se gausse, moi je m'en fous, je suis sur mon nuage. *The new* Diane Choinière. Zen comme une aïeule. Je me vois comme ces images de femmes à la longue chevelure blanche au crépuscule de leur vie, le sourire doux, la main tendue vers les petits-enfants. Elle réussit à reprendre un peu son souffle pour me lancer :

— Nous sommes maintenant dans le même panier, ma vieille !

— Pas du tout. Moi je vais être une de ces grand-mères épanouies à l'automne de leur vie. Pas une vieille harpie comme toi qui ne penses qu'à s'habiller sexy et à baiser. Ha ha !

Ginette s'esclaffe de plus belle. Tant mieux pour elle, rire ne peut que lui faire du bien. Pauvre femme, voilà où mène la solitude. Je me sens tellement supérieure et sereine avec cette maternité qui m'effleure de sa douce aile. Voilà ce que je lui dis. Je pensais la piquer au vif, mais on dirait que ma remarque acerbe ne fait qu'augmenter son hilarité. Je sors mon téléphone et compose le numéro des urgences, prête à appuyer sur la touche « appel ». Si elle ne se calme pas, c'est l'infarctus dans pas longtemps.

Quand enfin elle réussit à reprendre son souffle, elle m'explique :

— Diane, excuse-moi. Bien sûr que je me réjouis de votre bonheur, mais je t'écoute depuis hier et je trouve ça très amusant.

Et la voilà repartie pour un tour.

Tu m'écoutes ? Tu peux m'expliquer ?

Et la voilà qui se met à m'imiter.

— Ma vie va changer, je ne boirai plus jamais, je donnerai le bon exemple à cet enfant. Je me sens devenir meilleure.

Elle hurle de rire.

— Tu es tellement romanesque ! Que le fils de Patrick ait un enfant, c'est merveilleux… mais toi, je peux te dire que tu vas rester la bonne vieille Diane Choinière. Tu vas continuer à boire et à mettre les pieds dans les plats. Tu ne seras ni meilleure ni pire.

— OK, mais comment tu sais pour le bébé ? Et comment tu sais que j'ai dit que j'allais arrêter de boire ?

— Viens, je vais te faire voir.

Elle m'entraîne dans ses chiottes et ouvre une petite lucarne qui donne sur notre balcon. Et là, j'entends Patrick comme si j'étais à côté de lui.

— Bonjour, Coralie. Je profite que Diane est sortie pour t'appeler. Il faut absolument qu'on se voie.

Putain ! Je referme la fenêtre d'un coup. Et patatras, je bascule dans l'angoisse. Ginette aussi est mal à l'aise. Je ne pense pas que me faire tomber de mon orbite de façon aussi radicale était son but.

— Bon, puisque tu nous espionnes, il lui parle souvent à Coralie quand je m'absente ?

— Non, Diane, je te jure, c'est la première fois. D'habitude c'est Lambert qu'il appelle dans ton dos. Vu ce que j'entends, il n'a pas l'air de t'aimer, celui-là.

Je vois bien que Ginette ment. Elle est rouge comme une tomate. Je devine que Patrick parle souvent à Coralie.

— Ginette, puisque tu as voulu jouer à la commère, tu vas devenir ma complice.

— Je te préviens, je ne tue personne, mais je peux t'aider à faire disparaître des corps.

— Haha, très drôle ! Je veux qu'à partir de maintenant tu laisses ta fenêtre ouverte et que tu écoutes toutes les conversations. Et tu notes ! Et même mieux, tu enregistres !

Là-dessus, je vais courir. Et merde ! Maudites endorphines ! Me voilà chargée à bloc. Pour dire, Rintintin a du mal à me suivre. Il claudique du mieux qu'il peut, mais toute sa bonne volonté ne peut égaler ma colère en termes de carburant.

CORALIE

Coralie sort d'un pas joyeux du bureau des Stups. Longtemps qu'elle ne s'est pas sentie aussi légère. Le soleil brille enfin. Elle croit même distinguer un sourire sur les spectres qui disparaissent avec les nuages gris. Le but est proche. Celui de la justice. Le destin qui frappe. Le retournement de situation. Quelqu'un tire sur la nappe et renverse la table. Fini le beau festin des Alami. Fini d'avaler la vie des autres, de se bâfrer, fini les désolations. La roue tourne. Et là, Coralie espère très fort qu'elle va écraser Charles Alami. Elle l'imagine broyé par la main de la justice. Elle le tient, elle le sent. Il ne paiera peut-être pas pour le meurtre de sa première femme, mais la facture sera assez salée pour qu'elle puisse le hanter pendant les milliers de nuits qu'il passera étendu sur la couchette froide de sa cellule. Elle peut maintenant rencontrer officiellement Patrick. C'est bon. Les feux sont passés au vert. Un groupe s'est formé. Une enquête est ouverte. Les protections sont tombées. Charles Alami et sa bande sont dans le viseur des Stups, dans le collimateur des juges. Coralie sautille. Elle a même reçu les remerciements du commissaire. Ce beau jeune homme au sourire en coin qui joue du saxophone.

Pour l'instant, aucune arrestation, mais un groupe des Stups est chargé de tenir le lascar à l'œil. Tout est en place. Ils sont sous surveillance. Si tout se passe comme le souhaite Coralie, ils trouveront des pistes, des indices pour justifier une perquisition. Et là, Coralie jubile rien que d'y penser, ils auront la preuve que leurs kebabs ne servent que de façade au commerce de stupéfiants. Justice, justice, justice. Une joyeuse ritournelle tourne dans sa tête. Bon, il faut quand même qu'elle enquête sur le meurtre des deux frères. Même si cela a permis de mettre au jour ce dans quoi les Alami trempaient, il y a deux cadavres. Trois si Coralie compte Sophia. Et les gendarmes peuvent bien en dire ce qu'ils veulent, elle ne perd pas espoir de transformer cet accident en meurtre à mettre sur le dos de Charles. Mais bon ! Chaque chose en son temps.

Elle passe la tête dans le bureau de son adjoint. D'humeur taquine, elle lui lance :

— Allez, mon cher Aurélien. Tu convoques l'équipe et on se fait un point.

Ce « cher », c'est inhabituel. Aurélien sourit. La glace serait-elle enfin brisée entre sa capitaine et lui ? Depuis le temps qu'il essaie de la séduire à coup de cappuccino et de macchiato… C'est la première fois que Coralie laisse échapper un mot suggérant une complicité. Et ce « tu » ! Il n'a pas rêvé. Elle l'a tutoyé. Il roule ce « tu » sous sa langue. Il en a les oreilles toutes rouges.

Cinq minutes plus tard, le groupe Gignac est entassé autour de sa cheffe.

— Bonjour, messieurs, j'espère que vous allez bien.

Tous se regardent. Ils n'ont pas rêvé, la capitaine vient de se préoccuper de leur état de santé ? Un peu mal à l'aise, les hommes bougent sur leur chaise.

— Bien, bien, merci…

— Je veux vous faire part de la bonne nouvelle. La bande des Alami est sous surveillance policière. Un nouveau aurait incorporé leurs rangs, un certain Alex, inconnu des services de police, mais qu'on a vu beaucoup en compagnie de Charles Alami. La découverte d'une quantité importante de cocaïne dans la maison de Marco Alami a permis d'ouvrir une enquête pour trafic. La collaboration avec les gendarmes d'Aix-en-Lotte est plus ardue. Pour eux, la mort de Sophia est un accident. Une enquête est ouverte pour les 200 g de cocaïne. N'oublions pas que le décès de Sophia ne relève pas de nos services, mais ayons quand même cet élément dans un coin de nos têtes. Nous pouvons commencer à envisager que les meurtres auraient été orchestrés par une bande rivale, mais l'hypothèse d'une justicière reste d'actualité. L'analyse d'un cheveu trouvé sur le corps de Marco Alami prouve qu'il s'agit de la même tueuse que pour le meurtre de son frère Cyril. En tout cas, la même personne était présente sur les deux scènes de crime. Marie, notre principale témoin, est toujours hospitalisée. Elle affirme avoir été droguée, donc elle ignore ce qui s'est réellement passé, mais elle parle d'une personne qui est arrivée lorsqu'elle était attachée, les yeux bandés. Marco Alami prenait son pied à la regarder se faire violer par d'autres. Une belle histoire d'amour. Maintenant il faut savoir si ce cher Marco avait d'autres jeunes femmes dans son cheptel. Peut-être que l'une d'elles en a eu assez. Peut-être que quelqu'un en a eu assez de voir ces femmes se faire maltraiter.

DIANE

Dans ma salle au Château, je tente de persuader une magnifique personne, à peine adulte, que non, elle n'est pas monstrueuse, non, son nez n'est pas énorme, non, elle n'est pas difforme. Aucune coquetterie dans son désarroi. Elle regarde les photos et elle se dégoûte. Elle finit par se dénicher un bouton sur le coin de l'oreille. Elle ne voit plus que ça. Elle est devenue ce furoncle infecté. Voilà l'image qu'elle a d'elle-même. On pourrait en rire si ce n'est qu'une telle détestation de soi est dangereuse. Elle se met en danger en permanence. Elle enfile les catastrophes, un collier pour pendre son futur. S'étouffer avant de pouvoir vivre. Il faut arrêter avec les contes de fées, ce n'est pas vrai qu'on transforme une grenouille en prince en l'embrassant. En revanche, j'ai la preuve qu'on transforme une princesse en crapaud en la violant.

On frappe à la porte. Je m'excuse et vais ouvrir. C'est maître Nour.

— Je vais présenter Sam à Sandrine cet après-midi, tu veux venir ? Ce serait moins dramatique si on déguise ça en visite d'amies.

— OK, je te rejoins dans la salle de repos à midi.

Je reviens au côté de ma grenouille qui sourit.

— Sur cette photo, je trouve que je suis moins affreuse.

C'est un début. Un petit fil qui dépasse de sa douleur tricotée serré. À moi de ramer à contresens du courant qui l'a emportée. Voilà pourquoi je mène ces ateliers photos. Voir des femmes se relever. La plus belle des aurores.

Maître Nour n'est pas dans la salle de repos. Je passe une tête dans son bureau, elle est au téléphone.

— Madame, je comprends que vous soyez inquiète. La prochaine fois que votre fille, au retour de chez son père, vous dit que vous avez été méchante d'avoir détruit votre famille en portant plainte contre lui, essayez de la filmer. Il est clair que votre ex-mari essaie de la manipuler. Nous allons saisir le juge pour enfant.

Elle me fait signe d'attendre, je retourne me faire un café. Hélène me rejoint. Toujours, son nouveau sourire épanoui.

— Tu attends maître Nour ?

— Oui, on a prévu d'aller rendre visite à Sandrine chez sa mère cet après-midi.

— Oh, je finis à 15 heures aujourd'hui. Vous voulez passer à la maison après ? Ça me ferait plaisir et je pourrais vous présenter Alex.

— Avec plaisir.

— OK, super.

Elle se penche pour m'écrire son adresse.

— Tu vas voir, je n'habite pas très loin.

— À ce propos, j'ai cru te voir l'autre jour près de chez Élodie Alami avec un jeune homme, ça devait être lui, très beau.

Hélène s'esclaffe.

— Tu veux dire le soir où tu as trouvé le cadavre de Marco Alami ? Ça ne devait pas être moi, j'avais réunion à l'école. Mais c'est vrai qu'Alex est très beau.

Me voilà soulagée. Un poids de moins sur mes épaules. Il me suffisait de demander.

Enfin Nounours arrive. Elle est à cran.

— Allez viens, dépêche-toi !

Je trottine derrière elle mon café à la main, elle est déjà à côté de sa moto à me tendre un casque. Je croise Élodie. Elle me murmure un faible « bonjour » en rentrant la tête dans les épaules, j'ai le temps d'apercevoir un nouveau bleu sur sa joue.

— Oh misère, tu as vu sa figure ? Il va lui falloir quoi ? Mais elle est vraiment conne en fait.

Maître Nour a déjà enfourché sa moto, mais elle enlève son casque pour bien me regarder dans les yeux.

— Diane, tu sais bien que le déni peut durer longtemps. Son Charles, il lui a raconté un beau récit dont elle était l'héroïne. La femme extraordinaire, aimée comme aucune autre femme, adulée comme personne avant elle sur la planète Terre. Il lui a monté un beau grand bateau. Elle y a cru. Et depuis, elle navigue. Il lui a servi le grand amour. Celui qui remplit un vide existentiel, qui console. Un amour liquide qui s'est immiscé dans toutes ses failles jusqu'à ce qu'elle en soit pleine. Et là, il a commencé à souffler le chaud et le froid. Chocs thermiques. Petites phrases venin, les unes après les autres, l'homéopathie de l'emprise. L'insulte déguisée en bienveillance. Puis rebelotte les serments, des promesses, des « je te jure », des « plus jamais », des « je regrette ». Je t'insulte puis je me jette à tes pieds et te promets la lune. Jusqu'à ce que cet amour se gèle dans son cœur et la fige. Un pantin rigide aux mains de ce prestidigitateur. Tu penses que sa famille, ses amis ne lui ont pas dit de faire attention ? Je peux parier que ceux qui n'ont pas voulu faire allégeance à la belle romance ont dégagé. Là, la peur s'est installée. Peur de le perdre. Peur de faire quelque chose qui lui déplairait. Peur de le mettre en colère. Peur de se noyer si son beau bateau coule au fond de la mer. Alors elle rame. Tout pour ne pas le froisser, ne pas le gêner. Elle se dit que c'est sa faute s'il ne l'aime plus comme avant. Incapable d'admettre que son Roméo est un ogre qui a besoin de la mâcher et de l'avaler pour se sentir exister. Mais réaliser ça, c'est extrêmement douloureux. Se reconstruire après demande un courage énorme.

— Je sais, je sais, dis-je d'une voix contrite. Enceinte, elle va avoir encore plus de mal à partir. Mais elle continue à venir au Château des femmes. Même si elle dit que c'est pour sauver son couple, ça veut dire qu'une petite voix à l'intérieur d'elle essaie de lui ouvrir les yeux.

— Oui, mais en tant qu'avocate, je souhaite que sa petite voix, comme tu dis, se mette à hurler bientôt, car elle m'a l'air bien mal barrée l'Élodie avec son ventre rond. J'ai défendu, enfin, essayé de défendre l'ancienne femme de Charles Alami, il y a quelques années. Une catastrophe. Classement sans suite. Elle a retiré tous les dépôts de plainte au fur et à mesure qu'elle retombait dans ses griffes. Si bien qu'au moment du divorce il n'y avait rien pour accabler son mari. L'enquête policière a conclu qu'elle inventait des sévices pour se venger de lui, qu'elle était instable. Elle s'est ramassée et, malgré ça, le Charles Alami s'est mis à la menacer. Toute sa petite bande de caïds était chargée de lui rendre la vie impossible. Il la suivait partout. Un enfer. Elle s'est suicidée. Enfin, conclusion de l'enquête. Moi, je pense qu'il l'a éliminée. Elle avait encore une aiguille dans le bras. Une femme qui ne touchait pas à la drogue se serait fait un shoot avant de se passer la corde au cou ? Mais bon, impossible d'accuser son ex-mari. La justice avait classé les plaintes de madame sans suite. Officiellement, jamais il n'avait levé la main sur elle, alors pourquoi l'aurait-il tuée après le divorce ? C'est après cette histoire que je me suis spécialisée dans la défense des femmes et que j'ai commencé à faire appel à Sam. Il a peut-être ses problèmes de consommation, mais il n'y a pas meilleur limier. Maintenant, il me faut des preuves, coûte que coûte. Je ne veux plus jamais amener une femme devant un policier, devant un juge pour qu'elle se fasse rembarrer. Pour qu'elle subisse une autre humiliation, une autre violence, un autre mépris. Ça les tue une seconde fois. Ce que le mari ou le violeur n'a pas fini, la violence d'un classement sans suite l'achève. Ce déni, quand une femme ose porter plainte, ose se défendre et qu'on juge que le doute doit bénéficier à l'agresseur est un couteau enfoncé jusqu'à la garde dans l'honneur, dans l'estime de soi, de ces femmes. Rares sont celles qui se relèvent indemnes de cette deuxième gifle.

— Je sais, je sais. Mais on peut encore sauver Élodie. Je l'aime beaucoup, cette jeune femme.

— Diane, tu es bien placée pour savoir qu'il n'y a qu'Élodie qui pourra sauver Élodie. Si tu fais pression sur elle, tu risques seulement de la pousser dans ses retranchements. Si elle sent son « récit » menacé, elle sera la première à être loyale envers son mari.

— Je sais, mais quand même.

— Laisse tomber les « quand même » et mets ce casque sur ta tête. Pour Sandrine, on peut faire quelque chose.

***

Nous attendons Sam dans un café à quelques centaines de mètres de la cité des Fleurs. Nous sommes les deux seules femmes. On s'installe au bar. Nounours s'y reprend à trois fois pour attirer l'attention du serveur qui essuie ses verres. Nous pourrions nous croire invisibles si ce n'étaient les dizaines de paires d'yeux qui nous observent dans un silence que j'aimerais qualifier d'admiratif, mais je ne suis pas certaine qu'il ne soit pas plutôt lourd de mépris.

Enfin, un homme assez grand avec un perfecto en cuir, des rouflaquettes et un regard de renard entre dans le café. Il vient droit sur nous de sa démarche chaloupée, son casque de moto sous le bras. Il se penche sur Nounours et l'embrasse avant de me faire la bise. Sa présence en impose. Le brouhaha du bistrot reprend. Nous ne sommes plus des femmes non accompagnées. Le serveur apparaît comme par miracle. On commande trois cafés amers avant de partir. Quand Sam lève la main pour payer, je remarque des blessures sur son avant-bras. Se sentant observé, il tire sur sa manche et remet son perfecto.

Nous décidons de nous rendre chez Mme Gennoun à pied. Rien ne sert d'attirer l'attention sur nous en arrivant à moto. Nous croisons des jeunes qui roulent sur la roue arrière de leur scooter. À notre approche, des sifflets retentissent. Notre présence est signalée. Nous saluons les jeunes à l'entrée de l'immeuble. Deux d'entre eux dévorent un kebab de chez *À l'ami des meilleurs kebabs*. Cela nous arrache un sourire. Un jeune coq s'avance vers nous, nous jauge de la tête aux pieds.

— Qu'est-ce qu'y a la vieille, quelque chose te fait marrer ?

Je dois avouer que la présence de Sam me rassure un peu, mais c'est Nounours qui répond :

— Désolée, c'est votre kebab. Je suis amie avec le patron de ce restaurant.

À ces mots le jeune caïd se calme immédiatement. Il baisse les yeux, mais j'ai le temps d'y apercevoir un éclair de panique.

— Excusez-moi, madame. Bonne journée.

Putain ! La phrase magique. Je vais essayer la prochaine fois que j'irai voir Coralie : « Je suis une amie intime de Charles... »

Mme Gennoun habite au sixième étage. Il y a un graffiti dans l'ascenseur. Je ne comprends pas trop le propos. Il y est question d'une pute, de sa mère et d'une salope. Une espèce de sainte trilogie, une prière à l'amour des femmes.

Mme Gennoun nous fait entrer dans un vaste salon aux murs tapissés avec goût. Un motif discret dans les teintes crème et vert amande. Elle nous sert du thé. Sandrine vient s'assoir avec nous. Elle est souriante. Elle a repris ses cours. Elle voit une psychologue. Sam leur tend une main chaleureuse. La discussion va droit au but. Maître Nour a reçu de bonnes nouvelles. Le procureur a donné un avis favorable au juge. L'expertise du Château des femmes a été prise en compte. L'affaire est renvoyée devant la cour d'assises. Sam a commencé à enquêter. Le jeune homme semble ne pas en être à son coup d'essai. Il s'est vanté à plusieurs reprises auprès de ses pairs de toujours réussir à obtenir ce qu'il veut. Par tous les moyens. Qu'après tout c'est aussi, selon lui, ce que veulent les filles. Maintenant Sam doit retrouver d'autres victimes. Pour ça, il lui faut faire parler des copains. Ce qui implique quelques billets pour délier les langues et les consciences. Nous voilà au nerf de la guerre. L'argent. Mme et M. Gennoun n'hésitent pas une seconde.

— Allez-y. Mettez tous les moyens, dit Mme Gennoun. On trouvera l'argent. C'est un investissement sur l'avenir de notre fille. Il faut que justice soit faite pour qu'elle puisse avancer. Maintenant qu'il va y avoir procès, mettons toutes les chances de notre côté.

— Il ne s'agit pas de chances, mais de preuves. C'est pour ça que Sam est là, répond maître Nour. Il faut produire des preuves au-delà du doute, éclairer toutes les zones d'ombre pour qu'aucune incertitude ne puisse servir de planque à un violeur…

Nous nous disons au revoir, pleins d'espoir. Sam regagne sa moto.

Quand je suis seule avec Nounours, je lui lance.

— Il est pas mal, ton Colombo.

— Oui, mais il est rattrapé par ses vieux démons. Il m'inquiète. Il a replongé la tête la première dans la cocaïne et je crains qu'il fasse de nouvelles bêtises avant de retourner en cure de désintox. Tu sais que c'est comme ça que je l'ai connu ? J'ai été son avocate. Vol. Cinq ans de prison. C'est là qu'il a appris son métier de détective, je pense. Les magouilles, les trucs… il sait où fouiller, et aussi à qui et comment demander des renseignements. Je m'inquiète pour lui. S'il n'arrive pas à se payer de la bonne came, il peut se mettre à s'injecter ou à sniffer n'importe quoi. Ou à faire n'importe quelle connerie pour s'en procurer.

Deux immeubles plus loin, on est devant le bâtiment B4. Bel immeuble. Plus récent que celui qu'on vient de quitter.

Le plan pour la rénovation urbaine est passé par ici. Hélène habite au dernier étage. Belle exposition. Interphone.

— Allo Hélène ?

— Oui, montez !

Chic. Ascenseur propre. Comme quoi, quand on veut... c'est un beau jeune homme. Enfin, jeune ! Jeune pour moi, début de la quarantaine, je dirais. Taille moyenne, musclé mais assez fin. Des yeux magnifiques. D'un vert de félin.

— Bonjour, je suis Alex. L'ami d'Hélène.

Du fond de l'appartement, on entend :

— Entrez, les filles. J'arrive. Je finis de m'habiller.

S'habiller ? Tiens, tiens, en plein après-midi. Je lui crie :

— Oh, il ne fallait pas te changer pour nous. J'aimais beaucoup la tenue que tu portais ce matin.

Hélène arrive hilare, elle échange un coup d'œil avec son amoureux, ses magnifiques yeux bleus ont l'air encore plus bleus éclairés par le regard vert d'Alex.

J'ai le cœur qui ramollit à voir ces deux-là. Une évidence. L'amour. Simple, limpide, banal. Je remarque les détails de leur complicité. La façon qu'a Alex de remettre une mèche de cheveux derrière l'oreille d'Hélène en souriant. Leur façon de respirer au même rythme. L'attention qu'ils se portent. Des petites choses qui explosent devant moi. Un bonbon acidulé. Des bulles de champagne. Tout en eux pétille. Il a un joli accent. Il vit à Montréal depuis plus de vingt ans. Il était en froid avec son père, je ne comprends pas trop pourquoi et je n'insiste pas non plus. Quoi qu'il en soit, l'aïeul est décédé il y a quelques mois et Alex est venu pour les obsèques. Profondément ému de retrouver sa mère qui vieillit, il a décidé de repousser son retour. Alex est ingénieur. Il a monté une start-up qui a dépassé depuis longtemps le stade de « start ». Les affaires fonctionnent bien. Son associé s'en occupe en son absence. Quelques heures de télétravail au milieu de la nuit, décalage horaire oblige, a rendu possible le prolongement de son séjour. Le quartier a changé. Il ne reconnaît plus personne. Ses anciens amis sont partis faire leur vie ailleurs. Sont restés les cafards comme les Alami qui pompent le sang de leurs voisins. De nouveaux habitants sont venus avec les nouveaux bâtiments.

Maintenant qu'il a rencontré Hélène, il a de moins en moins envie de retrouver l'hiver de Montréal. Il se réchauffe auprès de cette nouvelle romance. Peut-être cet été, si leur histoire continue, ils iront visiter Montréal. Voir si Hélène et son fils pourraient s'y plaire. Ils en sont là.

Nous repartons séduites, maître Nour et moi. Ça nous fait du bien, les histoires d'amour. De l'espoir. De la beauté. Du bonheur.

— À quoi tu penses Diane ? Tu as l'air dans la lune.

— Je pensais qu'il faudrait inventer un nouveau mot pour les hommes qui ne sont pas comme Alex, Patrick et Sam et des millions d'autres. Quand on dit le mot « HOMME », j'ai tout de suite des lumières rouges clignotantes qui s'allument. Alors que ça devrait être un mot qui me met en joie. Si on inventait un mot comme, je ne sais pas moi : *l'Humuretorta*. Homme tordu. On pourrait les extraire des humains. Ce serait une catégorie à part.

— Oui, me répond Nounours en riant. Et les Humuretortas, il faudrait tous les éliminer.

Nous rejoignons la moto en silence. Je n'ai rien à ajouter à ça, mais je trouve tout de même mon amie un peu radicale.

Nounours me dépose devant chez moi. Je suis toute légère sans mes éclairages et mon sac photo que j'ai laissé au Château. Je monte les marches quatre par quatre pour me prouver que je suis encore capable de le faire. C'est un examen médical en quelque sorte. Si j'y arrive sans tomber dans les pommes, tout va bien. Une façon de faire l'autruche. L'examen de l'escalier remplace la prise de sang. Bingo, j'y suis arrivée. Je me retiens au montant de la porte pour reprendre mon souffle quand Ginette ouvre la sienne.

— C'est toi ? Je me demandais ce qui faisait tout ce boucan. Eh bien, tu tombes bien ! Allez, viens.

Elle me crochète la manche et se met à tirer.

— Mais Ginette, je n'ai pas le temps de prendre un porto, j'ai laissé Rintintin à la maison. Tu sais qu'il ne faut pas le laisser seul trop longtemps.

— Diane, ne t'en fait pas pour ton chien, ton Patrick est rentré. Va dans mes chiottes écouter ce qu'il trafique avec sa collègue.

Je constate avec satisfaction que Ginette a pris sa mission avec sérieux. Sur le siège des toilettes, il y a un coussin moelleux. À côté, un cendrier sur pied avec des mégots de cannabis. Une petite table, coincée entre la cuvette des chiottes et le mur, supporte un crayon et un cahier rempli de notes, un verre et une bouteille de porto. Je m'assois sur le siège improvisé et là j'entends tout comme si j'étais assise sur mon balcon. Putain !

— OK Coralie. Après-demain. On y passe la nuit. À 6 heures, on passe à l'action. On pénètre. Ça va être le pied !

Mon monde s'effondre. Je me relève à toute vitesse, je me retourne, me penche sur la cuvette, merde les coussins, je jette tout dans le salon et je me vide l'estomac. Ginette m'apporte une serviette froide que je me passe sur la figure. Mais cela ne suffit pas à essuyer mes larmes. Je vais maintenant pleurer pour le restant de mes jours.

— Mais Diane, qu'est-ce que tu as entendu pour te mettre dans cet état ?

— Il me trompe avec Coralie. Il va passer la nuit avec elle. Je le savais. J'ai entendu le mot pé… Oh ciel !… Mais toute la nuit à s'observer quand même… Tu réalises comme ils se désirent… moi je m'endormirais avant…

Je me remets à vomir. Ginette ferme le fenestron.

— Calme-toi, il va t'entendre. C'est étrange ce que tu me dis, car juste avant que tu agonises dans l'escalier et que je quitte mon poste pour te secourir, il était question d'opération policière, de descente de police, de… de… Passe-moi le cahier sur la petite table que je vérifie mes notes.

Ginette remet ses lunettes et commence à tourner les pages.

— « Diane gêne », non non : « propension à se mêler de ce qui ne la regarde pas… », non non, c'est plus loin. « Je te laisse, je dois passer l'aspirateur… non, Diane ne le passe jamais… » Ça, c'était hier… C'est bon, ça y est. « Protection tombée, assez de preuves, commerce de kebab sert de planque, opération au petit matin, perquisition kebab et maison. Charles Alami revient dans deux jours. Arrestation à son retour. » Voilà ce qu'ils ont dit avant que tu prennes le relais. Ça ne m'a pas l'air tellement torride comme rendez-vous.

Je retire ma tête des toilettes. En effet, j'avais bien mal interprété la conversation. Je prends la serviette, la repasse sous l'eau. Je me lave le visage. Digne, je me dirige vers la porte et avant de franchir le seuil je dis à Ginette, sans même me retourner :

— J'avais bien compris… Ne va pas croire que je suis jalouse et possessive.

CORALIE

Coralie regrette de ne pas avoir de cigare sous la main. Logique, elle ne fume pas. Elle ne boit pas non plus, pourtant c'est exactement ce dont elle a envie après ce coup de fil. Elle se calerait bien dans le dossier de son siège avec un Montecristo gros comme un bâton de chaise et un bon Jack Daniel's ambré. Enfin, un coup de filet contre les Alami s'organise. La brigade des Stups monte l'opération. Les écoutes téléphoniques et les planques ont porté leurs fruits. Oui, elle avait raison, la bande des Alami trempe dans les drogues dures. Oui, les kebabs servent à blanchir l'argent. Charles est parti ce matin récupérer une cargaison. Il revient demain soir. *À l'ami des meilleurs kebabs*, il y aura plus de cocaïne que de mouton grillé. Coralie se réjouit d'assister à l'arrestation de Charles Alami en direct. Son équipe ne participera pas à l'intervention. Officiellement, les affaires de meurtres ne sont pas directement liées à la drogue, mais comme elle a contribué à ouvrir cette piste, elle aura droit d'être observatrice. Une grande victoire. Après, elle pourra interroger Charles sans être soupçonnée de vouloir accabler la famille des deux victimes sauvagement assassinées.

DIANE

Je rentre à la maison, l'air de rien. Mon chien vient me saluer. Il saute partout. Je vais embrasser Patrick.

— Mais qu'est-ce qui t'arrive ? Tu as une drôle d'odeur et les yeux tout rouges. Tu ne fais pas une intoxication alimentaire, j'espère.

Et voilà mon Patrick aux petits soins. Il prend ma température. Il décide de me préparer une soupe. Je vais prendre un bain et me brosser les dents. Comme pour rien au monde je n'avouerais à Patrick que j'ai monté un dispositif d'écoute chez Ginette et que je suis dans cet état parce que j'ai mal interprété une conversation, je joue à la malade.

— Je me sens barbouillée.

— Dommage que tu ne sois pas dans ton assiette. J'ai une grosse opération qui se prépare, je ne serai pas là ces prochains jours.

Me voilà sous la couette avec un bon roman que je fais semblant de lire. Je suis très embêtée pour la pauvre Élodie. S'il y a une descente chez elle et que sa maison est farcie de drogue et d'argent liquide comme je l'ai vu l'autre jour, je suis certaine qu'enceinte ou pas, elle tombe pour complicité.

Le lendemain, je suis sur pied à 6 heures.

— Je vois que tu vas mieux, ça t'a fait du bien une bonne nuit de dix heures !

Je souris bêtement. Je n'ose pas avouer à Patrick que je n'ai pas fermé l'œil pendant ces longues et interminables heures que j'ai passées à regarder le plafond et à me faire du mouron pour Élodie. Je ne peux me résoudre à l'arrestation de cette jeune femme. Je pense qu'il devrait y avoir une limite au malheur. Là, elle va aller en prison, c'est certain. Je l'imagine accouchant menottée à la table de travail. Je la vois hurler quand, dans quelques mois, on lui arrachera l'enfant pour le confier à l'assistance publique. Il faut que j'empêche ce cauchemar de se produire. Je dois la persuader de s'enfuir. De témoigner contre Charles. De se sauver de ce naufrage.

Regonflée à bloc, pleine de certitudes, je sais pourtant que cet état d'esprit ne me réussit pas toujours. Je n'ai pas dormi, je devrais me méfier de mon propre jugement. Faire un peu de méditation. Ça m'est arrivé souvent de ne pas me rendre compte, dans le feu de l'action, des retombées possibles de mon comportement. C'est après, quand les conséquences de mes exploits m'obligent à un peu de modestie, que je prends la mesure de l'ampleur de mes conneries. Mais là, putain, c'est différent. Je suis convaincue du bien-fondé de mon raisonnement. Je ne peux pas laisser cette jeune femme, que dis-je ? cette enfant payer pour les péchés de son mari. Je dois agir. Je dois porter secours à cette gamine en danger. Que le monde des hommes tourne, avec la drogue, l'argent, le crime, les guerres ! Qu'ils s'amusent sans nous. Moi, Diane Choinière, seule, je vais sauver l'innocence du désastre.

Au Château des femmes, je ne dis rien de mon projet de sauvetage. Surtout que je ne suis absolument pas censée être au courant de l'opération policière qui se prépare. Je prends mes photos. Je discute avec mes collègues de choses et d'autres. Je prends un café avec une Hélène toujours radieuse. Quand j'accompagne la dernière femme à la porte de ma salle, je me précipite pour remballer mes éclairages et les fourrer dans mon coffre. En vue de réaliser ma mission avec le plus de facilité et de discrétion possible, je suis venue en voiture aujourd'hui. J'embarque Rintintin et direction le pavillon de M. et Mme Alami. Selon les notes de Ginette, Charles Alami est absent aujourd'hui. Je ne doute pas une seconde de sa retranscription des conversations : malgré son âge avancé, elle a l'ouïe fine et l'œil aguerri, ma voisine. Mais un changement de plan est toujours à prévoir. Alors je me gare à plusieurs centaines de mètres de la maison et m'approche à pied, discrètement, afin d'être sûre que Charles n'est pas là. À ma grande surprise, je vois Alex sortir. Élodie l'accompagne à la porte. Je m'étais promis de rester au moins deux heures en observation avant d'intervenir, mais la présence d'Alex aiguise trop ma curiosité pour que je résiste plus longtemps. J'attends encore une ou deux minutes puis, n'y tenant plus, je rabats le capuchon de mon sweat gris sur ma tête, je fais signe à mon chien de m'attendre et je me faufile jusqu'à la porte d'Élodie. Je frappe deux petits coups en regardant à droite et à gauche. Elle entrouvre la porte sans enlever la chaîne. Je glisse un œil dans l'entrebâillement.

— Élodie, ouvre-moi, c'est Diane. C'est très important.

— Non, mon mari m'a fait promettre de ne laisser personne entrer.

— Je viens de voir Alex sortir de chez vous.

— Alex, ce n'est pas la même chose. C'est un des meilleurs amis et collègues de mon mari. Il connaît sa tante depuis l'enfance. Charles était presque frère de son cousin décédé. Alex lui ressemble comme deux gouttes d'eau. C'est pour ça que mon mari s'est rapproché de lui quand il est venu de Suède pour l'enterrement de son oncle et qu'il est resté pour aider sa tante.

Mais qu'est-ce qu'elle me raconte ? C'est n'importe quoi. Alex ne vient pas de Suède, mais du Canada. Et ce n'est pas sa tante, mais sa mère. Élodie semble s'emmêler les pinceaux. Peu importe, il y a plus urgent.

— Élodie, il faut que tu ailles voir les flics et que tu témoignes contre ton mari. Ouvre-moi la porte que je t'explique.

— Non, si vous êtes venue pour encore essayer de me monter la tête contre mon mari, c'est peine perdue.

— Je ne peux pas te dire pourquoi, mais il faut que tu le dénonces. Tu es en danger. Fais-moi confiance.

Bang ! Elle me ferme la porte au nez. J'entends sa voix étouffée :

— Madame Diane, si vous ne partez pas immédiatement, c'est moi qui vais appeler les policiers.

— Mais Élodie, tu es couverte de bleus. Il faut que tu sauves ta peau.

— Il y a un contexte. Je me suis trop concentrée sur ma grossesse. Je l'ai négligé alors qu'il est stressé. Je n'ai pas à me justifier, j'appelle les flics.

Il n'y a rien à faire. C'est à s'en arracher les cheveux. Que faut-il à cette nouille pour qu'elle ouvre les yeux ? Le « contexte ». Mais depuis quand il y a un contexte qui justifie de frapper sa femme ! Putain ! Il faudrait tous les buter, ces mecs.

Et là je perds les pédales. Trop énervée pour fermer ma gueule.

— Pas besoin, grosse conne, ils seront là demain au lever du jour.

Merde, merde, merde et merde !

CORALIE

Bientôt 5 h 55. Le cœur de Coralie bat fort. Boum. Boum. Les battements résonnent de plus en plus fort dans sa poitrine à mesure que les 300 secondes qui la séparent de sa victoire s'égrènent. Boum. Régulier, boum, rétrécissant, boum, la longue attente qui sépare Coralie de sa liberté. Encore cinq minutes et le sort de Charles Alami sera joué. Une roulette russe où dans chaque chambre du barillet il y a une douille remplie de justice. Coralie ne peut plus rater sa cible. Encore 220 secondes et bang. Alami aura les menottes aux poignets et la prison comme avenir. Et elle, Coralie, pourra enfin rejoindre les vivants. Sourire aux hommes qui lui apportent des cafés crémeux. Elle aura fait justice aux mortes. Elle pourra mettre fin à ses obsessions, dire adieu à ses fantômes et enfin dormir. Ce n'est pas la nuit blanche qu'elle vient de passer dans cette voiture à surveiller la demeure de Charles Alami qui lui a cerné les yeux, mais ces années à ne pas pouvoir fermer l'œil sans plonger dans un cauchemar. Boum. Délivrance. Encore 110 battements. 109, 108, 107, 106… Enfin 6 heures !

Elle passe son gilet pare-balles. Les policiers sont en place de part et d'autre de la porte. Au moment où retenti : « police ! », Coralie croit voir le ciel se dilater. Mais non. Une porte banale s'ouvre sur un Charles Alami souriant, habillé et rasé de frais.

— Entrez, je vous en prie, je vous attendais.

Quand Charles voit la mine déconfite de Coralie, il lui fait un clin d'œil.

— Tiens, capitaine Gignac, vous êtes là ? Je croyais que vous aviez quitté les Stups et que vous étiez occupée à retrouver les assassins de mes frères. Vous prendrez bien un café. Il se retourne vers la cuisine pour crier : « Élodie, grouille, apporte le café. »

Coralie mesure sa défaite au ton victorieux de son ennemi. Elle regarde ses collègues relever les coussins, ouvrir les armoires, promener les chiens dans tous les recoins du pavillon. Elle sait qu'ils ne trouveront rien. Chou blanc. Elle tourne les talons pour quitter cet endroit maudit et se dirige vers sa voiture quand elle entend crier dans son dos :

— Mais capitaine ? Et votre café ?

Un grand rire. Elle se retrouve dans cette voiture où elle a tant espéré ces dernières heures. Le siège est froid, l'habitacle humide. Un tombeau. Patrick la rejoint. Il n'essaie même pas de la consoler. Lui aussi mesure l'ampleur du désastre. D'autant qu'il vient d'avoir ses collègues au téléphone. Ils n'ont rien trouvé non plus dans les kebabs. Des livres de comptes ouverts sur le comptoir les attendaient. Une cuisine étincelante, les certificats de traçabilité, les fiches de paie des employés, les déclarations d'impôts. Tout cela trop lisse pour y faire adhérer le moindre reproche. Trop lisse pour être vrai. Néanmoins, rien pour convaincre un juge avec un minimum de jugeote de continuer à investiguer autour de *À l'Ami des meilleurs kebabs*.

— Merde, mais qu'est-ce qui s'est passé ? demande Coralie. Tu crois qu'il pourrait y avoir une taupe dans ton service ?

— Je n'en sais rien. Charles Alami était sous écoute et sous surveillance. Il n'a reçu aucun coup de fil l'informant d'une opération. On l'aurait su. Je finis la perquisition, je passe chez moi prendre une douche et je te rejoins à ton bureau vers 14 heures. Demande les rapports de surveillance. Qui est entré ou sorti de cette maison depuis 24 heures. Et essaie de dormir une heure ou deux pour avoir les idées claires.

— Tu rigoles ? répond Coralie. Je ne pense pas que je vais pouvoir dormir avant l'été prochain.

DIANE

À peine levée, j'entends un bruit de clé dans la serrure. Moment de panique, qui veut forcer ma porte ? Rintintin s'approche de l'entrée et sa demi-queue se met à battre. Signe que c'est Patrick. Putain, qu'est-ce qu'il fait là ? Je ne pensais pas le revoir de sitôt, avec l'arrestation de Charles Alami, la découverte de la drogue, les gardes à vue et tout le reste. Je me compose vite un visage neutre, comme s'il était naturel qu'il rentre chez lui. Je ne suis absolument pas censée être au courant de cette histoire de descente de police.

— Salut, pas trop dure ta nuit de garde ? Je prépare du café, tu en veux un ?

— Non merci, je vais prendre une douche et essayer de dormir un peu.

Je ferme mon clapet, mais je lui trouve un air vraiment contrarié. Il a ce petit rictus que je déteste. Je me demande ce qui s'est passé. Je décide de le rejoindre dans la douche. Qui sait ?

— Diane, tu peux sortir s'il te plaît ? Ce matin, les choses ne se sont pas déroulées comme prévu. Un échec. J'ai besoin d'être un peu seul.

Me voilà mise à la porte de ma salle de bains. Tant pis, je vais rester sale. Qu'est-ce qui peut bien le mettre dans cet état d'abattement ? *Red flag !* Et si ma première conclusion était la bonne et qu'il avait vraiment un rendez-vous romantique avec Coralie ? Je me mets à me gratter le cou. Tant pis, je n'y tiens plus je me précipite chez ma voisine. Je cogne trois coups discrets ; comme elle ne répond pas, je me mets à frapper sa porte de mes poings. Ce n'est pas Ginette qui vient m'ouvrir, mais un homme en robe de chambre rose. Je reste interdite deux secondes avant de me rendre compte que ce n'est pas ma voisine. J'ouvre la bouche pour protester quand le monsieur me fait signe de ne pas faire de bruit.

— Nous avons veillé très tard hier. Elle s'est endormie il n'y a pas longtemps. Vous êtes Diane ? Tenez, vous êtes mignonne de faire sortir la chienne, je préviendrai Ginette que vous êtes passée.

Me voilà sur mon palier. Mise à la porte pour la deuxième fois de la journée et il n'est pas encore midi. Avec en bonus une Choupette sur les bras. Abandonnées toutes les deux. Quand je rentre chez moi, Patrick est sorti de la douche et la porte de la chambre est fermée. Le message est clair, il veut dormir. Seul. Au lieu de tourner en rond, je décide d'aller tirer au clair un détail qui me chicote. Le Alex ? Fils ou neveu ? Suède ou Canada ? J'embarque les deux chiens. Samedi, Hélène va être chez elle. Je vais la prendre par surprise. Je ne voudrais pas qu'elle se laisse duper par les beaux yeux verts de cet homme. Je pourrais aussi glaner par la même occasion des rumeurs sur le démantèlement de la bande Alami. On ne doit parler que de ça dans le quartier des Fleurs. Je ne me cache pas qu'une petite alerte rouge s'est déclenchée dans ma tête quand j'ai cru entendre un cambrioleur forcer ma serrure ce matin. Chose étrange, en découvrant l'air piteux de mon homme, je ne me suis pas du tout sentie soulagée. Je dirais même que j'aurais préféré un voleur. Il est assez clair que quelque chose a foiré. J'aurais peut-être dû laisser Élodie se faire emprisonner avec son époux. Après tout, pour le meilleur et pour le pire. Impossible. Je me gratte le cou pour rien. Elle n'est pas assez bête pour lui avoir tout répété. Impossible que l'idée ridicule qu'il serait fier d'elle ait traversé sa cervelle d'oiseau. Qu'il lui serait reconnaissant de lui avoir évité la prison. Elle ne peut pas être assez idiote pour lui faire part d'une nouvelle aussi catastrophique. Être assez abrutie pour ne pas prévoir qu'il va s'en prendre tôt ou tard à la messagère ? Absurde. Je m'inquiète pour rien ! J'ai fait ce qu'il fallait faire. J'ai la conscience tranquille. *Red flag*, gratte, gratte. Je me serais sentie coupable si j'avais laissé cette jeune femme, enceinte de surcroît, se faire passer les menottes sans réagir. Je peux être fière de moi.

Néanmoins, je préfère partir plutôt qu'attendre que Patrick se réveille. J'enfourne les deux chiens sur le siège arrière de ma voiture. Je vais aller tirer ces deux histoires au clair.

Je me gare devant l'immeuble d'Hélène : le quartier est étonnamment calme. Rien ne semble s'être passé. Les mêmes jeunes aux mêmes postes. Les mêmes sifflements. Je suis en train de mettre la laisse à Rintintin quand, *Red Flag, Red Flag*, je vois Charles Alami sortir de l'immeuble d'Hélène. Aussitôt je me couche sur le siège de la voiture, puis je m'avise qu'il ne sait pas qui je suis. Moi, je le connais par les photos de lui en maillot de bain, les muscles bandés qui sont affichés dans son séjour, mais lui ne m'a jamais vue. Je me détends, je recule pour sortir de ma cachette et quand je me relève je me retrouve face à face avec l'animal. Rintintin, débile comme il est, se fige, une patte en l'air. Heureusement, Choupette est là pour me défendre. Elle jappe comme une hystérique, prête à lui mordre le mollet.

— Vous êtes du Château des femmes ! Je vous interdis de vous approcher encore une fois de ma femme.

— Comment savez-vous qui je suis ?

— J'ai suivi Élodie. Elle ne mettra plus les pieds dans votre château de putes et vous, si j'apprends que vous traînez autour de chez moi, vous aurez affaire à moi.

J'en reste sans voix. Paralysée sur le trottoir au côté de mon chien. Deux statues. J'ai les poils du cou qui se dressent. Il s'approche à deux centimètres. Choupette devient folle. Il lui donne un coup de pied. La pauvre, elle rebondit au pied d'une poubelle qui déborde. Il se penche sur moi et me chuchote à l'oreille :

— Et à propos, merci pour le scoop sur la descente de police.

Il s'éloigne en riant.

J'en ai pissé dans ma culotte. Maudite infection urinaire qui n'en finit plus. Tremblante, je récupère ma brave Choupette. Je lui essuie la sauce Samouraï qui lui poisse le poil. Un vieux kebab pourri j'en suis sûre. Je tire sur la laisse de l'autre imbécile qui aurait laissé le goujat me trucider sans bouger d'un poil. Je ne vais pas le dire à Ginette, que cela rendrait trop fière, mais c'est Choupette qui devrait avoir une médaille de bravoure et non mon traumatisé qui se dissocie au moindre stress. Bon, maintenant que j'ai le pantalon mouillé, impossible d'aller chez Hélène. Je m'apprête à remonter dans ma voiture quand je vois Mme Gennoun, la mère de Sandrine, venir vers moi. Elle trottine en tirant un caddie.

— Ciel, Diane, je vous ai vu vous faire agresser par Charles Alami. Comment allez-vous ? Mais quelle est cette odeur…

La honte. Je fais semblant moi aussi de chercher la source de la puanteur quand je vois Mme Gennoun regarder mon entrejambe. Oh putain.

— Venez avec moi. Je n'ose pas imaginer ce que ce malotru a pu vous dire pour vous secouer à ce point. Allez, venez chez moi, j'ai de quoi vous changer.

— Merci, ce n'est pas de refus. Vous n'êtes pas allergique aux chiens ?

Me voilà donc dans le salon confortable de Mme Gennoun. Elle revient du marché. J'ai droit à des dattes fraîches et à un merveilleux café. J'ai pu prendre une douche et elle m'a prêté un pantalon de jogging.

— Je vais vous laver le vôtre.

— Non, ce n'est pas nécessaire, je vous assure. C'est un vieux pantalon de pyjama. Je n'ai pas eu le temps de m'habiller ce matin.

Heureusement que j'ai ce long pull en laine. Dans ma précipitation, mais il faut dire que la porte de ma chambre était fermée, j'ai oublié de m'habiller. OK, soyons franches ! Il m'arrive souvent de passer toute la journée du samedi avec un bas de pyjama et un grand pull enfilé au saut du lit. Mais c'est la première fois que je rends visite à quelqu'un accoutrée ainsi. En même temps, ce n'est pas si différent qu'avec un legging. Au moins j'ai les cheveux propres.

Je suis bien dans ce salon. Les chiens se sont endormis dans l'entrée. L'hospitalité de cette femme nous aide à nous remettre de nos émotions. Nous parlons de choses et d'autres. Sam avance bien dans son enquête. Sandrine et sa famille sont optimistes. Ce qui les angoisse, c'est l'argent. Où en trouver pour payer ce merveilleux Sam ? De fil en aiguille, je glisse le nom d'Hélène.

— Oui, je la croise souvent au marché. J'aime beaucoup cette femme. Mais ça fait plusieurs fois que je la vois accompagnée d'Alex. Je n'aime pas ça.

Je saute sur l'occasion pour la questionner

— Ah bon ? Pourquoi ? Il m'a l'air charmant ce garçon.

— Oui, il est toujours très poli quand je le croise, mais je le vois aussi beaucoup avec Charles Alami. La rumeur court dans le quartier qu'il serait un de ses nouveaux lieutenants. Remarque, il ressemble tellement à son cousin Yanis. Pas étonnant que Charles fasse un transfert.

Tiens, tiens. Je dandine de la tête, je froisse un peu les sourcils. Je fais la fille intéressée, mais pas trop curieuse. Je me retiens de sortir le questionnaire qui s'allonge dans ma tête. Mme Gennoun n'est pas du genre commère. Si j'avance à visage découvert et qu'elle devine que je suis en train de mener un interrogatoire, elle risque de se refermer comme une huître. Je risque un vague :

— Yanis ? Son cousin ?

— Oui, c'est une vieille histoire.

— Ah bon ?

Je me sers un biscuit que je croque avec avidité pour m'empêcher de la supplier de me raconter. Ma stratégie fonctionne, car elle reprend :

— Une triste histoire. Charles et Yanis étaient amis depuis l'enfance. Ils étaient plus jeunes que moi d'une dizaine d'années. Une bande de chenapans. Déjà des terreurs à 6, 7 ans. Ils étaient toute une bande, les Alami, Charles, le leader, ses frères Cyril et Marco et la famille Durand. Yanis et Spok. Inséparables. On ne les voyait pas l'un sans l'autre. À l'adolescence, les Alami ont commencé à mal tourner. Pour les Durand, c'était une autre histoire. Yanis était plus sérieux. Mais Spok était un enfant brillant. Toujours de bonnes notes. Son frère ne laissait personne se moquer. Il protégeait Spok qui le suivait partout, lui et sa bande. Puis, quand ils ont eu 17 ans, Yanis est mort. Un accident. Les gens ont jasé. Charles aurait voulu faire un rodéo à moto. Yanis était derrière lui, sans casque. Il est tombé. Traumatisme crânien. Trois jours de coma. C'est à ce moment-là que Charles Alami est devenu incontrôlable. Il s'est mis dans la vente de cannabis. Tout le monde avait peur de lui. Violent, agressif, dangereux. Depuis quelques années, il s'est lancé dans le commerce de kebabs, mais franchement, pour vous dire la vérité ? Personne n'y croit.

— Et Spok ? Qu'est-ce qui lui est arrivé ? Il est resté dans la bande ?

— Non pas « il », mais « elle ». Spok était une fille. Remarquez, il fallait le savoir. Tout comme son frère, mêmes vêtements, mêmes mimiques, si Spok n'avait pas été plus petite on aurait juré des jumeaux. Après la mort de Yanis, elle errait comme une âme en peine. Charles Alami s'était mis en tête que c'était à lui de remplacer son frère. Au lieu de reconnaître sa responsabilité dans le décès de son meilleur ami, il s'est mis à blâmer la pauvre Spok. Elle est devenue son souffre-douleur. Il s'est mis à colporter des mensonges sur elle. Il lui a fait une réputation de fille facile, qui cachait bien son jeu sous ses t-shirts amples. Il lui reprochait tout et son contraire. Selon lui, elle manquait de respect à son défunt frère en se comportant comme elle le faisait. Il aurait voulu qu'elle se voile, alors qu'elle n'était même pas musulmane, qu'elle se marie, qu'elle arrête l'école, qu'elle renonce à son rêve de devenir ingénieur. Il disait que les mathématiques et les sciences, c'était pour les hommes. Comme si lui n'avait pas arrêté l'école en troisième ! N'importe quoi. Pendant un temps, elle a continué à traîner avec eux, puis elle s'est mise à les ignorer. Ça été pire. Charles ne supportait pas qu'elle ne se soumette pas à sa volonté. Un jour, elle a disparu. Le père, c'était un connard. Il préférait aller au bistrot plutôt que de s'occuper de sa famille, mais la mère était une brave femme. Elle en a bavé.

— Elle n'est jamais revenue, Spok ? Même à la mort de son père ?

— Elle est morte.

— Morte ?

— Elle se serait suicidée et son père l'aurait enterrée dans le village de son enfance. Moi, je vivais à Marseille à cette époque. J'ai suivi l'histoire de loin. Mais j'avais une amie qui faisait un stage à l'accueil du commissariat du quartier et qui m'a raconté qu'un soir Spok était arrivée en larmes et couverte de sang. Elle voulait porter plainte contre les Alami pour viol. Charles avait complètement perdu la tête. Lui et ses frères l'avaient violée pour lui donner une leçon et faire d'elle une « vraie femme ». Pour venger l'affront qu'elle faisait à la mémoire de Yanis, lui aurait dit Charles. Les deux policiers qui étaient de garde étaient des gars du quartier, ils se sont foutus de sa gueule. Il ne fallait pas qu'elle s'étonne. Que c'était sa faute. À quoi elle s'attendait à toujours traîner avec ces garçons comme elle le faisait depuis des années ? À leur tourner autour ? Qu'il n'y avait pas de fumée sans feu. Elle avait une réputation. Possible que les copains aient été trop loin, mais après tout, c'était une dure, ça devait lui plaire. Ma copine m'a dit que ç'avait été une horreur. Elle était repartie en larmes. Après ? Disparue, évaporée. Elle se serait tuée ce soir-là. Remarque ce n'est pas étonnant. Tu te rends compte ? Comment surmonter une telle humiliation ?

— Il n'y a pas eu d'enquête ? Les policiers n'ont pas été tenus responsables ?

— Tu parles, le père est allé l'enterrer et ses secrets avec. Il se mettait en colère chaque fois qu'un ragot sur le viol de sa fille lui venait aux oreilles. Il avait tellement honte !

— Et Alex serait son cousin ? Vous en pensez quoi vous, de ce type ?

— Le neveu de Denise ? Je ne sais pas quoi en penser. Heureusement qu'il était là pour aider sa tante. Rien n'était à son nom, la pauvre. Ni le bail, ni le compte en banque, ni les allocations de retraite, rien. Mais en même temps je trouve ça étrange qu'il traîne avec Charles. Mais bon, il n'est certainement pas au courant de ces histoires avec sa cousine.

— Madame Gennoun, je vous remercie pour votre accueil. Je vous rapporte le pantalon dans la semaine.

— Vous revenez quand vous voulez, vous êtes la bienvenue.

Je sais que je ne devrais pas, mais je ne vais pas laisser un petit contretemps me dévier de mes objectifs. Je décide d'aller comme je l'avais prévu chez Hélène. Il est hors de question que je me laisse intimider par d'odieux personnages comme Charles Alami. Alors, sans trop réfléchir, je laisse ma curiosité me mener devant la porte d'Hélène. Je sonne à l'interphone.

— Oui ? Qui est là ?

— Bonjour Hélène, c'est Diane, j'étais dans le quartier et je me suis dit, pourquoi ne pas passer dire bonjour ?

Un silence. J'entends chuchoter dans l'interphone.

— OK, je t'ouvre.

Et là, j'attends. Je me gratte le cou. Pas de déclic. Je me demande si quelque chose est en panne. J'hésite entre sonner à nouveau et partir quand j'entends le buzz de la porte. Je prends l'ascenseur avec mes deux chiens. Hélène m'ouvre.

Elle a un drôle d'air. Peut-être qu'elle n'apprécie pas les animaux. Alex est là aussi. Toujours aussi souriant et charmeur, mais je vois bien qu'une inquiétude se niche dans le vert de ses yeux. Je suis encore à faire la bise dans l'entrée et à me dire que je ne suis décidément pas bienvenue quand Rintintin s'élance. Je n'ai pas le temps de rattraper sa laisse qui me glisse entre les doigts : il file dans le couloir de l'appartement et s'engouffre dans une pièce au fond. Gênée, je m'élance à sa poursuite. J'ignore les appels pressants d'Hélène et d'Alex : ce n'est pas grave, le chien peut bien aller dans la chambre, inutile de le suivre, reviens Diane ! C'est bien poli de leur part, mais il est hors de question que je laisse mon chien se comporter si mal. J'hésite un bref instant à entrer à mon tour dans la pièce. Je suis un peu mal à l'aise de troubler ainsi leur intimité. Mais comme Rintintin ne répond pas à mes ordres, je crains qu'il ait encore une de ses crises. Et en effet. Il est en crise. D'ailleurs moi aussi. Stoppée net dans mon élan. Paralysée, la bouche ouverte. Je n'en reviens pas. Mon chien figé, le nez taché de blanc enfoncé dans un sac ouvert d'où dépassent des briques de poudre blanche. Ciel ! Rintintin et moi venons de mettre la main et la patte sur un énorme trafic de drogue.

Blanche comme le produit au bout de la truffe de mon animal, je me retourne vers Hélène. Tout devient clair. Hélène est en cheville avec Alex pour récupérer le trafic de drogue dans le quartier. Ils jouent un double jeu. Que j'ai été naïve ! Sophia était de mèche avec eux. Bien sûr, ancienne épouse de Cyril, elle connaissait tous les distributeurs. C'est pour ça qu'il était au spectacle, parce qu'elle essayait de le doubler. Alex aussi joue double jeu depuis le début. Il a profité de sa ressemblance avec son cousin pour s'imposer auprès de Charles.

Mon cerveau est en ébullition. Sophia savait par Alex que Cyril avait prévu de lui faire la peau ce soir-là. Les deux hommes arrivés en retard étaient Cyril et Alex. Sophia est sortie de piste, Alex a retenu Cyril, l'a immobilisé, Sophia est arrivée par-derrière et l'a égorgé. Ils ont laissé le revolver de Cyril à côté de son cadavre. C'est pour ça que Charles a assassiné Sophia. Ensuite Alex et Hélène se sont vengés en tuant Marco. Je ne m'étais pas trompée, c'est bien eux que j'avais vu rôder près du pavillon le soir du meurtre. Je lève les mains.

— Hélène, ne me tue pas, je ne dirai pas un mot, je te le jure. Je m'en fous que vous tuiez les Alami. Ce sont d'affreux machos qui font du tort aux femmes, mais moi je suis gentille. Tu le sais. Regarde tout le bien que je fais avec mes photos. Je te jure je ne dirai rien à Patrick. On ne mélange pas le travail et le sexe.

— Diane, ce n'est pas du tout ce que tu crois.

Elle est bien bonne celle-là. Mon chien est pétrifié, le museau enfoncé dans la cocaïne et ce n'est pas ce que je crois.

— Je te jure, Hélène, je ne vais pas vous dénoncer.

— Diane, viens t'assoir, je vais tout t'expliquer.

— Non, laisse-moi passer. Tout le monde sait que je suis ici. Si je disparais, vous allez avoir la police sur le dos. N'oublie pas que je suis l'épouse d'un inspecteur de police.

— Tu n'es pas mariée.

— Il me recherchera quand même. Laisse-moi partir.

J'ai le cœur qui bat la chamade. Je vois ma vie défiler devant mes yeux. Je dois m'enfuir. Soudain ma vue qui se brouille, je dois partir, je bouge un pied, mais tout tourne autour de moi. Putain, je meurs ! Ma dernière vision ici-bas aura été Choupette dans les bras d'une tueuse qui me regarde trépasser.

CORALIE

À un cheveu ! Coralie fulmine, hors d'elle. Elle était à un cheveu de mettre fin à ce cauchemar qui lui enserre la gorge depuis des années. Eh bien non. Tout ce qu'ils ont trouvé est un Charles Alami arrogant qui les narguait ouvertement. Victorieux. Imbu de lui-même. Il a encore remporté une bataille. Coralie, vaincue, a dû se retirer la queue entre les pattes. S'excuser pour le dérangement.

Depuis, elle va d'humiliation en humiliation. Elle a dû essuyer un blâme de son commissaire. Mais le pire est que le commissaire divisionnaire l'a appelé pour lui annoncer que le juge d'instruction lui retirait les dossiers concernant les affaires des meurtres des frères Alami. Bon débarras. Que les autres se la coltinent, la jeune femme à l'hôpital avec son corps et ses rêves détruits. Qu'ils s'y frottent, aux Alami et à leur arrogance. Qu'ils aillent démêler ces histoires de cadavres, de terreur, d'emprise. Elle aurait pu s'en laver enfin les mains. Mais non. Cerise sur le sundae, pour qu'elle se sente bien minable, voilà qu'on lui confie une plainte pour harcèlement déposé par Mme Alami en personne. Une autre Mme Alami sur le dos, sur les bras, sur le cœur. Elle s'était crue entourée de fantômes, maintenant elle se sait possédée par un démon sorti des enfers spécialement pour l'accabler. Il faudrait qu'elle aille voir une voyante, histoire de savoir quels péchés capitaux elle a commis dans une vie antérieure pour passer son existence à payer une erreur de jugement. Un dossier classé sans suite comme des dizaines de milliers chaque année. Un seul dossier maudit qui a enclenché toute cette violence, cette culpabilité.

Aurélien se tient, silencieux, à ses côtés. Il lui a apporté un café viennois avec double dose de crème. Maigre tentative de consolation. Mais à part garder le silence, le pauvre n'a strictement aucune idée de ce qu'il pourrait faire pour éviter la noyade à sa supérieure après ce naufrage. Il reste donc là, conscient de l'énerver, mais prêt à lui faire du bouche à bouche si elle coule. C'est lui qui voit arriver un Patrick déconfit et débraillé. L'idée lui passe par la tête que Diane semble déteindre sur l'élégant Patrick. Il garde pour lui ses réflexions et se retire dans son bureau, laissant les deux naufragés en tête-à-tête.

Même si cette lamentable opération était du fait de Coralie, Patrick a pitié d'elle. Il connaît son professionnalisme et il ne doute pas une minute qu'il y ait eu fuite. Coralie ne s'est pas fourvoyée sur le compte des Alami, Patrick en est certain. Mais une fois de plus, Charles Alami a été plus malin. Mais qui est responsable de ce fiasco ?

Elle ose à peine le regarder. Délicatement, il lui passe une main dans les cheveux.

— Coralie, ne te laisse pas abattre. On les aura. Il faut découvrir comment Charles Alami a eu l'info pour la perquisition. Savoir s'il est protégé à un haut niveau. Je sais que tout à l'air fichu, mais on tient un fil. Il faut tirer dessus.

Une larme coule sur la joue de la capitaine, elle garde les yeux baissés, mais elle saisit la main de l'inspecteur et la serre fort dans la sienne.

Aurélien entre dans le bureau à ce moment-là. Choqué de voir l'inspecteur et sa cheffe si intimes, il recule d'un pas. Il redoute la déflagration, car il détient une information. Une bombe. Il hésite à la lâcher au milieu de ce tableau d'amitié, de complicité. Courageux, il regarde Patrick dans les yeux. À lui d'assumer, à lui de se justifier. Une taupe ? Un agent double ? Coralie, voyant son adjoint de plus en plus rouge, lui demande :

— Oui Aurélien ? Vous voulez me dire quelque chose ? Vous semblez sur le point d'exploser.

— Oui capitaine. Je vous ai dit qu'une caméra de surveillance a filmé une voiture qui a stationné un moment hier pas très loin de la résidence de Charles Alami. Une personne portant une capuche en était sortie.

— Oui, vous m'avez aussi dit qu'on distinguait à peine la plaque d'immatriculation.

— Le technicien à fait un très bon travail et nous savons maintenant qui est le propriétaire de la voiture en question.

— Très bien, bon boulot Aurélien, de qui s'agit-il ? Que nous allions le cueillir et le mettre en garde à vue.

Voyant le désespoir refluer des yeux de sa capitaine, Aurélien se tait quelques secondes afin de la laisser se requinquer un peu avant l'anéantissement.

— C'est qu'en fait, il s'agit de votre voiture, capitaine Langevin.

Patrick retire sa main de celle de Coralie. Le voilà en plein cauchemar. Sa voiture n'a pas pu être volée, elle était devant chez lui ce matin quand il est repassé prendre une douche. Une seule hypothèse s'impose.

— Non, impossible que Diane ait livré l'info. Je n'en ai jamais fait mention devant elle. J'ai pris toutes les précautions possibles.

Coralie tente de se contrôler. Mais merde ! Diane Choinière, encore Diane Choinière ! Est-ce que Patrick se rend compte qu'il est un homme sous emprise ? Sinon comment expliquer que quelqu'un d'intelligent, charmant, brillant comme lui soit tombé sous le charme, d'ailleurs, elle se demande quel charme, de cette emmerdeuse ?

— Tu sais qu'elle m'a suivie ? Elle t'a peut-être espionné. Elle a peut-être entendu nos conversations.

— Impossible. Non seulement je ne t'ai jamais parlé quand elle était à la maison, mais en plus, au cas où elle arriverait à l'improviste sans que je m'en aperçoive, j'ai toujours passé les appels sur le balcon. Non, je pense que c'est une coïncidence et qu'elle est allée rendre visite à Élodie dans le cadre de son travail. C'est une relation professionnelle.

Coralie vacille entre la pitié et la colère.

— Relation professionnelle ? Tu sais que j'ai là une plainte pour harcèlement d'Élodie Alami contre Diane Choinière ?

— Coralie, je te le demande en ami. Laisse-moi éclaircir cette histoire.

La voix de Patrick tremble. L'aimerait-il à ce point ? Coralie se souvient de ce vibrato. Après le décès de sa femme, ce chat au fond de la gorge de Patrick avait obstrué ses cordes vocales pendant des mois.

— OK. Je te donne vingt-quatre heures. Je garde l'info sous le coude. Pour le moment.

Sans quitter Patrick des yeux, elle s'adresse à son adjoint.

— Aurélien, on ne fait rien remonter, ni au juge ni au commissaire avant demain.

Patrick, confus, se tourne pour partir.

— Mais tu la gardes à l'œil, ta vieille punk. Je fais venir Élodie pour sa plainte demain. Je verrai ce qu'elle a à raconter. Pourquoi ta dulcinée était-elle chez elle ? J'espère que l'explication saura me convaincre que Diane n'est pas en cheville ni avec Charles Alami, ni avec maître Nour et qu'elles n'ont rien à voir avec un quelconque trafic de drogue !

Vieille punk ! Patrick ne dit rien. Il n'est pas en position de protester, mais il devine tout de suite que Coralie et son adjoint Lambert ont parlé de sa relation avec Diane dans son dos.

Une chanson écrite par Jean-Loup Dabadie lui trotte dans la tête : *Je le sais sa façon d'être à moi parfois vous déplaît… Autour d'elle et moi le silence se fait… Mais elle est, mais elle est… ma préférence à moi…*

DIANE

Je me réveille sous des coups de langue. Le sourire qui me vient naturellement aux lèvres s'efface quand me revient à l'esprit qu'on vient de me tuer. C'est ça le paradis ? J'ouvre un œil et à mon grand soulagement ce sont Choupette et Rintintin qui, la langue humide et alerte, s'en donnent à cœur joie pour me ressusciter et non un ange sexy genre le David de Michel-Ange qui essaierait de me consoler de mon assassinat.

— Diane, Diane ? Ne bouge pas, tu as fait un malaise. Chérie, va lui chercher un verre d'eau.

Hélène me passe une main derrière la tête et essaie de me faire avaler le liquide. Je me relève en criant :

— Non, non, tu ne vas pas m'empoisonner.

— Diane, arrête de paniquer, laisse-nous t'expliquer.

J'ai la tête qui tourne. Je n'ai pas tellement d'autre choix que d'écouter leur lamentable explication. C'est Hélène qui commence.

— Je sais que ça a l'air louche. Mais Alex s'est infiltré dans le clan Alami. Charles l'a pris sous son aile, car il ressemble à l'un de ses amis défunts. Au début, Alex l'évitait, mais l'autre se faisait pressant. Alex a finalement accepté d'aller à une de ses soirées et il s'est rendu compte que Charles était un beau salaud.

— Oui, reprend Alex, il trempe dans toutes sortes d'affaires louches. Il est protégé par la police, car il joue les indicateurs pour remonter le trafic des drogues dures. Il se fait passer pour un petit trafiquant de shit sans envergure, mais en fait, il est à la tête de la filière de cocaïne pour le quartier et la ville. Quand j'ai vu ça, j'ai décidé de me rapprocher de lui pour accumuler des preuves concrètes avant d'aller voir les flics.

— Et c'est pour ça que tu as tué Marco et Cyril ? Sophia aussi ?

— Non, je ne sais pas qui est leur assassin. C'est un mystère. Mais le bruit court que Sophia était en cheville avec son avocate, maître Nour, pour récupérer le marché. Pour te dire la panique qui règne. Charles est aux abois. Il croit même que sa famille et ses affaires sont attaquées par des esprits vengeurs.

Je devrais fermer mon clapet. Il est évident que je suis en présence d'un grand malade, mais je ne peux retenir ma bouche et ma langue de bouger toutes seules.

— Oui, un innocent ! Et c'est pour ça que tu as une fortune en poudre dans ta chambre. Et toi Hélène, tu es aussi une dealeuse !

Elle me répond vertement :

— S'il y a de la drogue dans ma chambre et que je suis mêlée à ces histoires, c'est ta faute, Diane Choinière. C'est toi qui as vendu la mèche à Élodie. Tu croyais vraiment qu'elle ne dirait rien à son mari ? Il la défonce depuis des mois et elle ne veut pas porter plainte parce qu'elle serait trop triste qu'il aille en prison à cause d'elle, et tu croyais qu'elle allait partir sans laisser de traces, comme ça, et le laisser se faire emprisonner ? Il a fallu que tu ailles l'avertir ! Avant de juger Alex, qui a risqué sa vie pour recueillir des preuves, tu devrais te regarder dans un miroir.

— OK, OK, je vais tout expliquer à Patrick.

— Non, mais Diane, merde. Ouvre les yeux ! Tu vas lui expliquer quoi ? Que tu as protégé un gros trafiquant qu'il s'apprêtait à coffrer ? Que je suis devenue nourrice ?

— Mais Hélène ! Tu n'es pas nourrice, tu travailles au Château des femmes.

— Tu n'y connais vraiment rien ! À l'avenir, tu devrais t'informer avant de te mêler de tout et de n'importe quoi. Une nourrice, dans le monde de la drogue, désigne une personne au-dessus de tout soupçon chez qui la police n'aurait jamais l'idée de venir faire une descente. On cache donc de la marchandise à son domicile.

— Tu n'es pas au-dessus de tout soupçon si tu sors avec un gars de la bande.

— Oui, mais là il y avait urgence. Il fallait faire le ménage avant l'arrivée des flics. Et là, si je me fais prendre, c'est la prison. Merci Diane. Et si Alex refusait d'obéir aux ordres de Charles, c'était une balle dans la tête.

— Mais tu n'as qu'à appeler les flics.

— Et leur dire que mon amoureux est un trafiquant ? Bonne idée. Non, on est dans la merde. Et toi aussi, tu as intérêt à la boucler pour une fois, me dit Hélène d'un ton que je trouve un peu agressif venant d'une nourrice !

— Et tu voudrais que je vous fasse confiance ? Que je vous dise, allez, continuez votre trafic ! Et accusez maître Nour !

Alex me répond d'une voix posée qui me met les nerfs à rude épreuve :

— Je n'accuse personne. J'ai dit qu'un bruit courait. Que Charles y croyait. Je pense que la seule solution est de coincer Charles. D'accumuler des preuves. Je l'enregistre parfois, mais il est malin, il ne parle qu'en paraboles. Rien de compromettant. Non, il faut attendre une autre livraison de marchandise. Que j'arrive à savoir où et quand, et là, le livrer aux flics.

Son calme m'énerve. Je rétorque :

— Et je dois te faire confiance ?

C'est Hélène qui reprend.

— Et nous ? Comment on peut te faire confiance ? Qu'est-ce qui nous dit que tu n'es pas en cheville avec maître Nour ? Que vous ne protégez pas Charles Alami pour ne pas nuire au trafic en attendant de l'éliminer comme vous avez fait de ses frères et de récupérer le marché ?

Mais on nage en plein délire !

Pendant ce temps-là, les deux chiens font leur toilette. Hélène replace le col d'Alex.

— Je vais préparer du thé. Diane, tu en veux ?

Putain, je rêve.

CORALIE

Elle regarde Patrick partir. Il lui ferait presque pitié s'il n'était pas si pathétique avec son histoire d'amour bancale. Quand il est hors de vue, elle compte jusqu'à cent puis se lève et passe dans le bureau de son adjoint.

— Aurélien, on tient notre parole, on ne met pas Diane Choinière en garde à vue, mais je veux connaître tous ses faits et gestes.

— Mais il faudra se justifier devant le juge pour une surveillance policière.

— Non, pas de juge. On la joue discret. On vient de nous retirer les affaires sur lesquelles nous étions. Nous avons du temps. On s'accroche à ses basques. Ça nous permettra de mieux nous connaître et de passer du temps ensemble.

Aurélien ne peut s'empêcher de rougir.

— Demain, on est en planque devant chez elle.

Avant de franchir la porte, elle se retourne et lui fait un clin d'œil.

DIANE

Je te tiens, tu me tiens par la barbichette, qui dénoncera qui en premier ? Un bel après-midi de jeux de société autour d'un délicieux thé fumé. Comment établir un traité de confiance ? Quand tout à coup l'illumination. Si le Alex est un ange tombé du ciel comme il le prétend pour rétablir la justice, il sera ravi d'aider une jeune femme violée à trouver des témoins pour mettre en prison son agresseur.

— On n'a qu'à prélever un peu de cocaïne pour payer Sam. Comme ça, il aura ses doses gratuites jusqu'à ce qu'une place se libère en désintoxication. Il va se concentrer pour trouver des témoins pour Sandrine, car il n'aura pas besoin de faire des conneries pour acheter ses doses.

Je m'attends à ce qu'Alex hurle. Qu'il fasse tout pour protéger et garder pour lui sa précieuse marchandise. Eh bien non, un point pour lui. Il trouve que c'est une excellente idée.

— Très intelligent ! dit-il.

Ce garçon commence à me plaire.

— Mais il faut trouver quelque chose pour la remplacer, sinon Charles va remarquer que le stock diminue et il va s'en prendre à nous, fait remarquer Hélène avec une pointe de peur dans la voix.

Là, je pense à la boîte de poudre protéinée que j'ai remarquée dans la cuisine. Eh oui, il n'y a pas de mystère. Le Alex il est canon, mais quand même un peu aidé par l'industrie alimentaire. Plus facile de boire des milk-shakes que de faire du *cross fit* tous les jours !

— Et si on remplaçait ce qu'on prélève par ta poudre à muscle ? Même consistance, même couleur.

— Ma poudre sent la vanille.

— Oui, mais mélangée au reste, ça passera !

— Tu as raison, me dit Alex. Quelle idée brillante ! On aide Sandrine, on donne un coup de pouce à Sam et nous sommes tous liés les uns aux autres.

Brillante, il a dit ! Il me plaît de plus en plus.

Quelques heures plus tard, je quitte Hélène et Alex, bien vivante et assez fière de moi. Non seulement j'ai réussi à survivre, mais en plus j'ai trouvé une solution aux problèmes financiers de Mme Gennoun. Malheureusement, tout ça doit rester secret, je devrai donc me passer de ses remerciements. J'ai téléphoné à Nounours pour lui dire que je devais la voir d'urgence. Elle ne pouvait pas. Un dossier qu'elle doit absolument finir d'étudier. J'ai eu beau insister, non, non, non, impossible, elle était avec une cliente. Une urgence, là aussi. Une méga putain d'urgence. Elle me verra demain. Nous sommes convenues d'un rendez-vous pour 11 heures. J'imagine sa surprise quand elle me verra avec Hélène et Alex ! Il est hors de question que je me promène avec de la cocaïne. Rintintin, avec sa manie de se figer dès qu'il sent une substance illicite, risque d'attirer l'attention de Patrick. Je ne peux certainement pas la planquer chez moi. De toute façon, Alex n'était pas prêt non plus à me laisser partir avec sa précieuse drogue.

Quand j'arrive devant mon immeuble, je vois que la lumière est allumée chez moi. Pas très envie d'un tête-à-tête avec Patrick. Je vais porter Choupette chez Ginette. J'entends le murmure de la musique qui s'échappe de mon appartement. La présence de Patrick m'angoisse. Je me sens un peu coupable du fiasco de sa perquisition. Ce soir, je préfère l'éviter.

— Ginette, ça te dirait d'aller au cinéma ? Voir deux films ? Et prendre un verre après ?

CORALIE

Ils sont assis dans la voiture d'Aurélien à Alfortville, là où habitent Diane et Patrick. Officiellement, ils ont pris leur matinée. Aurélien a prévu un thermos de café et Coralie a apporté des croissants. Pour être certains de ne rien rater, ils ont décidé d'arriver très tôt. Ils ont bien fait. Car à 6 heures du matin, ils ont vu un taxi s'arrêter devant l'immeuble. Ils espéraient voir Diane s'y engouffrer. Aurélien avait mis le contact. Fin prêt pour une filature, au cas où. Mais le taxi ne venait chercher personne. Il déposait deux femmes visiblement pompettes. Une vieille dame très élégante, juchée sur des talons d'au moins douze centimètres, et une plus jeune curieusement accoutrée d'un legging et d'un ample pull de laine.

Vers 8 heures, Patrick est sorti. Même de loin, Coralie a remarqué qu'il avait la mâchoire serrée.

Aurélien est déçu. Il craint que Coralie mette fin à la planque, lui qui se réjouissait de passer plusieurs heures à ses côtés dans le petit habitacle de sa vieille bagnole.

— Diane est rentrée aux aurores, ça ne sert à rien de rester. Elle ne ressortira probablement pas avant des heures, dit-il à regret.

— Tu as quelque chose à faire ? Moi je dois recevoir Élodie Alami pour sa plainte à 15 heures, mais d'ici là je n'ai rien d'autre à mon agenda.

Aurélien est heureux comme un enfant à qui on annonce qu'on va rester encore un peu à la fête foraine et qu'il a droit à des tours de manège supplémentaires.

— Je suis tout à fait d'accord, répond-il avec un grand sourire bonasse.

Ils ont bien fait d'attendre, car vers 10 heures une Diane passablement énergique pour une femme qui a passé une nuit blanche sort de l'immeuble. Elle porte des lunettes fumées, des pantalons de cuir noir et des bottes de cow-boy vert fluo.

— Il faut reconnaître que dans son registre elle a une certaine allure, se risque à faire remarquer Aurélien.

— Dans le registre des cinglées, oui.

Aurélien ne répond rien, mais il ressent tout de même un petit pincement au cœur. Il voit bien que Coralie est un tantinet jalouse.

— Elle n'a pas son chien, remarque celle-ci.

— Elle ne se dirige pas vers son auto, mais vers la gare RER, dit Aurélien en sortant de la voiture. Moi, elle ne me reconnaîtra pas. Je la suis dans le train et je vous appelle quand elle se pose quelque part.

DIANE

J'ai une putain de gueule de bois. Ça faisait longtemps. Ginette a voulu aller écouter de la musique. Au *Duc des Lombards*, il y avait un super groupe de jeunes, Paper Chase, un trompettiste formidable, une extraordinaire guitariste, une rythmique du tonnerre. Ensuite direction boîte de nuit, Ginette prétextant qu'elle n'avait pas dansé depuis longtemps, que ça ferait du bien à ses varices. J'ai eu du mal à la suivre, mais au moins j'ai pu éviter Patrick. Je me suis écroulée sur le divan en rentrant et j'ai ouvert les yeux quand mon alarme de téléphone a retenti, je ne l'ai même pas entendu s'affairer dans la cuisine. Je n'ai pas non plus senti de baiser sur ma bouche. Peut-être que je dormais profondément. Peut-être est-il fâché. Mais ce n'est pas très grave. Il sera fier de moi quand il apprendra que j'ai sauvé Sandrine. Et quand je lui refilerai le tuyau d'Alex sur la prochaine livraison de cocaïne, il me tombera dans les bras. Bien sûr, cette arrestation mettra fin au trafic et, avec la fin du trafic, la paix reviendra dans le quartier des Fleurs. Tout ça un peu grâce à moi. Je ne vais pas lui dire que j'ai cafté auprès d'Élodie, mais il faut reconnaître que c'est grâce à cette perquisition ratée que nous avons pu trouver un moyen de subventionner Sam. Un genre de mécénat judiciaire si on peut dire. La mort des frères Alami restera peut-être une énigme, mais je ne peux pas résoudre tous les mystères du 93 non plus.

J'arrive la première au bistrot. Je m'installe près de la fenêtre. Il fait un temps splendide aujourd'hui. Je me commande un double expresso en prophylaxie. Pour l'instant je ne ressens pas le contrecoup de ma soirée troisième âge, car l'excitation prend le dessus, mais je crains tout de même le *backlash*.

Je vois Nounours arriver. Je me lève, je lui fais signe.

— Bon, Diane, c'est quoi ta grosse surprise ?

— Attends, elle n'est pas encore arrivée. Tu vas regretter d'avoir attendu aujourd'hui quand tu vas voir de quoi il s'agit.

— Ça m'étonnerait, Diane Choinière, car moi aussi j'ai une nouvelle énorme à t'annoncer et c'est ce dont je m'occupais hier !

— Allez, dis toujours, mais ça m'étonnerait que ce soit plus lourd que ce que j'ai à t'apprendre.

— Eh bien, figure-toi qu'hier après-midi j'étais avec Élodie Alami. Elle a décidé de porter plainte contre son mari. Elle me prend comme avocate. Hier, après le départ des policiers, il l'a insultée. Il a traité le futur bébé de bâtard.

— Mais c'est super. Elle va pouvoir le balancer !

Je tape des mains, tellement je suis joyeuse. Tout s'arrange.

— Ne t'emballe pas, Diane. Elle va balancer quoi ? Il n'y a aucune preuve. Hier, il y a même eu une descente de police chez lui et dans ses commerces et les flics n'ont rien trouvé. Là, tu penses qu'on va mettre Charles Alami en prison sur sa seule parole ? Tu rêves !

— Alors tu ne fais rien.

— Il me faut des preuves. Si je dépose sa plainte en l'état, il va se passer la même chose qu'avec la première Mme Alami. Charles va la harceler, et peut-être même la tuer. Rien ne pourra la protéger. Il pourra même demander la garde de l'enfant. Il est blanc comme neige : un honnête père de famille à la tête de respectables commerces.

— Mais Nounours, tu rigoles. Il s'en fout, du bébé. Son premier fils vit chez la grand-mère. Il ne s'occupe même pas de lui.

— Et alors ? Il ne va pas demander la garde par amour paternel, mais pour avoir un moyen de pression sur Élodie.

— Putain, c'est horrible.

— Je lui ai demandé d'essayer de le filmer quand il l'insulte. De garder ses SMS quand il lui demande où elle est. J'espère qu'il ne découvrira pas son manège. Ce serait très dangereux. Je lui ai donc conseillé de porter plainte contre toi. Pour faire diversion. Comme ça, il pensera qu'elle tourne le dos au Château des femmes et ne soupçonnera pas qu'elle se libère de son emprise.

Je la regarde, les yeux brillants.

— Eh bien, souhaitons qu'il n'y ait jamais deux sans trois et que Charles se fasse éliminer comme ses frères. Merci pour la plainte.

Nounours me regarde avec un drôle d'air.

— Que le ciel t'entende ! Ne t'inquiète pas pour la plainte, elle pourra la retirer plus tard.

À cet instant, je vois Hélène et Alex faire leur entrée. Je bondis de ma chaise.

CORALIE

Prisonnière des embouteillages sur le périphérique, Coralie maudit la banlieue. Au volant de la voiture d'Aurélien, les genoux dans le front, elle peut à peine passer les vitesses. De toute façon, elle ne dépasse pas la première. Elle a mis son téléphone sur haut-parleur pour suivre l'évolution de la filature. Avec son mètre quatre-vingt-cinq, il lui était impossible de suivre elle-même Diane sans se faire repérer.

— Capitaine, vous m'entendez ? chuchote son adjoint.

— Oui, Aurélien.

— Elle s'est assise dans un café près de Barbès.

— Merde ! Je ne peux pas y être avant au moins une demi-heure, c'est certain.

— Ah, je vois maître Nour venir s'asseoir avec elle.

Tut tut. Quelqu'un derrière klaxonne. Coralie baisse sa vitre, se contorsionne et crie.

— Non, mais tu ne vas pas me faire chier pour quatre mètres ! Tu vois bien que ça bouche. Connard !

Puis elle reprend :

— Excusez-moi, Aurélien, je me permets ce langage quand je ne suis pas en service. Ça me défoule pour toutes les fois où je dois rester polie devant les suspects qui me provoquent.

Aurélien reste interdit au bout du fil. Il mesure à quel point la capitaine regrette de ne pas être assise elle aussi dans ce café.

— Ne vous en faites pas, Coralie. Je suis très bien placé, je vous fais un compte rendu détaillé au fur et à mesure.

Coralie prend conscience qu'Aurélien ne raccrochera pas. Elle doit brider son anxiété. Hors de question qu'il l'entende parler toute seule comme cela lui arrive dans ces moments intenses.

Au bout d'un certain temps, il reprend.

— Capitaine, elles viennent d'être rejointes par une femme que je ne connais pas et par Alex. Vous voyez Alex ? Le nouveau du quartier des Fleurs qui traîne beaucoup avec Charles Alami. C'est louche. Maître Nour à l'air surprise de les voir… Ils sont penchés sur la table. Ils ont l'air de se dire des choses confidentielles… Ils rient… ils s'embrassent… étrange… Diane bat des mains… la femme, l'inconnue qui accompagne Alex sort quelque chose de son sac. Un genre de brique. Oh là, là ! Je ne peux pas m'approcher plus, mais je dirais que c'est de la poudre. Vous êtes où ?

— Porte de la Chapelle. Purée, que je regrette de ne pas avoir de sirène.

— CAPITAINE ! La femme passe l'objet suspect à maître Nour.

— OK Aurélien, ne faites rien, ça se dégage, je fonce. N'oubliez pas que vous n'êtes pas en service et que le Alex est peut-être armé. Avec la bande Alami, il vaut mieux rester prudent.

— OK, je raccroche et j'appelle des renforts.

Coralie conduit la main sur son klaxon. Le feu passe au rouge. C'est encore bouché devant. Elle voit une place se libérer. Elle grille le feu, se faufile sur la place vacante et part à pied. Elle court comme une dératée entre les voitures immobiles. Si elle réussit à choper maître Nour avec de la drogue sur elle, elle résout cette histoire et elle redore son blason.

Arrivée à la hauteur du boulevard Barbès, elle voit l'avocate se diriger vers le métro, son sac serré sous son bras. Elle accélère encore, elle est en nage, elle la voit monter les marches du métro aérien. Elle est presque au pied de la station quand elle entend la rame approcher, elle grimpe les marches quatre à quatre, arrive sur le quai pour voir maître Nour s'engouffrer au milieu des autres passagers et le métro partir, la laissant en nage au bout du quai maintenant désert.

Elle est encore essoufflée quand elle rejoint ses collègues qui viennent d'arriver. Sous les ordres d'Aurélien, les policiers ont intercepté Diane, Alex et Hélène.

DIANE

Putain, le cauchemar. On est là, tranquilles, la police fait irruption dans le café, nous encercle et un petit homme à lunettes nous crie : « Ne bougez plus, police ! » C'est pour dire, il y a une étoile pour les justes. Maître Nour vient juste de partir avec la cocaïne. À cinq minutes près, nous étions tous inculpés de possession de drogue et, vu la quantité, peut-être bien de trafic. Mais là, nous voilà blancs comme neige, c'est le cas de le dire. Alors je peux m'en donner à cœur joie.

— Brutalité policière, abus de pouvoir !

J'égrène un beau chapelet de qualificatifs quand je vois Coralie Gignac entrer à son tour dans le café. Elle est toute mouillée. Je me demande où est la piscine dans le quartier quand je comprends qu'elle doit être à l'origine de ce bordel. Alors je ne peux me retenir.

— Mais c'est une manie chez vous de soupçonner les gens de trafic de drogue !

Ah, ah, je pense bien lui mettre le nez dans le caca quand elle me rétorque :

— Comment savez-vous que nous cherchions de la drogue ? Serait-ce un aveu ?

Encore une fois, j'aurais dû me taire.

Nous voilà tous les trois à l'arrière d'une voiture de police.

CORALIE

Coralie, les yeux humides, sort du bureau du commissaire. Elle vient de se faire passer un beau savon. Non. Ni Alex ni Hélène ne seront mis en garde à vue. C'en est assez de ses présomptions, a-t-il dit. Elle a assez crié au loup. On ne va pas interroger d'honnêtes citoyens parce qu'elle et son adjoint ont pris la malheureuse initiative de suivre des contribuables sur leur temps de repos. Déjà, la veille, ils ont dépêché d'importants effectifs pour aller se cogner le nez sur des livres de comptes bien tenus d'un brave homme d'affaires… Et voilà qu'aujourd'hui elle fait arrêter des innocents qu'elle n'avait même pas légalement le droit de filer. Elle ne peut garder que Diane Choinière, et encore ! Seulement parce qu'elle a rendez-vous dans quelques minutes avec Élodie Alami qui a déposé une plainte contre elle. Autant organiser une confrontation.

DIANE

Patrick est venu me chercher au commissariat. L'atmosphère est tendue. Je refuse de dire quoi que ce soit.

— Mais Diane, tu peux m'expliquer ce que tu faisais chez Élodie Alami ?

— Je te l'ai déjà dit. Je ne supporte pas qu'elle se laisse traiter comme ça par son mari. Vous avez fait chou blanc le lendemain, c'est un malheureux hasard.

Là, je croise les doigts derrière mon dos. Je suis superstitieuse et je crains de mentir sans me protéger par ce rituel. Les doigts bien croisés, j'ajoute :

— Comment voulais-tu que je sois au courant de cette perquisition ?

— Et pourquoi as-tu dit à Coralie qu'elle avait la manie de soupçonner les gens de trafiquer de la drogue quand elle est arrivée dans le café ? Et pourquoi Coralie pense-t-elle qu'Alex a donné une brique de cocaïne à maître Nour ?

— Parce que Coralie est folle. Folle et jalouse. Tu vois bien qu'elle ne me supporte pas. Qu'elle fait tout pour salir ma réputation. Demander au juge d'instruction de me mettre sous contrôle judiciaire avec interdiction de mettre un pied dans le 93 et d'entrer en contact avec Élodie Alami ? Juste parce que je me suis rendue chez elle une fois ? C'est vraiment n'importe quoi ! C'est pour me nuire et m'empêcher de faire mon travail au Château des femmes.

— Mais pourquoi Élodie Alami a-t-elle porté plainte contre toi ?

— Parce qu'elle veut quitter son mari : elle craint qu'il pense qu'elle fréquente encore le Château des femmes. Je suis un genre d'agneau sacrificiel. Elle prouve à son mari sa soumission, comme ça elle peut le piéger, ramasser des preuves, sans qu'il soit trop méfiant. Je t'ai déjà tout expliqué cent fois !

Bon, un peu bancales, mes explications, mais pour l'instant ça va au moins m'éviter une crise de couple.

— Puisque le 93 t'est interdit, on pourrait aller quelques jours à Bérulle, me dit-il.

Bon, Bérulle maintenant ! En général, quand il décide de m'envoyer à Bérulle, c'est qu'il a besoin de répit. De me savoir hors service. Vu la situation, je ne me vois pas refuser sans risquer de le braquer.

— OK, mais est-ce que Ginette peut venir ?

C'est quand il est mort dans ce stupide accident qu'il m'est devenu impossible d'être moi-même dans ce maudit quartier. D'un coup, on se donnait le droit de décider pour moi. Je devenais un personnage public. Les gens découvraient mon existence et décidaient de mon destin à ma place. Longtemps nous n'avions été qu'un, mon frère et moi. J'étais en deuil, de lui, de nous, de moi. Avant d'avoir eu le temps de pouvoir savoir qui j'étais sans lui, j'ai eu tout le monde sur le dos. Tous avaient leur petite idée sur mon compte. De ce que je devais être, de ce que je devais faire, de comment je devais me comporter, de comment je devais m'habiller. Tout le monde voulait décider pour moi, pour mon bien. Soudain, je ne convenais plus au monde auquel je croyais appartenir. J'ai dû choisir l'exil pour continuer à être qui j'étais depuis toujours. C'est ailleurs que j'ai pu faire le deuil de mon frère. Que j'ai pu lui dire adieu, apprendre à vivre sans lui. Apprendre la solitude. Sans qu'on m'oblige à être sous le joug de quiconque.

DIANE

Une colonie de vacances ! Patrick a invité Ginette. Elle a un peu hésité à cause de son nouvel amant, mais finalement elle a dit oui.

— Depuis le temps que Choupette rêve de retourner à Bérulle. Elle me parle toujours de ses amies les poules.

Ben, tiens. Un chien qui bavarde. Et le mien de chien, il dit quoi ? Qu'il est ravi que Ginette et Choupette nous accompagnent.

Voilà qui nous promet une fantaisiste épopée !

Le lendemain, nous nous empilons dans la voiture de Patrick. Ginette monte à l'avant. Privilège du soi-disant grand âge.

— Je suis désolée, si cela ne vous gêne pas, je préfère m'asseoir devant. Vous savez, à cause de mes problèmes de circulation sanguine et de varices.

En fait, nous ne savons pas de quels problèmes elle parle. Ses jambes fines sont galbées dans des bas de soie. Aucune trace de veines bleues. Elle emporte deux valises et un *vanity case* pour ses affaires de toilette. Heureusement que Patrick et moi n'avons qu'un sac à dos. Il est vrai que nous laissons beaucoup de vêtements à Bérulle. Pas les plus chics. Ce qui m'inquiète. J'ai déjà une petite tendance à me sentir, comment dire, un peu *roots* quand je suis avec Ginette qui est l'élégance incarnée… J'ose à peine m'imaginer à ses côtés avec mes vieux jeans rapiécés, mes chemises de flanelle à carreaux et mes laines polaires.

— Je crains qu'il fasse un peu froid à la campagne, j'ai apporté un pashmina.

Ciel, ça promet !

— Dis-moi, Ginette, tu n'as pas oublié tes bottes en caoutchouc ?

— Bien sûr que non, voyons.

— Je ne savais pas que ça existait avec des talons hauts.

— Chanel en fait de très belles.

Putain, elle me fait marcher. Ou peut-être pas. Quoi qu'il en soit, pour l'instant je suis sur le siège arrière avec mes vieilles baskets et deux chiens joyeux à la perspective de partir en vacances qui me piétinent le ventre et me lèchent le visage. Nous avons à peine démarré que je suis déjà couverte de bave.

— On arrive dans combien de temps ?

— Diane, tu ne vas pas faire comme les enfants ? À moins que ça ne soit Choupette qui demande ? Qu'est-ce que tu en penses, Ginette ? Toi qui sembles parler couramment la langue canine ?

Ginette est trop polie pour relever la petite pique de Patrick. Elle esquisse néanmoins un sourire.

Nous ne sommes pas encore à Villeneuve-Saint-Georges que mon téléphone sonne. Je regarde le nom du correspondant. Élodie !

— Putain ! c'est Élodie qui m'appelle. J'ai le droit de lui répondre à cette traîtresse ?

— Non, laisse-la mettre un message, me conseille Patrick. Tu auras une preuve que c'est elle qui essaie d'entrer en contact avec toi.

Une minute plus tard, mon téléphone sonne à nouveau. Encore elle.

— Alors, qui harcèle qui ? Tu pourras lui dire à ta copine Coralie.

Et rebelote. J'ignore l'appel.

Cinq minutes plus tard, dring dring. Mais cette fois c'est maître Nour.

— Diane, où es-tu ?

— Dans la voiture avec Patrick, on va à Bérulle.

— Tu es avec Patrick ?

— Oui

— Je pense qu'Élodie est en danger. En sortant de chez Hélène, je suis tombée sur Charles, il m'a demandé ce que je faisais là. J'ai bégayé n'importe quoi, mais une demi-heure plus tard j'ai reçu un message : « Lapin ». C'est un code d'urgence entre Élodie et moi ; elle est lapin, je suis tortue. Comme ça, je n'apparais pas dans ses contacts. J'ai rappelé, mais c'est Charles qui était au bout du fil. Il m'a reconnue. Je l'ai entendu crier : « sale putain, je vais te faire la peau ». Je ne sais pas si cette phrase était pour moi ou pour Élodie, mais je pense qu'elle est en danger.

— OK, je le dis à Patrick. On se retrouve devant chez elle.

Mon amoureux comprend tout de suite la situation. Demi-tour. Interdiction ou pas, on fonce vers le 93. Quand on arrive devant le pavillon, une voisine est sur le trottoir. Elle se précipite vers nous.

— S'il vous plaît, j'ai entendu des cris, des bruits. Je pense qu'il lui fait du mal.

Merci madame, plus besoin de sonner à la porte. Plainte d'une voisine, flagrant délit. Patrick ouvre le vide-poche de la voiture pour y prendre son arme. Là-dessus un bruit de moteur, c'est Nounours qui arrive à moto. Patrick se précipite dans la maison. Il nous fait signe de rester à l'extérieur. On entend une vitre exploser. Un Charles Alami en sang se précipite vers nous, il pousse maître Nour, s'empare de sa moto et disparaît. Je hurle.

— Patrickkkkkkk !

Je me précipite à l'intérieur et je le trouve penché sur Élodie, en train de lui faire du bouche à bouche. D'une main tremblante, j'attrape mon téléphone et je compose le 18. Dix minutes plus tard, nous regardons un pompier faire un massage cardiaque à la victime.

CORALIE

Coralie, furieuse, frappe comme une enragée sur son clavier. Elle met la dernière main à son rapport contre Diane quand un collègue entre dans son bureau.

— Vite, capitaine, ça bouge du côté Alami.

Elle se lève sans réfléchir. Tant pis pour la hiérarchie. En charge ou non du dossier, il s'agit de son âme. Elle se précipite derrière le policier. Dans la voiture, il lui explique la situation. Élodie est à l'hôpital. Charles Alami a essayé de l'étrangler. Elle est passée à un cheveu du trépas, mais par un curieux hasard Patrick Langevin a pu lui donner les premiers soins.

Quand ils arrivent sur place, l'ambulance est déjà repartie. Maître Nour a accompagné sa cliente à l'hôpital. C'est maintenant officiel, Charles Alami est mis en examen pour tentative de meurtre. La poitrine de Coralie s'allège. Elle lève les mains vers le ciel. Un dieu doit avoir entendu sa supplique, car voilà Diane qui se met à crier :

— Venez, venez voir !

Rintintin est figé devant un sac de sport. Un agent l'ouvre. Une forte odeur de vanille envahit la pièce.

— Étrange, ce sac rempli d'argent et de poudre à la vanille.

Le policier en prélève une pincée qu'il passe sur sa gencive. Il se relève, le sourire aux lèvres.

— Capitaine Gignac, vous aviez raison. C'est de la cocaïne.

Une équipe technique envahit le pavillon. Empreintes, prélèvement, photos.

Pour Coralie, le monde se remet à tourner dans le bon sens.

DIANE

On décide quand même de partir à Bérulle. L'air frais nous fera du bien après toutes ces émotions. Patrick va nous déposer et repartir pour Paris, dossier de trafic de drogue oblige. Ginette et moi avons un peu l'impression d'être mises de côté. Je trouve ça injuste, vu mon rôle dans cette histoire, mais la campagne me calme toujours.

Je reçois un SMS d'Hélène. Elle est paniquée. Morte de peur. Convaincue que Charles Alami va venir pour les tuer, elle et Alex. Il est clair qu'il a découvert qu'ils avaient trafiqué la drogue. Il doit les soupçonner d'avoir voulu lui voler le marché. Peut-être les accuse-t-il d'avoir tué ses frères. Je consulte Patrick, j'ai bien appris ma leçon, je lui demande s'il est d'accord pour que j'invite une collègue en surmenage (omettant l'existence d'Alex) avant d'envoyer l'invitation à Hélène. La réponse ne tarde pas à s'afficher, ils prendront la route en fin d'après-midi. Je doute fort que nous y soyons en sécurité, car je suis convaincue qu'Alami est déjà venu ici pour tuer Sophia. Mais plus nous serons, plus nous nous protégerons les uns les autres. Patrick a prévenu les gendarmes de notre venue, ils ont promis de nous tenir à l'œil, Ginette et moi. Je suppose que ce n'est pas plus compliqué de surveiller une maison remplie d'invités qu'une maison quasi vide.

Nous sommes presque arrivés quand maître Nour m'appelle. Élodie est tirée d'affaire. Elle doit sortir de l'hôpital demain, avec sa minerve. Il n'y a aucune place dans les foyers d'urgence. Hors de question qu'elle retourne chez elle, même si son mari est en cavale. Mais au moins elle sera équipée d'un téléphone « grave danger » directement lié à la police si jamais Charles essaie de s'approcher d'elle. Allez hop. Elle n'a qu'à venir. Patrick passera la prendre demain. Voilà notre charmante retraite transformée en auberge espagnole pour gangsters et trafiquants en herbe.

Non, je n'ai ni désiré ni aimé vous tuer. Non, vous éliminer n'était pas programmé. Je n'ai obéi qu'à mon instinct. Depuis longtemps, je croyais avoir tourné la page de la rancœur. J'avais accepté qu'il n'y ait pas de justice. Qu'ainsi allait le monde. J'étais une victime parmi des milliers. J'avais commis ce crime ultime de ne pas renoncer à mon être. De refuser de me soumettre à un destin mortifère dessiné par des hommes fous, gorgés de leur pouvoir.

Non, je n'avais plus de dégoût dans le cœur, même pour vous. Longtemps, après que vous avez essuyé vos mains sales sur mes seins, mon ventre, mon sexe, c'est moi que je vomissais. Mais j'avais réparé mon âme meurtrie en l'accordant à mon être. J'avais aligné ma vie, mon corps, mon destin. J'ai trouvé et imposé ma place sur cette terre.

Non, ce n'était pas de la vengeance, mais de la légitime défense. Ma destinée m'avait conduit à ces endroits, à ces moments. Je ne les avais pas choisis, mais, puisque j'étais là, à la mauvaise place, au mauvais moment, je me devais de défendre mes sœurs. Puisque la justice n'avait opposé que du mépris à ma douleur, je ne pouvais laisser ces bêtes commettre les mêmes crimes, encore et encore. J'avais l'opportunité d'y mettre un terme. La possibilité d'agir face à l'horreur. Non, je n'ai pas aimé vous tuer, mais c'est une chose que je savais faire. M'extraire de mon corps. Regarder de l'extérieur. Ne plus ressentir. Vous aviez été de très bons pédagogues. J'avais bien appris ma leçon dans chacune de mes cellules violées, déchirées, arrachées. Un carnage. Merci ! J'avais visité les Enfers. Je n'ai pris aucun plaisir à vous tuer, mais je savais le faire. Vous me l'aviez appris.

DIANE

Dès que nous arrivons, Choupette reconnaît les lieux ; elle se met à japper, la queue comme un essuie-glace. La portière à peine ouverte, la voilà dehors à bondir. Rintintin l'imite joyeusement. On dirait deux chiens sur un trampoline. Pendant que Patrick débarre la serrure, j'aide Ginette à sortir de la voiture. Pas à cause de ses supposés rhumatismes, mais parce qu'il est difficile de marcher en talons aiguilles sur le gravier. En entrant dans la maison, elle s'exclame :

— Mais que c'est charmant !

Après le repas, Patrick reprend la route pour Paris. Ginette et moi décidons de faire une petite randonnée digestive dans les bois. Nous avons le temps, Hélène arrivera vers 18 heures. Ginette descend tout de tweed vêtue, redingote et hautes bottes en cuir.

— Oui, je sais. C'est un chouia habillé pour une promenade dans une forêt de l'Aube, mais avant de rencontrer mon forain j'ai eu un amant écossais. Un lord. Très à cheval sur la tradition. Tu sais que j'en fréquentais du beau monde quand je travaillais au casino ? Je n'ai jamais ni refusé ni jeté un cadeau. Comme je ne viens pas souvent à la campagne, tu comprendras que c'est tout ce que j'ai comme costume de chasse.

J'en reste bouche bée.

— Oui, mais là, Ginette, on ne va pas à la chasse à courre.

— Eh bien tu m'excuseras, je n'ai pas non plus des tenues pour toutes les occasions. Plein air, je n'ai pas. Bien que j'aie eu un amant qui a gravi l'Everest. Mais le camping, très peu pour moi.

Nous voilà donc parties. Choupette en laisse. Je ne sais pas pourquoi Ginette s'obstine à ne pas laisser sa chienne folâtrer dans les bois. Rintintin, lui, la demi-queue en l'air et la truffe à ras de terre, gambade gaiement. Ça le divertit de sentir des traces d'écureuils et de lièvres plutôt que de sniffer de la cocaïne.

Moi, je suis prise par la beauté de l'automne et je retrouve ma bonne humeur.

En rentrant, nous faisons un petit détour par la ferme de Violaine, notre voisine. Elle élève des pommes et des poules et est devenue une amie intime.

Je lui présente Ginette. Coup de foudre. Mais ça, c'était joué d'avance. Deux grandes dames faites pour se rencontrer. Choupette s'élance vers la basse-cour. Cette chienne a une grande affection pour les poules au milieu desquelles elle réussit à se fondre totalement. Ce qui en fait une super-gardienne contre les renards.

— Violaine, j'ai un service à te demander. J'ai une amie qui arrive ce soir avec son ami. Ça t'embêterait que son copain dorme chez toi quand Patrick sera là ?

— Diane, ça sent l'embrouille, me dit Violaine. Si c'est un manque de place, je peux accueillir Ginette avec plaisir.

Je ne sais trop quoi répondre. Par le passé, j'ai un peu tiré sur la corde de notre amitié et je comprends qu'elle hésite à trop s'aventurer dans mes plans. D'autant qu'elle a bien compris que j'avais caché Sophia chez Patrick sans sa permission. La découverte de son cadavre dans les bois a mis à mal ma réputation de probité. Que je dissimule des choses à mon conjoint a fait le tour des chaumières. La boulangère m'a rapporté que la commère qui habite une maison laide recouverte de crépi beige à la sortie du bourg, celle avec de magnifiques hortensias, a prétendu que Sophia était ma maîtresse.

— Pas grave, je vais me débrouiller. Est-ce que je peux avoir un poulet, s'il te plaît ?

Violaine s'absente. Elle revient en tenant d'une main une volaille par les ergots et de l'autre un sac rouge. Aussitôt Rintintin se fige.

— Voilà ton souper ! Je te donne aussi ce sac que Sophia m'avait demandé de garder chez moi. Je ne sais pas ce que c'est, mais puisqu'elle est morte…

Je saisis, tremblante, le collier de mon chien. J'essaie de cacher ma panique et mon désarroi, mais c'est peine perdue. Pendant que je bouscule Violaine pour me précipiter dans ses toilettes, Ginette, avec un sang-froid de mafieuse professionnelle, saisit le putain de sac rouge en disant :

— N'y faites pas attention. Une fâcheuse infection urinaire dont elle n'arrive pas à se défaire.

Je ressors blanche comme un drap. Violaine me regarde, inquiète.

— Diane, ça va ?

— Oui, oui, je vais rentrer me faire un thé. Merci.

J'empoigne mon canidé par le cou, mon gallinacé par les pattes, et j'emboîte le pas à Ginette qui, je dois le reconnaître, marche beaucoup plus vite avec ses bottes de cavalière que moi qui traîne mes vieux boots de cent kilos.

Quand j'arrive à la maison, elle a déjà ouvert le sac et en a extirpé deux briques d'aluminium. Pas besoin de déballer le cadeau pour savoir ce qu'il renferme. Un coup d'œil sur Rintintin, couché sur le dos les quatre pattes en l'air, suffit.

Je suis sur le point de vomir encore une fois. Non, je n'ai plus d'infection urinaire, vive les antibiotiques, mais j'ai l'estomac à l'envers.

J'ai la preuve, étalée sur la table de ma cuisine, que la drogue retrouvée sous l'évier appartenait aussi à Sophia.

Ginette, elle, jubile.

— Si c'est bien ce que je pense, ce séjour à la campagne dépasse toutes mes attentes.

— Ginette ! On ne va quand même pas se faire des lignes de coke.

— Bien évidemment que non, voyons ! Mais il n'en demeure pas moins que cela entraînera des répercussions plus qu'intéressantes. Tu vas le dire à Patrick ? Tu vas revendre cette drogue et enfin t'offrir des chaussures dignes d'une femme de ton âge ? Ou la remettre à ton amie Nounours qui me semble un peu louche si je peux me permettre ? C'est bien elle qui a accompagné cette Sophia ici ?

— Mes bottes et mes baskets sont très bien, quel rapport avec mon âge ? Excuse-moi, mais je ne fais aucun commentaire sur tes minijupes.

— C'est vrai, me répond Ginette, ce qui m'a toujours intriguée. Est-ce par jalousie de mes jambes ou parce que tu n'oses pas porter de si jolies jupes ?

— Ginette, on s'éloigne. Tes jambes et tes jupes sont belles. C'est bon, on peut revenir au sujet ?

— Que veux-tu ajouter ? Nous interrogerons Alex ce soir. Ciel que j'aime la campagne ! Moi qui me demandais si tu avais la télévision pour regarder un feuilleton policier si je m'ennuyais ! Mais Diane ? Tu ne vas tuer personne, rassure-moi ?

Parfois l'humour de ma voisine ne me fait pas rire du tout.

— Je vais préparer le poulet.

Je me saisis d'un couteau et vlan ! Je tranche la tête au poulet et tant qu'à y être, vlan ! je lui coupe les ergots. Une petite manucure ne lui fera pas de mal.

Ginette se précipite pour me retirer l'arme des mains.

— Oh, oh, oh, mais qu'est-ce qui t'arrive ? Tu ne vas pas nous faire du poulet haché, quand même. Calme-toi. Tiens, va préparer les lits je m'occupe du dîner. Ce sera moins dangereux.

CORALIE

Coralie pavoise. C'est égoïste et puéril. Après tout, Élodie a été à un cheveu d'y laisser la vie. Néanmoins, la preuve est enfin établie qu'elle n'est pas une folle hystérique. Il est enfin clair pour sa hiérarchie que la capitaine Coralie Gignac est un élément sur lequel la police peut compter. Charles est en fuite, mais son réseau est en voie de démantèlement. Il ne devrait pas pouvoir se cacher longtemps. La nasse se referme sur lui. Le téléphone de Marco, récupéré et récuré, renfermait une mine d'informations. Élodie s'est aussi mise à table. Dommage qu'il ait fallu attendre qu'elle soit prise à la gorge pour se décider à parler, car la jeune femme avait beaucoup à divulguer. Il est maintenant établi que le matin de la mort de Sophia, Charles est parti tôt et revenu les bottes pleines de boue. Élodie savait aussi beaucoup de choses sur le trafic. Elle n'était bien sûr pas dans la confidence, mais à force de servir Charles et ses lieutenants, elle avait glané assez de renseignements pour faire plonger son mari et sa bande en échange de l'immunité. Les frères Alami soupçonnaient Sophia d'avoir volé trois briques de cocaïne à son ex-mari. C'est le moyen qu'elle avait trouvé pour financer sa nouvelle vie. Un genre de pension alimentaire. C'était la véritable raison de la présence de Cyril sous le chapiteau ce soir-là. D'une pierre deux coups. Féminicide et règlement de comptes. Seule ombre au tableau, l'affaire avait mal tourné. Si réellement des femmes s'étaient organisées pour griller les Alami, elle se devrait de mettre maître Nour en examen. De même elle ne pourrait plus fermer les yeux sur les agissements de Diane Choinière.

Mais pour l'instant, la priorité est de procéder aux arrestations des complices des Alami et de retrouver Charles.

DIANE

Les draps des lits ont été changés. Le poulet est bon à être mis au four, les légumes sont épluchés. Nous sommes, Ginette et moi, prêtes à accueillir les convives. Après une longue discussion sur la marche à suivre, nous convenons qu'il est plus judicieux de cacher la drogue et d'aborder le sujet demain, quand Élodie sera présente.

— La confrontation, Diane. Je te le dis, j'ai vu ça dans tellement de séries. Il faut les prendre par surprise. Voir leur réaction. N'oublie pas qu'Élodie est la femme d'un dangereux trafiquant. Elle l'a soutenu jusqu'à ce que sa vie soit en danger. Il est possible qu'elle soit plongée jusqu'au cou dans le trafic de drogue. Cet Alex, qui se dit preux chevalier, n'a fait tomber personne jusqu'à présent. Tu me dis qu'il manque de preuves ? Peut-être, mais il est peut-être en cheville avec Élodie : tu disais l'avoir vu sortir de chez elle en l'absence de Charles. Et voilà que nous avons deux briques de cocaïne sur les bras. Vraisemblablement apportées par Sophia. Et Hélène ? La drogue était chez elle, tout de même. Il faut se méfier de tout le monde, Diane. Heureusement que j'ai ma bombe lacrymogène d'autodéfense. Cache aussi un couteau sous ton oreiller. On ne sait jamais. Ce soir, tâche d'avoir l'air naturel.

Là-dessus, comble du comble, mon téléphone sonne. Nounours !

— Ginette, c'est maître Nour qui m'appelle !

— Eh bien, réponds, il faut que tout ait l'air normal jusqu'à ce qu'on démêle les bons des méchants.

— Allo Nounours ! Comment tu vas, ma belle ?

Je crie presque. Ginette me fait signe de parler moins fort.

— Oui, OK, elle est la bienvenue !

Putain de merde. Voilà Sandrine qui s'annonce… Maître Nour, qui a dégotté une autre moto, va venir la déposer ce soir et repartir après le dîner… C'est le pompon.

Ginette me regarde avec des yeux ronds. Une ride force la barrière de Botox sur son front.

— Mais pourquoi tu n'as pas refusé ?

— Tu m'as dit d'être naturelle. Je ne dis jamais non à Nounours. J'ai été prise au dépourvu. Sandrine ne supporte pas l'ambiance du quartier. Il y a des flics partout.

Ginette lève les yeux au ciel.

— Je me demande si tes déboires sont dus à ton grand cœur ou à ta bêtise. Ce n'est pas compliqué de dire non, il me semble.

— Ben si, pour moi et pour d'autres personnes, ça peut être très compliqué. C'est une question d'éducation. Tout le monde n'a pas été élevé avec l'autorisation de pouvoir refuser.

— Bien sûr que non, ma pauvre fille, surtout nous, les femmes. C'est commode d'avoir des personnes qui ne savent pas mettre leur besoin avant ceux des autres, mais une éducation, ça se détricote. On appelle ça devenir adulte. Avec un peu de chance, maintenant que tu vas être grand-mère, tu apprendras le mot NON avant de remettre les pieds dans le plat.

— Gna, gna, gna. Merci pour la leçon.

Finalement, la soirée se passe bien. Ginette est une excellente maîtresse de maison. Elle accueille tout le monde, a un mot gentil pour chacun, distribue les sourires, met les invités à l'aise. Un poisson dans l'eau. Moi, je fais de mon mieux pour ne pas avoir l'air trop méfiante. Je scrute une à une les personnes présentes pour être certaine que personne n'a un petit chapeau pointu sur la tête, des serpentins dans les mains, un bouquet de ballons derrière le dos. Eh bien non. Il ne s'agit pas d'une fête surprise, genre jeu de rôles ou *escape game*. C'est la réalité. J'ai, chez moi, assise à ma table, une brochette de personnes dont je ne saurais dire qui sont les ami.es, qui sont les truand.es – ou les deux.

CORALIE

Coralie est assise avec Patrick. L'interrogatoire d'Élodie Alami est terminé. Elle avait un ou deux points à vérifier avant de la laisser partir. Comme convenu, Patrick doit l'héberger dans sa maison de campagne le temps de lui trouver un lieu sécurisé. Il en profite pour faire à Coralie un compte rendu des premières auditions. Un nom revient dans tous les témoignages. Alex. Un ami de Charles Alami, apparu il y a quelques mois dans le quartier après le décès de son oncle.

Impossible de lui mettre la main dessus. Il semblerait que cet homme soit un fantôme. La tante en question ne démord pas de sa version. Elle a hébergé quelque temps son neveu venu du Mexique. Elle ne l'a pas revu depuis au moins une semaine. Le problème, c'est qu'aucun visa n'a été émis à son nom, aucun enregistrement de cet Alex par la police des frontières, aucun acte de naissance en France, aucune trace. La police relève les empreintes et les traces ADN pour essayer d'identifier ce personnage. C'est peut-être lui le gros poisson responsable d'un trafic mondial de cocaïne. Celui que les Stups tentent d'attraper dans leurs filets depuis longtemps. Si c'est le cas, Charles Alami s'est bien joué des flics. Pendant qu'il s'amusait à faire le petit trafiquant de shit, il introduisait le loup dans la bergerie.

DIANE

Nuit d'insomnie. C'était à prévoir. Comment dormir avec un couteau sous son oreiller ? Même si Ginette, que j'entends ronfler, ne semble pas du tout gênée par la perspective de se couper une oreille ou de se crever un œil pendant son sommeil. Ni de se faire trucider par des criminels. Moi, je n'ai que deux mots en tête. Cocaïne et Mexique. Ça tourne en boucle. Patrick m'a dit au téléphone que, selon sa tante, Alex venait du Mexique. Et quand j'additionne Drogue et Mexique, j'obtiens une ribambelle de toutes les horreurs et tortures imaginables et inimaginables. Putain, je regrette toutes mes lectures de Don Winslow. Dès que je ferme l'œil, j'imagine Alex entrant dans ma chambre pour m'écorcher ou mettre le feu à mon lit. Oh PUTAIN ! Je les entends parler. C'est bien la voix d'Hélène que j'entends murmurer. Je me lève, je saisis le couteau et je sors de ma chambre sur la pointe des pieds. Je m'accroupis dans un coin, le manche bien serré dans ma main. Prête à me défendre.

Je tends l'oreille.

— Hélène, je dois partir demain. Reprendre l'avion. J'ai beaucoup traîné avec Charles. À l'heure qu'il est, il est certain que la police a trouvé la drogue chez lui et que je suis recherché. Viens avec moi.

— Mais Alex, j'ai mon fils. Je ne peux pas le laisser indéfiniment chez son père.

— Quand on sera à Montréal, on se mariera. Ensuite tu pourras le faire venir.

— Alex, tu peux tout expliquer aux flics. Tu pourras témoigner contre Charles. Tu as été sa victime. La justice comprendra.

— J'ai déjà essayé d'aller chez les flics. Plus jamais ! Une telle humiliation… Je vais envoyer les vidéos que j'ai faites où Charles se vante d'avoir « réglé son compte à cette salope », où il déclare que la drogue c'est son domaine et qu'il n'hésite pas à tuer les concurrents. Je ne peux rien faire de plus. Il est temps pour moi de retourner dans mon pays.

— Mais Alex, tu es né en France. C'est ici ton pays.

— Non. Plus depuis mes quinze ans. Ici, c'est ma tombe. Celle creusée par les Alami. Le pays où je suis né, c'est le Canada. Et maintenant, ma patrie, c'est toi.

Aïe ! j'ai une crampe dans le mollet et je suis coincée derrière la porte du salon. Je n'ose plus bouger. Ils se sont tus. Voilà que je les écoute s'embrasser. Ça devient de plus en plus chaud. Il faut que je profite de leur inattention pour essayer de sortir de ma cachette. Putain, je ne sens plus ma jambe, elle se dérobe sous moi. Je me rattrape à une chaise qui se renverse. Je me ramasse le cul par terre. Je fais un boucan d'enfer et ils ne m'entendent même pas. C'est dire s'ils sont occupés. Je retourne en boitant dans mon lit. Aucun espoir de m'endormir. Je fixe le plafond jusqu'au petit matin en essayant de résoudre cette énigme : ce mec, cet Alex, est-il un genre de héros des temps modernes ou la pire des ordures qui vient d'inventer la manière la plus tordue de séduire une femme ? Je passe le reste de la nuit à me gratter le cou et à me creuser la tête. Putain !

Épuisée, je dois avoir sommeillé, car je me réveille en sursaut au bruit de casseroles qui s'entrechoquent. Je me lève pour trouver la table mise et une Hélène radieuse. J'en conclus qu'elle a accepté la demande en mariage. Ce n'est pas une sauce tomate qui la rend si joyeuse.

— Diane, tu te réveilles juste au bon moment. On allait passer à table. Regarde, Ginette et Alex ont cuisiné.

— Formidable.

Je préférerais mille fois un café plutôt qu'une platée de spaghettis, mais ce n'est pas devant des criminelles potentielles que je vais commencer à mettre à exécution ma résolution de refuser ce qui ne me convient pas.

Nous sommes assis autour de la table branlante que j'ai achetée dans une brocante. Le plat de pâtes est sur la table à côté de la casserole de sauce tomate quand j'entends le bruit d'une voiture. Merde. Patrick arrive. J'avais complètement oublié. Moment de panique. Je vois Alex courir vers la chambre. Mon amoureux entre avec Élodie. Ils s'approchent en souriant. Patrick se penche pour sentir le fumet de la sauce.

— Ça l'air super bon, merci Ginette d'avoir cuisiné.

À cet instant, Alex sort de la chambre. Patrick se fige. Les deux se regardent. On se croirait dans un western.

Ginette, comme moi, comprend que Patrick reconnaît Alex, que celui-ci est recherché. Élodie a les yeux ronds et la bouche ouverte, Hélène, la main sur le cœur et le regard apeuré. Seule Sandrine ne semble pas prendre la mesure de ce qui arrive jusqu'à ce que Patrick et Alex saisissent leur arme en même temps.

— Police, posez votre arme.

— Patrick, laissez-moi vous expliquer.

Et là… au ralenti… coup de théâtre ! Choupette s'élance. D'un bond, elle saute sur le dos de Rintintin qui lui sert de trampoline et voilà une boule volante de poils gris qui vient s'accrocher au poignet d'Alex. Le coup part. Je me lève en hurlant. Renverse la table de jardin. La casserole de sauce tomate décolle elle aussi et fait deux tours, nous éclaboussant tous de son contenu. Par réflexe, tout le monde se jette par terre. Je rampe vers Patrick. Sa chemise est tachée de rouge. Je regarde autour de moi. Une scène de carnage. Tous mes invités étendus sur le sol couvert de sang. Patrick est inconscient, blessé au front par le bord de la casserole. Je le secoue, il bouge. Ciel merci ! Il n'est pas mort. J'ouvre sa chemise, pas de trace de balle. En fait, personne n'est blessé, le projectile est allé se loger dans le plafond. Nous nous relevons, inondés de sauce tomate. L'image pourrait être drôle, mais Hélène me coupe toute envie de rire. Elle s'est saisie du revolver de Patrick et elle tremble tant que je sens le drame se profiler.

— Hélène, donne-moi l'arme et va chercher les menottes, lui ordonne Alex.

Là, voilà, bon chien-chien qui répond aux ordres de son maître, elle se dirige vers notre chambre que je leur ai gentiment offerte pour leur séjour. Ça m'apprendra à jouer les hôtes modèles. En plus, ils ont fouillé dans nos affaires. Les menottes sont au fond du tiroir de la table de nuit, désolée, mais il faut avoir cherché pour savoir où elles sont. Merde, j'espère qu'ils ne se sont pas servis des *sex toys*... C'est dégueulasse. Je suis tellement en colère que je crie :

— Tu peux aussi prendre le godemichet pendant que tu fourrages dans mon tiroir et te le foutre dans le cul. Sale traîtresse ! Moi qui ai essayé de t'aider !

Je suis très poétique quand je suis furax.

Hélène, en larmes, revient et tâche de se faire pardonner. Un marmonnement de « je suis désoléeeeee, snif, snif, je ne voulais pas », pendant qu'Alex passe les menottes à Patrick encore sonné. Ensuite il ouvre le barillet de son arme et le vide.

— Je ne voulais pas m'en servir. Je le gardais au cas où Charles Alami débarquerait. Regardez, il n'y a plus de munitions. Ce n'est pas ce que vous croyez ; laissez-moi vous expliquer. Patrick. Je vous libère dès que vous m'aurez écouté.

Nous sommes tous désorientés. Ginette, perchée sur ses talons, prend les choses en main.

— Jeune homme, ce n'est pas le moment. Aidez-moi à mettre de l'ordre, ensuite nous nous expliquerons.

La voilà qui distribue ses instructions. Étrange charisme. Je ne sais pas si c'est son côté maîtresse. Et quand je dis maîtresse, je pense plus à celles qui pratiquent certaines activités sexuelles qu'à celles qui sévissent dans les classes des écoles maternelles. Toujours est-il que nous lui obéissons sans objection.

Je savais qu'elle avait été croupière dans un casino, ce qui requiert sûrement des nerfs et du sang-froid, mais je suis quand même éblouie par son autorité naturelle. Je comprends qu'à Alfortville elle soit toujours malade. Elle doit avoir des ulcères à force de ravaler toute cette puissance. Et que toi tu vas dans la penderie de l'entrée récupérer les vieilles chemises de Diane pour qu'on puisse se changer, et que toi tu ramasses la table et les chaises, et que toi tu t'occupes de la vaisselle cassée, et que toi tu laves le sol, et toi les murs. Trop heureux.ses de cette diversion, personne ne rechigne. Sauf Patrick qui lui est sagement assis, les mains attachées dans le dos. Je lui ai quand même retiré sa chemise, tant pis si j'ai dû la déchirer. De toute façon, une telle quantité de sauce tomate sur du lin, c'est impossible à rattraper. Je lui ai enfilé un poncho par-dessus la tête. Oui je sais, poncho… achat compulsif, *fashion* faux pas. Au moins là, il sert.

Nous voilà tous assis. Seule Ginette est debout au milieu de la pièce. Je regarde tous ces gens en chemise de flanelle à carreaux, je ne pensais pas en avoir tant. Nous avons l'air d'un groupe de parole pour bûcherons anonymes. J'essaie de déterminer qui sont mes ami.e.s, qui sont les traîtres, qui est dans le trafic de drogue, qui fait partie de la bande Alami ? Font-ils, font-elles tous partie d'une organisation criminelle ? L'assassin, enfin l'assassine si j'en crois les résultats d'analyse ADN, est-elle parmi nous ? J'en ai la tête qui tourne. Pour l'instant je ne fais plus confiance qu'à Patrick. Même Sandrine me semble louche. Mais les autres ? J'ai hâte d'entendre leur explication. Belle bande de double face.

Hélène souhaite dire quelque chose, mais elle n'y arrive pas. J'ai presque envie de proposer du café et des beignets. On t'aime, Hélène. Putain de groupe de parole pourri. Gangster amateur anonyme. Alex, qui connaît bien la maison à présent, se lève et va chercher une boîte de mouchoirs. Normal. Faites comme chez vous. Vous voulez planquer un cadavre quelque part aussi peut-être ? Putain. Ça m'apprendra à écouter mon grand cœur et à offrir l'hospitalité à tout-va ! Mais qu'est-ce qui m'a pris de vouloir cacher Sophia à Bérulle ! Ma vie est une pelote de laine. Je devrais le savoir maintenant. Il suffit que je tire un tout petit bout de fil pour que je termine enchevêtrée dans ma connerie. Là, j'avoue que l'image du joli chaton qui déroule l'écheveau et se débat avec le mohair rose pâle n'est pas très adaptée. Un troupeau de moutons au milieu des alpages en train de me piétiner la gueule serait plus représentatif de la situation.

Bon, on dirait qu'Hélène a fini de se moucher et qu'elle va enfin pouvoir parler. Allons-y, je suis curieuse de connaître son histoire, si elle arrive à aligner deux mots sans chialer.

— Alex est un mec bien. Il ne fait pas partie de la bande des Alami.

Et lui de reprendre. Beau petit couple. L'un commence une phrase, l'autre la finit.

— Je suis venu du Canada, car mon père est mort.

Là, je le coupe.

— Ton père ou ton oncle ? Ta mère ou ta tante ? Mexique, Suède ou Canada ? Putain, va falloir choisir.

— Mon père. Mais pour des raisons que je vous expliquerai plus tard, ma mère m'a prié de me faire passer pour un cousin. J'étais en conflit avec mon père. Il ne voulait plus me voir. Je m'étais juré de ne plus revenir dans ce quartier, à cause des Alami qui m'ont fait beaucoup de mal dans ma jeunesse.

Mais quand ma mère m'a demandé de venir, je n'ai pas pu lui dire non.

Une promesse à moi-même que je n'ai pas tenue. Si ce n'était l'amour que j'ai rencontré, je me maudirais. La vie est un drôle de cercle qui porte toujours en son sein le meilleur et le pire. Mais quand j'ai entendu la voix de ma mère : « Reviens, je veux te revoir avant de mourir », ne m'est revenue en mémoire que la douceur de cette femme. Ses caresses. Ses renoncements. Je me suis souvenu de toutes les fois où elle s'était pris des coups de poing et des coups de pied, se dressant entre cet homme, sa fureur et nous. Quand elle restait muette sous ses insultes pour ne pas attiser sa fureur. Quand elle nous poussait dehors pour qu'on lui échappe. J'ai compris pourquoi elle criait sur nous pour qu'on ne fasse pas de bruit, pour qu'on ne bouge plus, pour qu'on n'existe plus. Elle ne connaissait que la terreur. Elle avait voulu nous protéger en nous effaçant comme elle l'avait fait d'elle-même. Elle avait disparu dans la violence de son mari. Moi, j'étais parti loin de ce que je croyais être son indifférence. Maintenant, elle demandait enfin à me voir.

— Viens, mais fais-toi passer pour mon neveu. Tu connais le quartier.

Encore une fois se nier, disparaître. J'ai accepté. Je voulais la revoir. Ma mère. Erreur. Une faille temporelle s'est ouverte. Mais, par miracle un grand oiseau s'est faufilé dans cette brèche pour s'envoler et venir à mon secours.

CORALIE

Merde ! Coralie vient de recevoir les résultats des empreintes prélevées chez la tante d'Alex. Elles correspondent à celles trouvées sur le cadavre de Cyril et sur celui de Marco. Il faut trouver la femme qui accompagnait Alex. Il ne pouvait être seul. Il faut un mandat. Qui sont cet Alex qui ne laisse aucune trace et la femme invisible qui était avec lui ?

Elle envoie une voiture, toutes sirènes hurlantes, chercher la vieille dame. Vingt minutes plus tard, ses agents lui signalent avoir trouvé la porte de son appartement défoncée et les meubles renversés. Aucune trace de la tante.

DIANE

Je sortirais presque les violons si je n'étais pas aussi angoissée. Dans l'échelle de l'anxiété, j'ai la jauge dans le rouge. Le bel Alex poursuit son beau témoignage. On t'aime, Alex. Vas-y, ici personne ne te juge… Putain.

— Ma ressemblance avec Yanis, le meilleur ami décédé de Charles, lui a fait perdre pied. Il était convaincu que j'étais son ami réincarné. Un signe du ciel. Un cadeau du destin. J'ai profité de cette confusion pour gagner sa confiance. Je vous jure que mon but était de mettre à jour les agissements des Alami. Rassembler assez de preuves pour les livrer aux flics.

— Alors, livrez Charles. Détachez-moi. Je suis de la police. Donnez-moi les preuves et témoignez contre lui.

Alex se lève pour détacher Patrick quand tout à coup son téléphone se met à faire bip-bip. Il regarde son écran. Réflexe moderne. Même au milieu d'un événement aussi tragique.

Qui peut lui envoyer un message sinon Charles Alami ?

— Et merde ! crie-t-il. Charles a kidnappé maître Nour et ma mère.

Je me jette sur son téléphone, je vois mon amie Nounours attachée dos à dos à une vieille femme. Du sang coule de son cuir chevelu.

Je lis le message à haute voix.

Cher Alex, j'ai deviné qui tu es. Avant de disparaître, je vais régler mes comptes. Viens me rejoindre à la planque. Trouve ma femme, et amène-moi cette salope. En échange je libère l'avocate et ta mère. Si tu préviens les flics, je les descends.

Je le regarde. Je regarde Élodie. Elle se lève.

— Alex, je viens avec toi.

— OK.

Il remet ses munitions dans son pistolet.

— Je vais m'arrêter à la boulangerie du village voisin et y laisser les clés des menottes.

Il se penche sur Hélène, lui parle à l'oreille. Lui caresse la joue.

Et comme ça, bras dessus, bras dessous, Élodie et lui vont presque chantant à la rencontre d'une mort certaine.

C'est Ginette qui brise le silence.

— Eh bien ça ! La réalité dépasse la fiction ! Belle fin. « Et elle retourna pour la centième fois dans les bras de son bourreau et il alla sauver la mère qui l'avait renié. » Je ne cesse d'être surprise par la culpabilité et la loyauté humaines. C'est fou le mal qu'on est prêts à s'infliger pour protéger nos tortionnaires.

Je ne peux m'en empêcher.

— Ginette, ferme-la.

Je compose le numéro des flics, mais je suis mise en attente. Je prends le téléphone de Patrick pour appeler Coralie et je tombe sur le répondeur. Entre-temps, Sandrine, vive comme l'éclair, est partie au village voisin chercher les clés des menottes.

C'est bien beau tout ça, mais nous n'avons aucune idée de l'endroit où est cette planque et où sont détenues Nounours et la mère d'Alex.

CORALIE

Coralie voit que Patrick a essayé de l'appeler. Elle compose son numéro quand Aurélien entre en courant dans son bureau.

— Coralie ? C'est urgent. L'alarme du téléphone « grave danger » d'Élodie Alami vient de se déclencher !

Coralie a du mal à gérer l'information.

Pourquoi Diane Choinière est-elle en train de hurler dans son oreille ? Il lui faut deux secondes pour comprendre que quelque chose ne tourne pas rond. Merde ! Diane débite des phrases qui n'ont aucun sens. Coralie ne comprend rien de ce qu'elle raconte, si ce n'est que quelque chose de grave est arrivé. Mais quoi ? Diane parle trop vite. Coralie a beau lui dire de se calmer, elle est possédée. Tout à coup, un bruit de bagarre, Coralie devine que quelqu'un essaie de lui enlever le téléphone des mains. Un silence, puis dans un souffle : « C'est Hélène, il va le tuer. » Puis un long sanglot. Coralie fait signe à Aurélien de demander à un technicien de situer l'appel et d'y envoyer une voiture.

Elle active la fonction haut-parleur pour ne pas mettre fin à la communication. Pendant que des gémissements résonnent dans son bureau, elle met sur pied une équipe d'intervention pour se rendre d'urgence là où le téléphone « grave danger » d'Élodie borne. Les pleurs continuent pendant qu'elle briefe son équipe, qu'elle passe son gilet pare-balles et qu'elle court vers la voiture. Le téléphone dans sa poche arrière, elle et Aurélien roulent vers une adresse à Villeneuve-Triage. Enfin les lamentations cessent et elle entend une voix posée qui semble appartenir à quelqu'un d'âgé :

— Désolée madame, mais cette Hélène a du mal à garder le contrôle d'elle-même. Une jeune femme charmante est en train d'ouvrir les menottes et de libérer Patrick. Attendez une seconde. C'est fait, je vous le passe.

DIANE

Ginette passe le téléphone à Patrick enfin libéré. Nous sommes tous autour de lui comme des mouches. Des bouts de conversation, des « hum hum », puis :

— OK, je vous rejoins.

Le temps que Patrick retrouve son arme, nous nous sommes entassées, Hélène, Sandrine, Ginette et moi, dans sa voiture. Quand il se met au volant, il ne fait aucun commentaire. Ce n'est pas le genre d'homme à gaspiller de l'énergie. Il est assez intelligent pour savoir que jamais il ne parviendra à nous déloger de l'habitacle. Cette mission se fera avec nous ou ne se fera pas. Les larmes d'Hélène coulent, mais elle parvient à garder le silence. Moi, je me mords l'intérieur de la bouche pour ne pas me lancer dans ma logorrhée habituelle en situation de stress intense. Très efficace pour faire sortir mes angoisses, mais qui, dans ce contexte, rendrait Patrick fou. Finalement il n'y a que Ginette, du haut de l'autorité que lui procure son grand âge, qui ose poser la question qui me brûle la langue.

— Cher Patrick, au fait, où allons-nous ?

Patrick répond d'une voix calme et d'un ton naturel, comme si nous étions ses collègues. J'adore cet homme. On dirait qu'il a passé sa vie aux alcooliques anonymes. Change ce que tu peux et arrange-toi du mieux possible avec l'inéluctable. L'inéluctable, c'est moi. Là par exemple, au lieu de péter une durite, de hurler, de nous jeter hors de la voiture en marche, il prend son parti de notre présence et réplique :

— Villeneuve-Triage. Dans un vieux garage de la SNCF désaffecté. Le téléphone d'Élodie y a borné.

— Ha, rétorque Ginette. Maline finalement, la gamine. Voilà pourquoi elle suivait cet Alex. Avec un peu de chance, nous retrouverons tout notre beau monde. J'espère qu'ils seront encore vivants. Mais pourquoi Charles a-t-il dit avoir reconnu Alex ? Et qu'il voulait régler ses comptes ?

Hélène, d'une voix fragile entrecoupée de sanglots, nous éclaire.

— C'est Alex qui a tué Cyril et Marco. Ce n'était pas prémédité, mais il était juste à côté de Cyril quand celui-ci a visé Sophia. Un réflexe, il l'a égorgé avec le rasoir qu'il avait dans la poche. Et Marco voulait qu'il profite d'une jeune femme que ce salaud avait attachée. Ça l'excitait de voir sa fiancée se faire violer. Alex n'a pas supporté. Ça lui a rappelé son viol.

— Mais Hélène, j'éructe, qu'est-ce que tu racontes ? Tu vois bien que ce mec est dangereux. Qu'il te manipule. Un coup il est mexicain, un autre canadien. Il fait partie de la bande des Alami. Mais bon sang ! Qui se promène avec un rasoir par hasard ?

— Tu te trompes. Il ne s'est rapproché des Alami que parce qu'il voulait les faire arrêter. Il ne voulait pas se venger ni les tuer. Juste qu'ils aillent en prison. Qu'il y ait une justice. Les tuer, il a été obligé. S'il se promène avec un rasoir, c'est parce que les Alami l'ont violé quand il était plus jeune. Ça le rassure d'avoir de quoi se défendre sur lui. Des policiers se sont moqués à l'époque. Son père disait avoir honte de lui, qu'il l'avait bien cherché. Heureusement, il a été recueilli au Québec par une tante. Elle l'a aidé, il a fait des études. Il avait tourné la page. Il est revenu parce qu'il voulait revoir sa mère. Il n'avait pas prévu que Charles ferait un transfert sur lui à cause de sa ressemblance avec son frère.

— Putain, Hélène, je ne comprends rien. Sa mère, sa tante ? Et puis les Alami, ils l'auraient reconnu. On ne change pas tant que ça en vingt ans.

C'est Ginette qui répond.

— Vraiment, Diane ! Parfois on se demande de quel siècle tu sors. Tu n'as pas compris qu'Alex est un homme trans ?

— Eh bien non ! Je ne sais pas comment j'aurais deviné ça. Tu vois, ce n'est pas une question que je me pose quand je rencontre quelqu'un. Mais Hélène, pourquoi tu ne l'as pas dit ?

— Réfléchis à ce que vient de raconter Hélène. Ça tombe pourtant sous le sens. Faut vraiment te mettre les points sur les I ?

C'est vrai que c'est la pièce du puzzle qui manquait.

— Putain ! Ton Alex c'est un héros. Je crie pour couvrir le bruit de la sirène que Patrick vient de mettre en marche.

Quand on arrive à destination, le hangar est cerné de flics. Je dois rattraper Hélène qui s'effondre quand elle devine, au loin, la sirène d'une ambulance. Il doit y avoir des blessés ou des morts. Patrick saisit un gilet pare-balles et s'introduit dans la maison, Sandrine, en tant que médecin, lui emboîte le pas.

Ginette et moi soutenons Hélène.

Jamais je n'ai été ni une fille ni une femme. Dans notre monde, à Yanis et moi, j'étais Spok, j'étais moi. Une évidence. Un fait. Pour tout le quartier, j'étais sa copie, son double, son ombre. J'étais où il était. Nous étions une fratrie, nous deux face au monde. Nous rêvions de notre avenir. Nous serions capitaines de navire, nous traverserions des océans. Deux ans avant le drame, des choses avaient commencé à changer. J'avais treize ans et mon père qui jusque-là nous avait ignorés si ce n'était pour nous frapper, a commencé à m'insulter. Une erreur de la nature, qu'il disait. Cela nous faisait rire, Yanis et moi. Venant de lui, si déviant, si tordu. Nous ses enfants, miracle, nous étions la perfection. Nous courions, nous grimpions, nous riions, nous existions. Vivants ! Jusqu'au jour où Yanis est mort. Être séparé de lui était ma plus grande terreur depuis que j'avais surpris une conversation entre ma mère et sa sœur : « Si quelque chose m'arrive, promets-moi de venir chercher Spok et de l'élever. Yanis pourra s'en sortir, mais j'ai peur pour mon plus jeune enfant. » Mon père avait complètement isolé ma mère. Mais une fois l'an, au printemps, autour de son anniversaire, elle recevait un coup de téléphone de l'autre bout du monde. Nous redoutions ces appels. Dès le mois d'avril, nous nous précipitions sur le téléphone à la moindre sonnerie pour que mon père ne puisse pas répondre. L'année de ses trente-quatre ans, il avait failli tuer notre mère. Terrifiés, Yanis et moi nous nous étions cachés dans un placard, écoutant, inquiets, notre père battre notre mère en hurlant : « Ne te met pas dans le crâne de rejoindre un jour ta sœur au Canada. Je te tuerai avant. » Pourtant, à mes quinze ans, le lendemain du viol, c'est avec l'argent qu'elle avait dérobé pendant des années, euro par euro, sur ce que lui donnait mon père pour les courses, qu'elle a pu me faire partir. Depuis la mort de mon frère tout allait de travers. Mon corps était devenu l'affaire de tout le monde. « Elle ne peut plus traîner comme ça avec les garçons. » « Elle doit mettre des robes. » « Bientôt, elle aura l'âge de se marier. » « Elle ne peut pas continuer à se comporter ainsi », mais qui était donc cette pauvre « Elle » qui devrait se conduire comme ci et pas comme ça ? Qui était donc cette Elle qui devait rester à la maison, qui devait être obéissante, qui devait baisser les yeux devant les hommes, qui devait moins la ramener, qui devait fermer son clapet ? Les Alami m'ont appris que cette Elle, c'était moi. Puisque je ne l'avais pas compris, ils me l'ont fait avaler par la violence, ma leçon.

Quand j'ai été voir les flics pour porter plainte, eux aussi m'ont rappelé que j'avais depuis longtemps dépassé les bornes de leur esprit étriqué, en étant qui j'étais. J'ai découvert que personne autour de moi ne supportait la liberté de cette Elle. J'étais coupable de ne pas rentrer dans les clous. Je suis donc parti rejoindre cette tante mystérieuse pour continuer à être.

Et me voilà de retour. Rien n'a changé. Autour des Alami, elles sont là, les ELLES. J'observe comme ces hommes leur cassent les ailes. Ce qui était vrai pour moi l'est aussi pour les Sophia, les Élodie, les Gisèle, les Sylviane, les… Les hommes comme les Alami ne supportent pas qu'elles aient leur existence propre.

CORALIE

Quand Coralie entre à pas de loup, arme au poing, dans le vieux garage, elle ne voit rien. Elle reste cachée le temps que ses yeux s'habituent à la pénombre. Elle calme sa respiration, elle a l'impression que son cœur fait un vacarme du tonnerre. Seuls quelques rais de lumière traversent des vitres poussiéreuses. Elle distingue deux chaises avec des masses avachies dessus. Maître Nour est attachée dos à dos à une vieille femme qui semble avoir perdu conscience. Elle devine la silhouette d'Alex qui pointe son arme au-dessus d'un corps qui se tord à ses pieds.

Elle s'avance doucement. Quand, enfin, sa vue s'ajuste à la pénombre, elle reconnaît Élodie recroquevillée dans un coin, manifestement en état de choc. Un pistolet à la main. Malgré la tache rouge qui s'étend sous son corps, Charles Alami n'a rien perdu de sa hargne pour s'adresser à sa femme.

— Salope, putain, mais tu es vraiment une ordure. Une traîtresse, une moins que rien. Tu es bien comme toutes les femmes, un serpent. Venir m'embrasser, me séduire, me demander pardon à genoux, faire semblant d'être redevenue une femme vertueuse pour me prendre mon arme et me tirer dessus. J'espère que tu vas crever avec ton sale bâtard.

Coralie voit Alex pointer son arme sur la tempe de Charles qui se met à rire.

— Oh, mais tu penses avoir le courage de peser sur la gâchette. Vas-y ! Tu n'as pas hésité avec mes frères. C'est plus difficile de tuer quelqu'un qui te regarde dans les yeux, hein, ma salope, que de prendre ses victimes en traître. Allez, comporte-toi comme un homme maintenant que tu as de la barbe, descends-moi !

Coralie profite de l'hésitation d'Alex pour sortir de l'ombre.

— Police, ne bougez plus.

Alex baisse son arme. Charles Alami, imbu de sa toute-puissance, ne peut s'empêcher de narguer Coralie.

— Tiens voilà la capitaine Gignac, qui vient me sauver la vie. Mais tu dois être amoureuse de moi, ma grosse pute. C'est la deuxième fois que tu viens à mon secours.

Il s'esclaffe.

— Putain, qui aurait cru ça ! L'incorruptible Coralie Gignac ! Mais c'est une chance pour moi que tu sois si droite. Ton sens du devoir me sauve. La première fois en classant sans suite les plaintes de ma salope de femme, et la deuxième fois en empêchant ce monstre de m'exécuter. Va aussi falloir que tu mettes Élodie en prison pour tentative de meurtre. T'inquiète pas, je lui enverrai des oranges et je vais m'occuper de son gosse.

— Tais-toi ! Tu vas aller en prison, et pour longtemps.

Charles se remet à rire.

— Et pourquoi ? Je vais faire porter le chapeau à Alex. C'est à lui la drogue que vous avez trouvée chez moi. La preuve ? Il l'avait coupée avec sa poudre protéinée. Ses empreintes sont partout. Il était de mèche avec mes frères pour me doubler, c'est pour ça qu'il les a tués. Moi, je suis la victime dans cette histoire. Vous n'avez aucune preuve contre moi. Juste la parole de cette salope qui a essayé de me tuer. Normal que j'aie voulu l'étrangler il y a quelques jours : légitime défense. La preuve, elle m'a suivi jusqu'ici pour m'achever. À la rigueur, tu pourras m'inculper pour kidnapping. Mais comme j'ai des preuves que cette salope d'avocate était complice de Sophia, et qu'elles ont trafiqué et volé de la cam à mes frères, je pense que ce sera simple de la discréditer. Quant à la vieille, elle a obéi à son mari toute sa vie en fermant sa gueule. Elle a l'habitude.

Coralie a la tête qui tourne. Les paroles de Charles sont toxiques. Son rire l'ensorcelle. Il a raison. C'est sa droiture qui lui a permis de tuer sa première femme. C'est encore sur son sens du devoir qu'il mise pour sauver sa peau. Il est convaincu qu'elle ne va pas tirer sur lui. Que Coralie Gignac ne commettra pas de bavure. Mais là, il se trompe. Des corbeaux volent au-dehors, projetant des ombres sur les murs du garage. Coralie y voit les fantômes de Sophia et de la première Mme Alami, venues réclamer justice. Elle arme son pistolet quand elle entend la voix de maître Nour.

— Coralie, ne tire pas. Ce que tu as de plus précieux est ton sens de la justice. Si tu le descends, tu vas te détruire. Tu vas devenir comme lui. Accroche-toi à ce que tu crois. Ne l'écoute pas. C'est une vipère qui te suce ton âme.

— Mais Nour, tu as vu ce que ça a donné quand j'ai classé la plainte…

Maître Nour lui coupe la parole. Elle ne veut pas que le poison distillé par Charles continue à ronger son cœur.

— Coralie, tu as fait ce que tu croyais juste. Tu ne peux pas endosser toute la responsabilité. Tu es ce qu'il y a de bon dans ce système fondé sur la loi des hommes et du pouvoir. Nous avons besoin de personnes comme toi, policier.ère.s, juges, magistrat.e.s. Des gens justes et droits. Ça ne veut pas dire que tu ne commets pas d'erreur, mais tu incarnes une morale. Il faut que tu tiennes ta ligne. Il faut que tu partages les eaux pour qu'on ne soit pas engloutis.

— Mais, Nour, il a raison. Il va falloir arrêter Alex, Élodie. C'est injuste.

— Tu ne vas pas appuyer sur cette détente et tu vas me laisser me charger du reste.

Coralie finit par ranger son arme et prendre ses menottes. Elle fixe Charles et lui lance :

— De toute façon, tu te vides de ton sang. Je n'ai aucune raison d'aller en enfer avec toi.

Elle prend une grande inspiration, déploie son mètre quatre-vingt-cinq et, d'un ton froid et professionnel, elle reprend

— Charles Alami, vous êtes en état d'arrestation…

— N'oublie pas que tu dois aussi arrêter Alex qui a tué mes frères. Quand je pense à cette petite Spok… non, mais je te jure, ma queue se redresse toute seule. C'est pour lui avoir appris le plaisir qu'elle s'est vengée !

C'est au tour de Coralie de sourire.

— Alex ? Pourquoi j'arrêterais Alex ? L'ADN de l'assassin de tes frères est féminin. Sûrement celui de Spok. On te jugera aussi pour son viol, que tu viens d'avouer. De façon posthume. Paix à son âme. Pour moi, c'est un fantôme qui est venu tuer tes frères. Ou un ange justicier. À toi de choisir. Si ça peut te rassurer, maintenant que nous avons son identité, nous lancerons un avis de recherche. Nous fermerons les frontières. Mais je te rappelle que nous cherchons la femme que vous avez violée, salie, tuée, tes frères et toi. Alex, le citoyen canadien ici présent, pourra tranquillement rentrer chez lui.

Patrick et Sandrine arrivent au moment où Charles se met à proférer des injures et à s'agiter, devinant qu'il a perdu la partie. Malgré ses protestations, la jeune médecin s'empresse de comprimer sa plaie. Quelques minutes plus tard, les ambulanciers arrivent et le transportent en urgence à l'hôpital où il sera transfusé sous surveillance policière. Charles Alami sera jugé. Une deuxième ambulance prend en charge la vieille dame qui reprend peu à peu ses esprits. Quand elle aperçoit son fils, elle lui tend la main. Alex la saisit et l'embrasse.

Maître Nour s'approche d'Élodie, l'aide à se relever, la désarme.

— Ne t'en fais pas, ma chérie. Tu as été très courageuse. C'est fini, et je suis certaine que le bébé va bien.

Maître Nour se dirige vers Coralie. En chemin, elle ouvre la trappe d'une vieille cuve d'huile et y jette l'arme. Elle s'approche en souriant de celle qui fut son amie et la serre dans ses bras. Toutes deux pleurent. Un rayon de soleil se faufile à travers la poussière accumulée sur les vieilles fenêtres de l'ancien atelier. L'espace d'un instant, l'ombre d'un oiseau se dessine sur le mur.

DIANE

Nous sommes à Bérulle. Nous y venons maintenant presque tous les week-ends. Quand nous rentrons gelées de notre promenade, nous constatons avec joie que Patrick, arrivé pendant notre absence, a fait un feu.

Ginette, Coralie, Nounours, Élodie et son bébé, Sandrine, Patrick, les chiens et moi… nous voilà rassemblés devant la cheminée, enveloppés dans des couvertures de laine.

Je m'impatiente.

— Bon, on l'ouvre ce courrier ?

Patrick a apporté dans ses bagages une enveloppe postée au Canada qu'il a trouvée dans la boîte aux lettres avant de partir. Ginette s'en empare, déchire l'enveloppe. Elle hurle :

— Champagne !

Nous la regardons tous, émerveillés et heureux, brandir un faire-part au bout de ses doigts manucurés. Nous sommes invités au mariage d'Alex et d'Hélène au Québec cet été.

— Cet été, c'est parfait pour moi, dit Nounours. Le procès pour viol de l'agresseur de Sandrine aura lieu en mars, Sam sort de sa cure de désintoxication en avril.

— Pour nous aussi c'est possible, de toute façon Patrick prend quelques mois sabbatiques pour aider son fils à s'occuper du bébé. Sa femme a envie de reprendre rapidement le travail.

Ginette ajoute :

— Nous avions prévu, Albert et moi, un voyage romantique : nous ne pouvions trouver mieux.

Quant à Élodie, qui attend la fin de son congé maternité pour faire une formation de conductrice de train (elle a adoré les locaux de la SNCF), elle pense aussi que ce sera possible. De son côté, Coralie doit consulter Aurélien : tous deux rêvent depuis longtemps d'un voyage au Québec.

Je suis revenu à Montréal. Heureux au milieu de l'hiver. J'ai l'impression d'avoir disparu, le temps de ce voyage, dans une faille spatiotemporelle – un retour vers le passé pour empêcher la fin du monde. Justice a été rendue. Je suis libre d'aimer Hélène. Sandrine est libre d'aller de l'avant, de devenir une grande praticienne. Coralie est libre de danser. Quant à maître Nour, elle continue à se débattre pour que justice soit faite.

Là, les bottes dans la neige, au pied du Mont-Royal, j'observe un harfang des neiges. Il plonge : on dirait qu'il tombe du ciel, mais à l'instant où je redoute qu'il s'écrase au sol, il remonte à tire-d'aile vers le soleil, sa proie entre ses ergots.

Voilà ce que je suis, voilà ce que sont toutes les femmes, tous les hommes, qui ont le courage de briser leur cage, de s'enfuir. Des oiseaux majestueux et majestueuses qui montent dans le ciel, leur destin entre leurs serres.

REMERCIEMENTS

Pour ce roman, que les choses soient claires, on m'a beaucoup aidée et j'en remercie toute l'équipe que j'ai la chance extraordinaire d'avoir avec moi. Ma fantastique éditrice Hélène Gédouin pour tout et encore un peu plus, Anne-Charlotte Sangam ma fée, Sophie Dufau une alliée, Paul Gradvohl et Violaine Gelly des étoiles.

Merci à maître Khadija Azougach pour le temps accordé, l'intelligence et les combats.

Merci à Raphaël pour sa lecture éclairante. Grâce à lui, qui a eu la générosité de me donner des heures de son précieux temps, j'ai pu m'accorder la liberté d'écrire comme je voulais.

Merci à Coralie Chivert, qui a toujours répondu à mes messages dans l'heure et à toutes mes questions avec une patience d'ange.
Toutes les erreurs ou les inexactitudes sont de mon fait.

Merci à Karin Teepe pour les tuyaux.

Merci à Emmanuelle Rigaud et à la compagnie Les Alouettes Naïves pour la beauté d'un spectacle qui m'a inspiré la première scène du livre.

Un immense merci, et le mot est faible, à Ghada Hatem pour sa confiance, son amitié et tout le reste qu'elle et moi savons.

Merci à toute l'équipe de La Maison des femmes de Saint-Denis.

Merci à toutes les femmes que j'ai photographiées depuis sept ans.

Et merci à Clémentine du Pontavice avec laquelle je suis encore en pleine aventure.

Vous êtes toutes tellement belles.

Je remercie mon amoureux, mes enfants, ma famille, mes ami.es, Clémentine, Hélène, grâce à qui existent pour moi des espaces où la violence n'a aucune prise.

hachette s'engage pour l'environnement en réduisant l'empreinte carbone de ses livres. Celle de cet exemplaire est de :
500 g éq. CO_2
Rendez-vous sur www.hachette-durable.fr

PAPIER À BASE DE FIBRES CERTIFIÉES

Photocomposition
Nord Compo

Achevé d'imprimer en Espagne par Rodesa
Pour le compte de Hachette Livre
(58, rue Jean-Bleuzen, 92178 Vanves)
Dépôt légal 1re publication : juin 2024
Dépôt légal : juin 2024
ISBN : 978-2-501-171-755
7121776